高等职业教育新形态一体化教材

工作手册式

U0711448

国际货运代理实务

主　编　李　帷　陈　晨

副主编　刘　玉　葛静茹　顾一凡

北京理工大学出版社
BEIJING INSTITUTE OF TECHNOLOGY PRESS

图书在版编目（CIP）数据

国际货运代理实务／李帷，陈晨主编． －－北京：

北京理工大学出版社，2025.1（2025.2 重印）．

ISBN 978 － 7 － 5763 － 4785 － 2

Ⅰ．F511.41

中国国家版本馆 CIP 数据核字第 2025BX2037 号

责任编辑：申玉琴		**文案编辑**：申玉琴	
责任校对：周瑞红		**责任印制**：施胜娟	

出版发行 ／ 北京理工大学出版社有限责任公司

社　　址 ／ 北京市丰台区四合庄路 6 号

邮　　编 ／ 100070

电　　话 ／ （010）68914026（教材售后服务热线）

　　　　　　（010）63726648（课件资源服务热线）

网　　址 ／ http://www.bitpress.com.cn

版印次 ／ 2025 年 2 月第 1 版第 2 次印刷

印　　刷 ／ 涿州市新华印刷有限公司

开　　本 ／ 787 mm×1092 mm　1/16

印　　张 ／ 18

字　　数 ／ 388 千字

定　　价 ／ 54.00 元

本教材以习近平新时代中国特色社会主义思想为指导，全面贯彻落实党的二十大关于推动共建"一带一路"高质量发展重要精神。在这一背景下，国际货运作为国际贸易中不可或缺的支撑体系，其效率、安全与成本直接关联企业的竞争力以及国家经济的命脉。

本教材紧密围绕立德树人教育理念，响应"职教出海"号召，遵循工作过程系统化原则，模拟国际货运代理企业运维，理论与实践紧密结合，精心编排了结构与内容。

1. 融入育人元素，提升综合职业素养

2024年12月，习近平总书记出席第四次"一带一路"建设工作座谈会并发表重要讲话，强调坚定战略自信，勇于担当作为，全面推动共建"一带一路"高质量发展，同各参与方共同打造陆海联动和协同发展的互联互通网络，体现了"一带一路"建设中对于加强国际物流运输等互联互通的重视，为国际货运的发展指明了方向。

本教材聚焦"一带一路"互联互通建设，依据教育部《高等学校课程思政建设指导纲要》，结合项目任务特点，深入提炼育人元素，设置"引思明理"板块，融入企业家精神、精益求精的工匠精神、中国制造的民族自信和法律法规职业操守等内容，旨在培育学习者尊重劳动、尊重知识、诚信品质、责任意识、家国情怀和底线思维，切实提升学习者的综合职业素养，达到育人"润物无声"。

2. 创新教材体系，凸显职业教育特色

本教材构建以人为中心的"项目导向＋任务驱动"工作手册式教材体系，体现职业教育特色，具有实践性、实用性和灵活性。①教材内容设计模拟国际货运代理企业的日常运维，涵盖认知行业、治谈业务、托运订舱、出口报关、办理保险、装箱集港、通关离港、签单跟踪、到港提货以及综合业务十个核心项目，学习者可依照教材步骤独立完成国际货运业务学习；②每个工作项目均践行 OBE（Outcome‑Based Education）理念，涵盖引思明理、项目情境、项目目标、项目任务、项目评价等环节，助力学习者搭建起完整的学习闭环；③本教材进一步将项目细分为 29 个任务，每个任务包含六个模块（任务挑战、知识正文、随堂讨论、同步测试、拓展资料、拓展任务），学习者可根据自身学习目标，灵活选择任务深度和难度。本教材不仅适用于职业院校物流管理、国际贸易、电子商务、供应链管理等相关专业学生，同时可作为国际货运行业从业者的实践指南，以及"出海"企业相关负责人的参考手册。

3. 配套双语课程，赋能国家"职教出海"

响应国家"职教出海"战略，紧密对接职业教育教学标准。本教材作为江苏省"十四五"双语在线精品课程"'胖集'陪你环游'一带一路'（国际货运代理实务）"的配套资源，接轨国际准则，参照国家标准，依循行业规范，提炼世界技能大赛国际货运与智慧物流技能赛项的竞赛素养，融合全国国际货运代理员证书、报关员证书等职业技能证书标准，构建"岗位—能力—知识"关联矩阵模型。学习者通过扫描书侧设置的二维码，能够便捷获取国际货运前沿信息，获取学习并更新知识的途径，这不仅使学习者能够掌握国际货运的基本框架，还能利用现代化信息手段对自身的国际货运相关知识技能进行持续更新。此外，本书配备了丰富的教学资源，如课程标准、电子课件、微课、课程习题库、案例等，帮助学习者迅速适应国际货运代理岗位的要求，掌握国际职业领域所需知识，提升国际市场竞争力。

学习者可访问"中国大学 MOOC"官方网站，搜索"十四五"江苏省在线精品课程"'胖集'陪你环游'一带一路'（国际货运代理实务）"，参与线上课程学习。

4. 深化产教融合，共育产业需求人才

秉承"校企合作、工学结合"的人才培养理念，本教材由李帷、陈晨担任主编，由高职院校"双师"教师和行业头部企业专家携手编写，实现了深度产教融合。院校教师充分发挥在理论知识梳理、教学逻辑构建等方面的专业优势，由教师李帷（负责项目一、项目三、部分项目二、部分项目四、部分项目六、部分项目十）、陈晨（负责项目二、项目五）、刘玉（负责项目九、项目十）、葛静茹（负责项目四、项目八）、顾一凡（负责项目六、项目七）承担项目资料整理和撰写工作，各章由陈晨进行统稿，最终经李帷和企业专家审查定稿，严格把控教材质量。

扬州航华国际船务有限公司，作为教材编写的关键合作伙伴，为教材的专业性和实用性提供了坚实的支持。该公司荣获全国优秀报关企业、江苏省优秀报关企业、南京关区"诚信规范报关企业"等多项殊荣。公司总经理叶国新和党支部书记陈霞带领全国优秀报关员团队与教师团队进行深入交流与紧密合作，围绕国际货运代理业务流程，共同探讨项目体系、优化教学内容，将行业最新发展趋势和企业实际操作规范融入教材，为培养满足国际货运行业需求的高素质人才打下坚实基础。此外，本教材得益于江苏京东信息技术有限公司、江苏高领碳信工业互联网有限公司、江苏康能生物工程股份有限公司、深圳市大疆创新科技有限公司、扬州欧凯德物流设备有限公司、扬州市斯特普进出口有限公司等行业、企业专家们提供的行业前沿信息和真实案例资料，确保了教材内容的科学性、先进性、职业性。

本教材参考了国内外文献资料，借鉴了众多学者研究成果，在此表示诚挚的感谢。国际货运行业技术、政策与业务场景等在不断变化发展，本教材在编写过程中难以做到尽善尽美，敬请广大读者、同行和专家对教材中存在的问题予以批评指正，并及时将相关意见反馈给我们，有助于在后续再版工作中对教材进行优化改进，更好地满足读者的学习需求及行业发展要求。

编　者

目 录

项目一　认知行业

引思明理

集装箱改变世界

2023 年 1—11 月，全国港口完成货物吞吐量、外贸货物吞吐量分别为 155.1 亿吨、46.2 亿吨，同比分别增长 8.4%、9.6%。其中，全国港口完成集装箱吞吐量达 2.49 亿标箱，同比增长 4.3%；集装箱吞吐量排名前十的港口分别是：上海港、宁波舟山港、深圳港、青岛港、广州港、天津港、厦门港、苏州港、北部湾港、日照港。以上海港为例，2023 年全年集装箱吞吐量为 4 915.8 万标箱，与此同时，港口资源整合持续深化，港口服务能力快速提升。

江面上船来船往，集装箱吊装远程控制精准到位，装卸、运输的车辆往来穿梭，整个码头货物流通快速高效、秩序井然。2023 年，我国共开行中欧班列 1.7 万列、发送 190 万标箱，同比分别增长 6%、18%，这些班列将电子产品、食品、木材、化工产品，以及国际产业链中重要的中间品源源不断地运抵国外；西部陆海新通道班列全年发送 86 万标箱、同比增长 14%。无论是海路运输还是陆路运输，集装箱跨境货运智能化水平都在不断提高，服务支撑能力进一步增强。发展的背后凝结着努力与奋斗，是几代货运人用汗水护航，砥砺前行的写照。

资料来源：数据与主要文字来自中华人民共和国交融运输部的港口货物旅客吞吐量统计数据，中华人民共和国商务部《中欧班列开行量逆势增长　突破"万列"大关》。

党的二十大报告指出要"建设高效顺畅的流通体系，降低物流成本"。集装箱运输具有规范化、标准化、节省空间和能源等优势，可以使用机械装卸设备快速完成装货和卸货，摆脱过去高成本、低效率的人力装卸，降低运输成本，提高运输效率，现已成为现代物流体系的重要组成部分。

学习笔记

📖 项目情境

　　杨帆发现家乡产品在"一带一路"沿线国家市场有前景，但乡亲们对国际货运并不了解，不清楚如何开展国际业务，因此产品很难运往国外。作为一名在校大学生，杨帆积极响应振兴家乡的号召，准备开办一家货运代理企业，来帮助乡亲们解决国际货运难题。因此，他需要充分认知国际货运行业。假如你是杨帆同学，你将需要理解国际货运代理行业的相关内容，了解成立合法企业的基本步骤，运用国际标准集装箱类型、规格等相关知识对不同国际多式联运的特点进行比较，为家乡产品远销海外做出规划。

📝 项目目标

知识目标

1. 了解国际标准集装箱的定义与标准。
2. 了解集装箱多式联运的概念与基本形式。
3. 了解国际货运代理市场的基本供需特征。
4. 熟悉集装箱跨境货运代理的基本流程。
5. 理解集装箱多式联运系统基本要素关系。
6. 掌握集装箱的主要类型与基本规格。

技能目标

1. 能够运用所学知识正确识别国际标准集装箱。
2. 能够根据需求选定不同集装箱多式联运形式。
3. 能够根据给定的情境分析货代市场基本情况。

素质目标

1. 理解集装箱在"一带一路"背景下的重要作用。
2. 培养学生的国家意识，提高学生国际合作能力。

任务一 认知国际货运代理

任务挑战

1. 请你帮助杨帆对国际货运代理行业进行调研，并对现阶段的市场进行外部环境分析（PEST 分析），完成表 1−1 的调研与分析。

表 1−1 国际货运代理市场外部环境分析

序号	分析因素	含义	调查结果
1	政治环境（Political Environment）	包括一个国家的社会制度，执政党的性质，政府的方针、政策、法令等。不同的国家有不同的社会性质，不同的社会制度对组织活动有不同的限制和要求	1. 2. 3. …
2	经济环境（Economic Environment）	包括宏观经济环境和微观经济环境。宏观经济环境主要指一些能够反映国民经济发展水平和发展速度的指标情况；微观经济环境主要指企业所在地区或所服务地区的消费者的收入水平、消费偏好、储蓄情况、就业程度等	1. 2. 3. …
3	社会文化环境（Social Environment）	包括一个国家或地区的居民教育程度和文化水平、宗教信仰、风俗习惯、审美观点、价值观念等	1. 2. 3. …
4	技术环境（Technological Environment）	除了要考察与企业所处领域的活动直接相关的技术手段的发展变化外，还应及时了解：①国家对科技开发的投资和支持重点；②该领域技术发展动态和研究开发的费用总额；③技术转移和技术商品化速度；④专利及其保护情况等	1. 2. 3. …

2. 请你登录一些求职网站，帮助杨帆对现阶段国际货运代理相关的岗位、职位与薪资进行调研，并简单描述调研结果。

知识正文

一、国际货运代理

（一）国际货运代理的含义

货运代理来源于英文"Freight Forwarder"。起初，货运代理只代表货主安排货物的装卸、储存及运输，同时为客户处理报关、收取费用等日常业务。随着经济发展，货运代理的服务范围不断扩大，为客户提供的服务也从传统的订舱和报关等基础性业务，扩展至全方位的系统性服务，包括了货物的全程运输和配送，货运代理在国际贸易中的地位也越来越重要。

综合而言，货运代理是指接受货主的委托，代表货主办理有关货物交接、包装、报关、检验、调拨、转运、订舱等有关国际货物运输业务的法人或个人。

国际货运代理是指国际货运代理公司接受进出口货物收货人、发货人或其代理人的委托，在被授权范围内代表委托人办理有关货物报关、报检、交接、分拨、仓储、包装、转运、保险、订舱等业务。货运代理企业与货主的关系是受托（代理）和委托关系，在办理代理业务过程中，受托人是以货主代理人的身份对货主负责，并按委托人的要求和代理业务项目提供劳务，同时向委托人收取代理费。

由此可见，"国际货运代理"一词具有两种含义：一是指货运代理人；二是指货运代理行业。国际货运代理既与货物托运人签订运输合同，同时也与运输部门签订合同。因此，对于货物托运人来说，国际货运代理是货物的承运人；对于运输部门来说，国际货运代理是货主的代理人。目前，相当一部分货物代理人掌握了各种运输工具和储存货物的仓库，并在经营其业务时处理包括海陆空在内的货物运输。

因此，对于国际货运代理的性质，应从国际货物运输代理人和国际货物运输代理行业两个角度来理解。

（二）国际货运代理的作用

国际货运代理不仅可以简化国际贸易程序，降低运输的总成本，还能通过给予国内承运人和保险人以支持，实现外汇节省，从而帮助改善外汇收支平衡的状况。与此同时，国际货运代理在与其有关的机构，如港口当局、船务代理、海运经营人、空运经营人、卡车经营人，铁路经营人、保险人、银行等贸易活动中发挥着协调作用，这不仅对客户有益，而且对海关和其他与进出口贸易运输有关的公共当局，都是十分有益的。

国际货运代理的作用表现在组织协调、专业服务、沟通控制、咨询顾问、降低成本、资金融通等方面，具体如表1-2所示。

表1-2　国际货运代理作用

作用	具体内容
组织协调	"门到门"运输的组织和协调
专业服务	向委托人提供货物的承揽、交运、拼装、集运、接卸、交付服务，接受委托人的委托，办理货物的保险、一关三检（商检、卫检和动植检）、进出口管制等手续的专业服务
沟通控制	随时保持与货物、货物运输关系人及其他有关企业、部门之间的有效沟通，对货物运输的全过程进行准确跟踪和控制
咨询顾问	向委托人提出明确、具体的咨询意见，协助委托人设计、选择适当的处理方案，避免、减少不必要的风险、周折和浪费
降低成本	选择货物的最佳运输路线、运输方式，最佳仓储保管人、装卸作业人和保险人，争取公平、合理的费率
资金融通	代替收、发货人支付有关费用、税金，提前与承运人、仓储保管人、装卸作业人结算有关费用，凭借自己的实力和信誉向承运人、仓储保管人、装卸作业人提供费用、税金担保或风险担保，从而帮助委托人融通资金，减少资金占压，提高资金利用率

（三）国际货运代理的业务范围

国际货运代理的业务范围广泛，通常为接受客户的委托，完成货物运输的某个环节或与此有关的各个环节的任务。除非客户（发货人或收货人）想亲自参与各种运输过程和办理单证手续，否则，国际货运代理可以直接或通过其分支机构及其雇用的某个机构为客户提供各种服务，国际货运代理也可以利用其在海外的代理向客户提供服务。

国际货运代理的服务对象包括发货人、收货人、海关、承运人、航空公司、班轮公司等，在物流服务中还包括工商企业等。其服务内容如表1-3所示。

表1-3 国际货运代理的业务范围

序号	服务对象	业务内容
1	发货人	以最快最省的运输方式，安排合适的货物包装，选择货物的运输路线。向发货人建议仓储与分拨。选择可靠、效率高的承运人，并负责缔结运输合同。安排货物的计重和计量工作。办理货物保险。完成货物的拼装。装运前或在目的地分拨货物之前把货物存仓。安排货物到港口的运输工作，办理海关和有关单证的手续，并把货物交给承运人。代表托运人/进口商承付运费、关税税收。办理有关货物运输的任何外汇交易。从承运人处取得各种签署的提单，并把它们交给发货人。通过与承运人、与货运代理在国外的代理联系，监督货物运输进程，并使发货人知道货物去向
2	收货人	报告货物动态。接收和审核所有与运输有关的单据。提货并支付运费。安排报关和付税及其他费用。安排运输过程中的存仓。向收货人交付已结关的货物。协助收货人储存或分拨货物。协助收货人向有关责任方进行索赔
3	海关	当货运代理作为海关代理办理有关进出口商品的海关手续时，它不仅代表客户，而且代表海关当局。事实上，在许多国家，货运代理已经得到了海关当局的许可，办理海关手续，并对海关负责
4	承运人	货运代理及时为承运人订舱，议定对发货人、承运人都公平合理的费用，安排适当的交货时间，以及以发货人的名义解决承运人的运费账目等问题
5	航空公司	在空运业务中，货运代理充当航空公司的代理。在国际航空运输协会以空运货物为目的而制定的规则上，它被指定为国际航空协会的代理。在这种关系上，它利用航空公司的货运手段为货主服务，并由航空公司付给佣金。同时，作为一个货运代理，它通过提供适于空运的服务方式，继续为发货人或收货人服务
6	班轮公司	货运代理与班轮公司的关系随业务的不同而不同。近几年来，由货运代理提供的拼箱服务，即拼箱货的集运服务已在货运代理与班轮公司及其他承运人（如铁路）之间建立了较为密切的联系，然而一些国家拒绝向货运代理支付佣金
7	多式联运	货运代理在多式联运中充当主要承运人，承担组织在单一合同下，通过多种运输方式进行门到门的货物运输。货运代理可以以当事人的身份，与其他承运人或其他服务提供者分别谈判并签约。但是这些分拨合同不会影响多式联运合同的执行，也就是说，不会影响发货人的义务，也不会影响其在多式联运过程中对货损及灭失所要承担的责任。当货运代理作为多式联运经营人时，通常需要提供包括运输和分拨全过程在内的"一揽子"服务，并对其客户承担更大的责任
8	其他	根据客户的特殊需要进行监装、监卸、货物混装和集装箱拼装拆箱运输咨询服务。 特种货物装挂运输服务及海外展览运输服务等

（四）国际货运代理的类型

国际货运代理可根据其不同的身份划分为不同类型。值得注意的是，国际货运代理在不同业务、面对不同类型客户的需求、签订不同的代理合同情况下，其身份是多变的。因此，充分理解国际货运代理的类型与身份，可以在实际业务中避免很多问题。一些常见的国际货运代理类型如表1-4所示。

表1-4　常见国际货运代理分类

序号	分类标准	具体内容
1	以委托人的性质为标准	货主的代理
		承运人的代理
2	以委托人委托的代理人数量为标准	独家代理
		普通代理
3	以委托人授予代理人权限的范围为标准	全权代理
		一般代理
4	以委托人委托办理的事项为标准	综合代理
		专项代理
5	以代理人的层次为标准	总代理
		分代理
6	以运输方式为标准	水运代理
		空运代理
		陆运代理
		联运代理
7	以代理业务的内容为标准	国际货物运输综合代理
		国际船舶代理
		国际民用航空运输销售代理
		报关代理
		报检代理

二、成立国际货运代理企业

（一）国际货运代理企业设立条件

2004年5月19日，国务院发布《关于第三批取消和调整行政审批项目的决定》，取消国际货运代理企业经营资格审批。之后，我国境内的投资者申请设立国际货运代理企业，不再受原先规定的资格条件限制。但是，投资者在申请时仍应遵守《中华人民共和国公司法》及有关法律法规规定的资格条件限制。

1. 国际货运代理企业注册资本的最低限额

国际货运代理企业注册资本最低限额如表 1-5 所示。

表 1-5 国际货运代理企业注册资本最低限额

序号	经营国际货运代理业务范围	注册资本最低限额（万元人民币）
1	海上	500
2	航空	300
3	陆路或国际快递业务	200

经营两项以上业务的，注册资本最低限额为其中最高一项的限额。

国际货运代理企业每申请设立一个分支机构，应当相应增加注册资本 50 万元人民币，如果企业注册资本已超过《中华人民共和国国际货运代理业管理规定》（以下简称《规定》）中的最低限额（海运 500 万元人民币，空运 300 万元人民币，陆运 200 万元人民币），则超过部分可作为设立分支机构的增加资本。

2. 申请设立国际货运代理企业应该具备的营业条件

《中华人民共和国国际货物运输代理业管理规定实施细则》（以下简称《实施细则》）规定，申请设立的国际货运代理企业可由企业法人、自然人或其他经济组织组成。与进出口贸易或国际货物运输有关，并拥有稳定货源的企业法人应当为大股东，且应在国际货代企业中控股。企业法人以外的股东不得在国际货运代理企业中控股。国际货运代理企业应当取得中华人民共和国企业法人资格。企业组织形式为有限责任公司或股份有限公司。禁止具有行政垄断职能的单位申请投资经营国际货代业务。承运人以及其他可能对国际货运代理行业构成不公平竞争的企业不得申请经营国际货运代理业务。具体的营业条件如表 1-6 所示。

表 1-6 申请设立国际货运代理企业应该具备的营业条件

序号	条件	具体内容
1	业务人员	具有至少 5 名从事国际货运代理业务 3 年以上的业务人员。业务人员的从业资格由业务人员原所在企业证明，或者取得商务部颁发的资格证书
2	营业场所	有固定的营业场所。自有房屋场地须提供产权证明，租赁房屋场地须提供租赁合同
3	营业设施	有必要的营业设施。必要的营业设施包括一定数量的电话、传真机、计算机、短途运输工具、装卸搬运设备、包装设备等
4	货源市场	有稳定的进出口货源市场。这是指本地区进出口货物运量较大，货运代理行业具备进一步发展的条件和潜力，并且申报企业能够揽收到足够的货源
5	其他情况	若业务含国际多式联运业务，则需在满足上述要求外，还应当具备以下条件：从事《实施细则》第三十二条中有关业务 3 年以上；具有相应的国内外代理网络；拥有在商务部登记备案的国际货运代理提单

（二）注册企业流程

注册公司是开启创业的第一步，需要根据各地市场监督管理局制定的具体流程要求进行办理。总体而言，注册企业主要包括七个步骤，如图 1-1 所示。

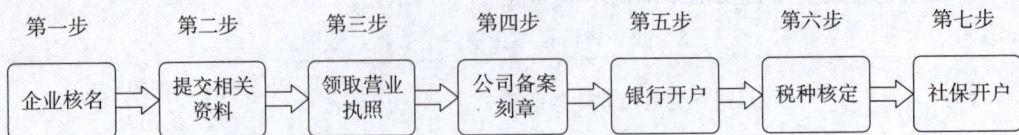

第一步	第二步	第三步	第四步	第五步	第六步	第七步
企业核名	→ 提交相关资料	→ 领取营业执照	→ 公司备案刻章	→ 银行开户	→ 税种核定	→ 社保开户

图 1-1 注册企业流程

第一步：企业核名。

公司名称结构为：字号、行业名、组成形式。在核名之前，可准备好三至五个名字，以免核名的时候发现准备的名字跟已存在公司名重复。

第二步：提交相关资料。

确定公司经营范围。开业资料主要有：房产租赁合同、房产证复印件、房产信息单、公司章程、股东会决议、指定委托人、名称核准信息单等。

第三步：领取营业执照。

核名通过，资料审核通过之后就可以领取营业执照了。

第四步：公司备案刻章。

备案刻章工作需携带营业执照原件到公安局指定的定点刻章完成。

第五步：银行开户。

公司营业执照办好后，携带公章、法人章、财务章、营业执照正本前去银行开设公司基本账户，待银行受理结束，领取开户许可证。

第六步：税种核定。

公司领取营业执照 30 天内就需要进行纳税申报了，在纳税申报时需要核定税种，确定纳税人类型是一般纳税人还是小规模纳税人。

第七步：社保开户。

公司开业除了需要纳税申报，还需要缴纳社保。因此，公司需要申请社保开户，以便缴纳"五险一金"。

外籍人士如在中国开办企业，可选择中外合作企业、中外合资企业、外商独资企业、外商投资股份有限公司、外商投资性公司，流程基本由核名、经济主管部门备案、领取营业执照三个阶段组成。为了营造良好的营商环境，各地各级政府也会简化流程，为企业经营者提供便利服务。

视频：
外资企业
注册过程

（三）国际货代企业备案程序

为加强对国际货代业的管理，根据《中华人民共和国对外贸易法》（以下简称《外贸法》）和《规定》的有关要求，商务部制定了《国际货运代理企业备案（暂行）办法》，于 2005 年 4 月 1 日起施行。该办法规定，凡经国家工商行政管理部门依法注册登记的国际货运代理企业及其分支机构，应当向商务部或商务部委托的机构办理备案。商务部是全国国际货运代理企业备案工作的主管部门。国际货运代理企业备案工作实行全国联网和属地化管理。

国际货运代理企业备案程序如图 1-2 所示。

领取《国际货运代理企业备案表》（以下简称《备案表》）	国际货运代理企业可以通过商务部政府网站下载《备案表》，或到所在地备案机关领取《备案表》。
填写《备案表》	国际货运代理企业应按《备案表》要求认真填写所有事项的信息，并确保所填写内容完整、准确和真实；同时认真阅读《备案表》背面的条款，并由法定代表人签字、盖章。
向备案机关提交备案材料	材料包括《备案表》、营业执照复印件、组织机构代码、证书复印件等。
备案机关应自收到国际货运代理企业提交的上述材料之日起5日内办理备案手续，在《备案表》上加盖备案印章	国际货运代理企业应凭加盖备案印章的《备案表》在30日内到有关部门办理开展国际货代业务所需要的有关手续； 需经有关主管机关注册的，还应当向有关主管机关注册； 《备案表》上的任何信息发生变更时，国际货运代理企业应在30日内办理变更手续，逾期未办理则《备案表》自动失效。

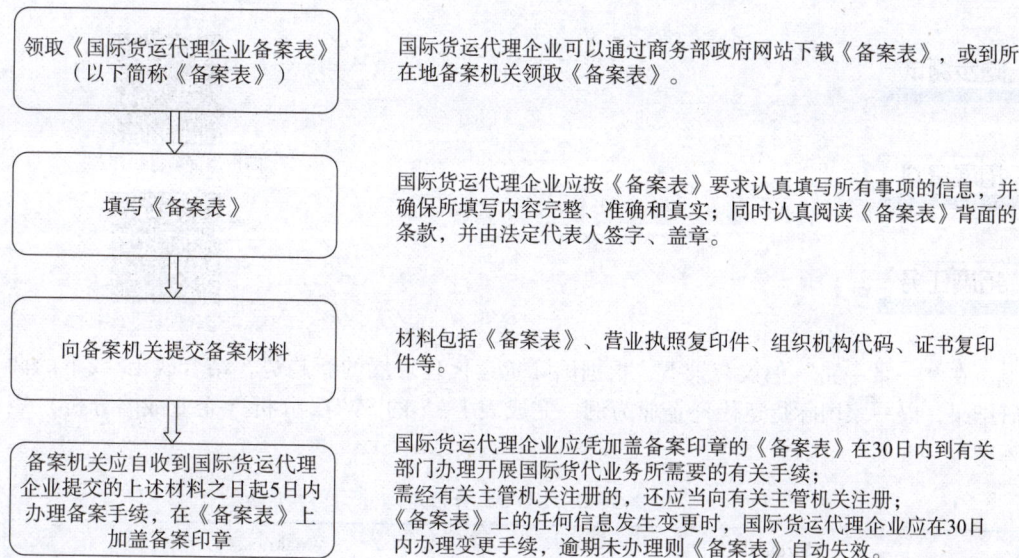

图1-2 国际货运代理企业备案程序

随堂讨论

1. 你认为国际货运代理企业在现代经济活动中能起到哪些作用？受到哪些制约？

2. 你计划开办怎样的货运代理企业？请从企业性质、规模、业务范畴等方面进行规划。

学习笔记

同步测试

拓展资料

拓展任务

同步测试项目一任务一

国际货运代理行业发展趋势

　　在"一带一路"倡议背景下，根据国际货运代理发展的新趋势，结合线上/线下的调研结果，以一家国际货运代理企业为例，完成表1-7的SWOT分析（企业战略分析）矩阵图。

表1-7　SWOT分析矩阵

		Strengths 1. 2. 3. …	Weaknesses 1. 2. 3. …
Opportunities 1. 2. 3. 4. …		Opportunities – Strengths Strategies Use strengths to take advantage of opportunities 1. 2. …	Opportunities – Weakness Strategies Overcome weaknesses by taking advantage of opportunities 1. 2. …
Threats 1. 2. 3. 4. …		Threat – Strengths Strategies Use strengths to avoid treats 1. 2. …	Threat – Weakness Strategies Minimize weaknesses and avoid treats 1. 2. …

任务二 认知国际标准集装箱

任务挑战

集装箱运输是现代国际海运和陆运中最重要的运输方式之一，具有安全、快捷、高效、灵活等特点，也是国际货运代理经常办理的货运业务形式。为了充分发挥集装箱的优势，规范国际集装箱市场，国际标准化组织（ISO）第104技术委员会制定了国际标准集装箱。

在办理业务前，杨帆需要明确什么是集装箱，集装箱有哪些类型、规格，以及如何区分同一种集装箱，即能识别集装箱的标记。

1. 请尝试在图1-3所示的集装箱示意图上标注出1~5这5个数字在国际标准集装箱中分别代表的含义。

2. 杨帆家乡有花木、毛绒玩具、化工原料、手工艺品、锂电池、汽车等货物需要出口至"一带一路"沿线国家。请你为杨帆家乡的货物选择适用的国际标准集装箱，并说明理由。

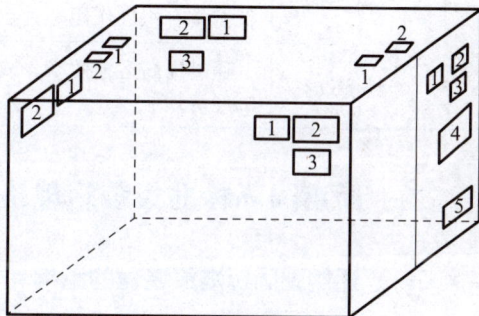

图1-3 集装箱示意图

知识正文

集装箱运输（Container Freight Transport），是指以集装箱这种大型容器为载体，将货物集合组装成集装单元，以便在现代流通领域内运用大型装卸机械和大型载运车辆进行装卸、搬运作业和完成运输任务，从而更好地实现货物"门到门"运输的一种新型、高效率、高效益的运输方式。

一、国际标准集装箱定义

集装箱（Container），是具有一定强度、刚度和规格的专供周转使用的大型装货容器，也是现代运输中的一种常用设备。集装箱根据其适用范围分为国际标准集装箱、国家标准集装箱、地区标准集装箱和公司标准集装箱。为了最大化地展现集装箱运输的优势，目前，中国、日本、美国等国家都全面引进了国际标准化组织（International Organization for Standardization，ISO）第104技术委员会制定的国际标准来制造国际通用的标准集装箱并投入使用。该集装箱需满足以下条件：

（1）是一种运输工具。

（2）具有足够的强度，可长期反复使用。

（3）适于一种或多种运输方式运送，途中转运时，箱内货物不需换装。

（4）具有快速装卸和搬运的装置，特别便于从一种运输方式转移到另一种运输方式。

（5）便于货物装满或卸空。

（6）具有1立方米（即35.31立方英尺）及以上的容积。

实施 ISO 国际标准集装箱有许多优点，如表 1－8 所示。

表 1－8　ISO 国际标准集装箱的优势

序号	优势	具体解释
1	互换性	ISO 标准确保了不同国家和地区的集装箱能够相互交换使用，提高了运输效率，减少了运输成本
2	标准化	标准化的尺寸和结构使集装箱更容易堆叠、装卸和管理，提高了物流效率
3	安全性	ISO 标准对集装箱的结构和强度进行了规定，确保了货物在运输过程中的安全性和可靠性
4	环保节能	标准化的集装箱设计有助于减少运输过程中的能源消耗和排放，对环境保护具有积极作用
5	经济效益	通过提高运输效率、减少成本和损失，ISO 集装箱标准为企业带来了显著的经济效益

二、通用国际标准集装箱规格

（一）通用国际标准集装箱的结构

通用国际标准集装箱的主要构造包括箱体、门、顶盖和底盘，箱体由四面墙板和四个角柱组成，形成一个相对封闭的空间，如图 1－4 所示。墙板通常由钢板或铝板制成，有时也有隔热层或防水层。角柱是集装箱的重要结构件，保证了集装箱的强度和稳定性，同时也是集装箱之间堆叠和固定的关键部位。门是集装箱的开口部分，通常位于集装箱的一端或两端，用于装卸货物。门由门框、门扇、门锁、铰链等部件组成。门框与箱体相连，为门提供了支撑和定位；门扇是门的活动部分，可以打开或关闭，用于控制货物的进出。顶盖是集装箱的顶部部分，通常与箱体一体化，用于保护货物免受外界影响。顶盖通常由钢板或铝板制成，有时也有隔热层或防水层。顶盖上有时会设有开口或通风口，用于满足不同类型货物的需求。

图 1－4　通用国际标准集装箱示意图

集装箱箱门处还建有门铰链、门把手、锁杆、凸轮、把手锁件、门锁杆托架、箱门搭扣件等。

（二）通用国际标准集装箱的尺寸

通用的国际标准集装箱分为 A、B、C、D 四个系列。国际标准集装箱的尺寸可分为外部尺寸和最小内部尺寸，如表 1-9 所示。

表 1-9　通用国际标准集装箱规格

集装箱系列	标准长度与宽度	不同高度
A 系列集装箱	长度为 40 ft，宽度为 8 ft	IAAA 高度为 9 ft 6 in IAA 高度为 8 ft 6 in IA 高度为 8 ft IAX 高度小于 8 ft
B 系列集装箱	长度为 30 ft，宽度为 8 ft	IBBB 高度为 9 ft 6 in IBB 高度为 8 ft 6 in IB 高度为 8 ft IBX 高度小于 8 ft
C 系列集装箱	长度为 20 ft，宽度为 8ft	ICC 高度为 8 ft 6 in IC 高度为 8 ft ICX 高度小于 8 ft
D 系列集装箱	长度为 10 ft，宽度为 8 ft	ID 高度为 8 ft IDX 高度小于 8 ft

注：1 ft = 304.8 mm，1 in = 25.4 mm。

国际标准集装箱的四个系列长度的尺寸关系如下：

$1A = 1B + 1D + i = 9\ 125 + 2\ 991 + 76 = 12\ 192$ mm；

$1B = 3D + 2i = 3 \times 2\ 991 + 2 \times 76 = 8\ 973 + 152 = 9\ 125$ mm；

$1C = 2D + i = 2 \times 2\ 991 + 76 = 6\ 058$ mm。

其中：i（间距）约为 3 in（76 mm）。

四个系列国际标准集装箱长度的尺寸关系如图 1-5 所示。

1A型 40ft（12 192 mm）1B30ft（9 125 mm）1C型 20ft（6 058 mm）1D10ft（3 991 mm）

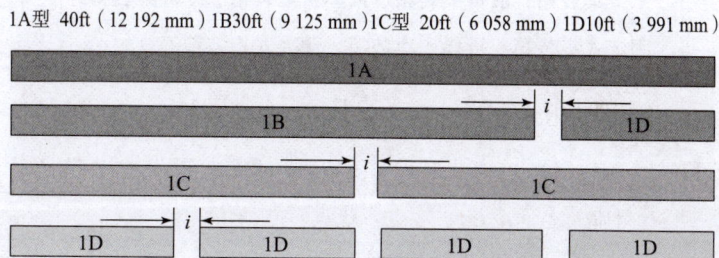

图 1-5　四个系列国际标准集装箱长度的尺寸关系

（三）三种通用国际标准集装箱

通用国际标准集装箱常用有三种规格，分别是 20 英尺干货集装箱（20GP）、40 英尺干货集装箱（40GP）和40英尺的高箱（40HQ）。它们在全球范围内被广泛使用，能够满足不同类型和规模货物的运输需求。由于制造过程中不可避免的误差，不同集装箱公司制造的国际标准集装箱的具体尺寸细节稍有不同，但总体情况一致，如表1-10所示。

表1-10　三种通用国际标准集装箱常见规格

集装箱类型	内部尺寸/米	常规装箱体积/立方米	自重/吨	常规最大载重量/吨	与标准箱（TEU）的关系
20GP	L：5.69 W：2.13 H：2.18	24~26	2.28	18	1×20GP = 1TEU
40GP	L：12.03 W：2.13 H：2.18	54	3.83	23	1×40GP = 2TEU
40HQ	L：12.03 W：2.13 H：2.72	68	3.98	23	1×40HQ = 2TEU

其中，1个20英尺干货集装箱被称为1个标箱（TEU）。TEU的全称为Twenty-foot Equivalent Unit，最初用于描述20英尺集装箱。随着时间的推移，TEU已成为物流运输业中计量货物容量的标准单位，通常用于衡量船舶装载集装箱的能力。

三、国际标准集装箱的类型

根据国际标准化组织（ISO）第104技术委员会制定的国际标准来制造和使用的国际通用标准集装箱可以分为不同系列、不同材质、不同用途，如表1-11所示。

表1-11　集装箱的不同类型

分类依据	不同类型集装箱
按用途分类	冷藏集装箱、服装集装箱、开顶集装箱、框架集装箱、罐式集装箱、平台集装箱、通风集装箱、保温集装箱、汽车集装箱、动物集装箱等
按材质分类	钢制集装箱、铝合金集装箱、玻璃钢集装箱、木集装箱、不锈钢集装箱等
按所装货物分类	干货集装箱、散货集装箱、被体货集装箱、冷藏集装箱等
按结构分类	固定式集装箱、折叠式集装箱、薄壳式集装箱等

不同材质的集装箱各有其优势与劣势，如表1-12所示。

表1-12　不同材质集装箱的优缺点

集装箱种类	材质	优点	缺点
钢制集装箱	钢材	强度大，结构牢，焊接性高，水密性好，价格低廉	重量大、防腐性差
铝合金集装箱	铝合金	重量轻，外表美观，防腐蚀，弹性好，加工方便且加工费、修理费低，使用年限长	造价高，焊接性能差

续表

集装箱种类	材质	优点	缺点
玻璃钢集装箱	玻璃钢材料	强度大，刚性好，容积大，隔热、防腐、耐化学性好，易清扫，修理简便	重量大，易老化，拧螺栓处强度降低

学习笔记

四、国际标准集装箱的标记

为了便于对集装箱在流通和使用中识别和管理，便于单据编制和信息传输，我国出具集装箱代码、识别和标记的规定（GB/T 1836 - 2017）。根据该标准，集装箱的标记可分为必备标记、尺寸和箱型代码及其相关标记、可择性作业标记。

（一）必备标记

1. 必备识别标记

它包括箱主代号，设备识别码箱号和核对数字，具体含义如表 1 - 13 所示。

视频：
集装箱标志
与标记

表 1 - 13　必备标记中识别标记及其含义

序号	标记	标记含义
1	箱主代码	由三个大写的拉丁文字母表示，具备唯一性，且应在国际集装箱局（BIC）注册
2	设备识别码	由 1 个大写拉丁字母表示。"U" 代表所有集装箱；"J" 代表集装箱所配置的挂装设备，"Z" 代表集装箱拖挂车和底盘挂车
3	箱号	由 6 位阿拉伯数字组成。如数字不足 6 位时，应在前面置 0 以补足 6 位
4	核对数字（校验码）	用来确认箱主代码和箱号记录是否准确。它位于箱号后，以 1 位阿拉伯数字加方框表示

2. 必备作业标记

必备作业标记如表 1 - 14 所示。

表 1 - 14　必备标记中作业标记及其含义

序号	标记	标记含义
1	最大总质量和空箱质量①	应以千克（kg）和磅（lb）表示
2	空/陆/水联运集装箱标记	由于该种集装箱的强度仅能堆码两层。因而国际标准化组织对该集装箱规定了特殊的标志，该标记为黑色，位于侧壁和端壁的左上角

---

① 注：贸易行业常用"重量"。

序号	标记	标记含义
3	箱顶防电击警示标记	该标记为黄底黑色边框三角形，中间为黑色闪电标符，一般设在罐式集装箱和位于登顶箱顶的扶梯处，以警告登箱者有触电危险
4	箱高超过 2.6 m（8ft 6 in）的集装箱高度标记	该标记为黄黑斜条的条形标记。此标记贴在集装箱每侧的左下角，距箱底约 0.6 m 处，同时该贴在集装箱主要标记的下方。凡高度超过 2.6 m 的集装箱应贴上此标记

（二）尺寸和箱型代码及其相关标记

集装箱外部尺寸和箱型代码型均应在箱体上标出以便识别，具体内容如表 1-15 所示。

表 1-15 集装箱外部尺寸和箱型代码含义

序号	标记	标记含义
1	尺寸代码	集装箱的尺寸（指外部尺寸）代码需用两位字符表示：第一位用数字或拉丁字母表示箱长；第二位用数字或拉丁字母表示箱宽和箱高
2	箱型代码	包括箱型及其特征信息，由两位字符表示：第一位由 1 个拉丁字母表示箱型；第二位由 1 个数字表示该箱型的特征

（三）可择性作业标记（最大净货载）

根据工业上的需要，除了标打集装箱最大总质量和空箱质量外，还可以标打最大净货载的数据。如最大总质量、空箱质量及净货载。

随堂讨论

1. 你认为集装箱为国际货运带来了怎样的改变？
2. 在数字经济快速发展的背景下，集装箱跨境货运将迎来哪些机遇和挑战？请陈述你的观点并说明理由。

同步测试

拓展资料

拓展任务

同步测试项目一任务二

集装箱发展历程知多少

1. 请识别图 1-6 中的集装箱标记，判断它们分别属于哪种类型的标记。

2. 请利用纸板、剪刀、胶水等工具，结合所学的集装箱知识，2~4 人/组，合作完成一个集装箱模型，并为其标上相关标志与标识。

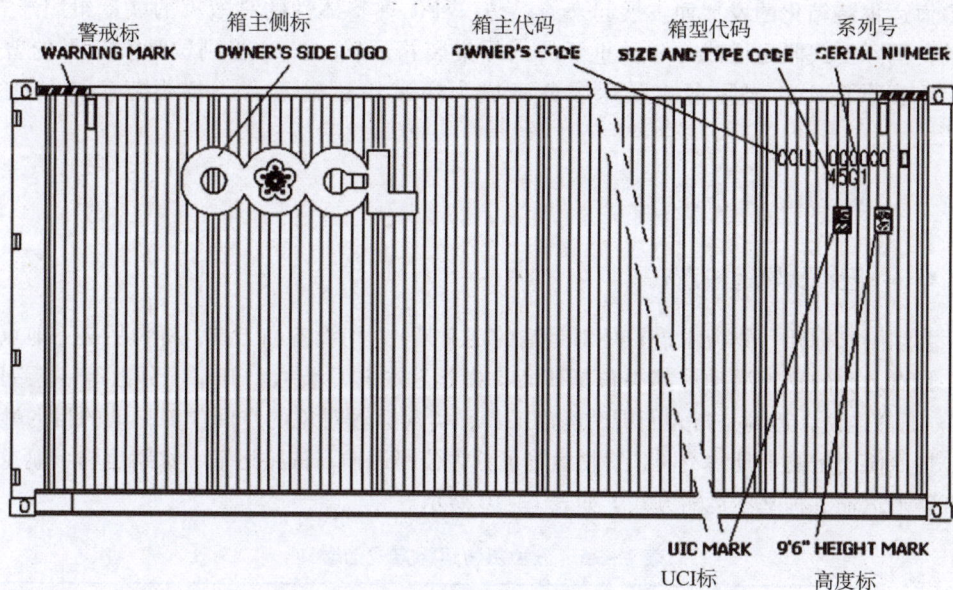

图 1-6　40 英尺高箱侧板标志

任务三　认知国际多式联运

任务挑战

　　杨帆的公司接到客户的一单业务，需要在15天内运输一批汽车零部件，这批零部件需要通过集装箱运输，从中国江苏扬州的生产基地出发，于2个月内送达美国洛杉矶的汽车销售公司。请你根据货物类型和时效要求，对比多种运输方式的优劣势，为这批货物制定初步的国际货物运输方案，包括运输路径、运输方式并说明理由。

知识正文

　　国际多式联运是把远洋、内河、公路、铁路以及航空运输连接起来的运输方式，是随着海运集装箱化的发展而发展起来的，是一种体现整体性的高效率的联运组织形式。目前，国际多式联运已成为一种重要的国际集装箱运输方式，受到国际航运界的普遍重视。提供优质的国际多式联运服务已成为集装箱运输经营人增强竞争力的重要手段。

一、货物运输方式

（一）五种货物运输方式

　　我国国家标准《物流术语》中对运输的定义是："用设备和工具，将物品从一地点向另一地点运送的物流活动。其中包括集货、搬运、中转、装入、卸下、分散等一系列操作"。通俗地说，运输是指人们借助运输工具，实现运输对象的空间位置移动的目的性活动。按照使用运输工具的不同，货物运输可分为公路运输、铁路运输、水路运输、航空运输和管道运输五种基本运输方式，如表1-16所示。

表1-16　五种货物运输方式的含义

运输方式	含义
公路运输	广义来说，是指利用一定载运工具沿公路实现旅客或货物空间位移的过程； 狭义来说，就是指汽车运输
铁路运输	是指使用铁路列车将货物从一个地点运送到另一个指定地点的一种陆上运输方式
水路运输	又称船舶运输，是一种利用船舶、排筏和其他浮运工具，在江、河、湖泊、人工水道以及海洋上运送旅客和货物的运输方式
航空运输	又称飞机运输，它是在具有航空线路和航空港（飞机场）的条件下，利用飞机作为运载工具进行货物运输的一种运输方式
管道运输	管道运输是一种主要利用管道、通过一定的压力差完成商品运输的现代运输方式

（二）货物运输方式间的优劣势

各种运输方式均有自身的优点与不足。水路运输具有运量大、成本低的优点；公路运输则具有机动灵活，便于实现货物门到门运输的特点；铁路运输的主要优点是不受气候影响，可深入内陆并横贯内陆，实现货物的长距离准时运输；航空运输的主要优点是可实现货物的快速运输。五种主要运输方式的优劣势对比如表 1 – 17 所示。

表 1 – 17　五种主要运输方式的优劣势对比

运输方式	优势	劣势
公路运输	①机动灵活，简捷方便； ②运输过程中换装环节少，中短途运输速度较快； ③端点费用低； ④可完成其他运输方式的首末端运输，实现门到门运输； ⑤可得性高； ⑥投资少，经济效益高； ⑦操作人员容易培训	①运输能力小； ②运输能耗高； ③运输成本高； ④噪声、废气等污染环境严重； ⑤劳动生产率低； ⑥在路况较差的情况下，货物受振动较大，容易造成货损货差事故
铁路运输	①运输量大且运行速度较快； ②为轨道运输，运行平稳，安全可靠，到发时间准确； ③运输连续性强； ④通用性能好，可装运各类不同的货物； ⑤运输成本（可变成本）较低； ⑥能耗较低； ⑦环境污染程度小	①不够灵活机动； ②线路建设投资大，周期长，占地多； ③无法满足客户的紧急需要； ④近距离运输费用较高
水路运输	①运输量大； ②运输成本低； ③建设投资小； ④劳动生产率水平高； ⑤平均运距长； ⑥水路运输通用性能较强	①受自然条件影响大； ②运送速度慢，准时性差； ③航行风险大，安全性略差； ④运输连续性差； ⑤搬运成本与装卸费用高
航空运输	①运行速度快，库存能力较差； ②可直达，机动性能好； ③安全性高； ④对运输货物包装要求较低； ⑤经济性良好，可使用年限较长	①运输能力小； ②能耗大； ③运输成本高； ④运输服务的可得性较差
管道运输	①运输量大； ②能耗小； ③可以实现封闭运输，安全可靠，货损货差少，无污染，成本低； ④不受气候影响，送达货物的可靠性高； ⑤节省包装费用； ⑥建设工程量小，占地少； ⑦经营管理简单	①专用性强； ②专营性强； ③机动灵活性差； ④最低运输量与最高运输量间的差距小，无法满足零星用户的需求量； ⑤固定投资大； ⑥运速较慢

（三）货物运输方式的经济技术特征比较

对几种运输方式的经济技术特征进行评价时，需综合考虑几种运输方式的优缺点。在一般情况下，可以大致从运量、运价、速度、连续性等方面对各种运输方式的经济技术特征进行对比，由于水路运输中的内河运输与海洋运输在运输表现方面稍有差异，因此将这两种运输方式分开进行比较，如表1-18所示。

表1-18　运输方式的经济技术特征评价

运输方式	运量	运价	速度	连续性	灵活性	运输可靠性	备注
铁路	2	4	3	2	3	2	
水运—内河	3	2	6	6	4	4	数小为最优
水运—海运	1	2	5	5	5	6	
公路	5	4	2	3	1	3	
航空	6	6	1	4	2	5	
管道运输	4	3	4	1	6	1	

随着经济技术的发展以及货物运输要求的变化，运输方式的经济技术特征可能随之产生变化，具体需要以货运的实际情况来进行判断。

二、货物运输的合理化

（一）货物运输合理化因素

经济合理地组织货物运输是货物运输组织工作的一项重要原则，也是产、供、运、销各部门的共同责任。运输合理化是指按照商品流通规律、交通运输条件、货物合理流向、市场供需情况，走最少的路程、经最少的环节、用最少的运力、花最少的费用，以最短的时间把货物从生产地运到消费地，即用最少的劳动消耗运输更多的货物，取得最佳的经济效益。

合理运输的目的是，在一定的产销联系条件下，采取有效的运输组织措施，力求货物的运输量、运程、流向和中转环节合理，保证充分、有效和节约地使用运输能力，以最小的运力消耗、最少的费用支出、最快的速度，均衡、及时、质量良好地完成各种物资的运输任务。影响运输合理化的因素很多，起决定性作用的有五个方面的因素，称作运输合理化"五要素"，如表1-19所示。

表1-19　运输合理化"五要素"

序号	要素	要素内涵
1	运输距离	运距长短是影响运输是否合理的最基本因素。在运输时，运输时间、运输货损、运费、车辆或船舶周转等运输的若干技术经济指标，都与运输距离有一定比例关系

续表

序号	要素	要素内涵
2	运输环节	每增加一次运输，不但会增加起运的运费和总运费，而且必然会增加运输的附属活动，如装卸、包装等，各项技术经济指标也会因此下降。所以，减少运输环节，尤其是减少同类运输工具的环节，对合理运输有促进作用
3	运输工具	各种运输工具都有其适合的优势领域，对运输工具进行优化选择，按运输工具特点进行装卸运输作业，最大限度发挥所用运输工具的作用，是运输合理化的重要一环
4	运输时间	运输是物流过程中需要花费较多时间的环节，尤其是远程运输。在全部物流时间中，运输时间占很大比例，所以，缩短运输时间对缩短整个流通时间有决定性的作用。此外，运输时间短有利于运输工具的加速周转，有利于充分发挥运力的作用，有利于货主资金的周转，还有利于运输线路通行能力的提高，对运输合理化有很大作用
5	运输费用	运费是判断各种合理化措施是否行之有效的最终依据之一。运费在全部物流费用中占很大比例，运费在很大程度上决定着整个物流系统的竞争能力。实际上，降低运输费用，无论是对货主企业来讲，还是对物流经营企业来讲，都是运输合理化的一个重要目标

（二）货物运输常见的不合理形式

不合理运输是指在现有条件下可以达到的运输水平而未达到，从而造成运力浪费、运输时间增加、运费超支等问题的运输形式。具体可参考表1-20。

表1-20　常见的不合理运输形式

序号	不合理形式	具体含义
1	空驶	空驶是最严重的不合理运输形式，是指因调运不当、货源计划不周、不采用运输社会化而导致的空车无货载行驶
2	对流运输	亦称"逆向运输""相向运输"，指同一种货物，或彼此间可以互相代用而又不影响管理、技术及效益的货物，在同一线路上或平行线路上作相对方向的运送，而与对方运程的全部或一部分发生重叠交错的运输
3	迂回运输	指舍近取远的一种运输形式，即可以选取短距离运输却选择路程较长的路线进行运输的一种不合理形式
4	重复运输	本可以直接将货物运到目的地，但是在未达目的地之处，或目的地之外的其他场所将货卸下，再重复装运送达目的地，这是重复运输的一种形式；重复运输的另一种形式是，同品种货物在同一地点一边运进，一边向外运出；重复运输的最大弊端是增加了非必要的中间环节，延缓了流通速度，增加了运输费用，增大了货损概率
5	倒流运输	是指货物从销地或中转地向产地或起运地回流的一种运输现象，也可看作隐蔽对流运输的一种特殊形式
6	过远运输	指调运货物时舍近求远、拉长货物运输距离的浪费现象

续表

序号	不合理形式	具体含义
7	运力选择不当	未选择各种优势运输工具或不正确地利用运输工具的不合理现象
8	托运方式选择不当	对于货主而言，可以选择最好的托运方式而未选择，造成运力浪费及费用支出增大的一种不合理现象

三、国际多式联运的内涵

（一）国际多式联运的定义

国际多式联运是指按照多式联运合同，以至少两种不同的运输方式，由多式联运经营人将货物从一国境内接管货物的地点运至另一国境内指定地点交付的货物运输。这一定义明确强调了多式联运的整体性。

（二）国际多式联运的条件

国际多式联运通常是以集装箱为运输单元，将不同的运输方式有机地组合在一起，构成连续的、综合性的一体化货运运输。国际多式联运必须具备以下特征或基本条件，如表1-21所示。

表1-21 国际多式联运的基本条件

序号	条件	条件内容
1	具有一个多式联运合同	该运输合同明确规定了多式联运经营人与托运人之间的权利、义务、责任、豁免的合同关系和多式联运的性质，也是区别多式联运与一般货物运输方式的主要依据。合同是多式联运经营人与发货人订立的、符合多式联运条件的运输合同。该合同是以多式联运经营人签发多式联运单证（即多式联运提单）证明的、有偿、承揽和非要式的合同
2	使用一份全程多式联运单据	该单据应满足不同运输方式的需要，运费率计收全程运费，是能证明多式联运合同及证明多式联运经营人已接管货物并负责按照合同条款交付货物所签发的单据
3	至少使用两种不同运输方式的连贯运输	至少使用两种或两种以上运输方式，而且必须是不同方式之间的连续运输。这是判断一票货运是否属于多式联运的最重要的标准
4	国际货物运输	这涉及国际运输法规的适用问题。多式联运的货物主要是集装箱或集装化的货物。可见，即使是采用两种以上不同运输工具完成的国内货物运输，也不一定属于国际多式联运的范畴
5	由一个多式联运经营人对全程的运输负责	该多式联运经营人不仅是订立多式联运合同的当事人，也是多式联运单证的签发人。在多式联运经营人履行多式联运合同所规定的运输责任时，可将全部或部分运输委托给他人（分承运人）完成，并订立分运合同，但分运合同的承运人与托运人之间不存在任何合同关系。无论涉及几种运输方式，分为多少个运输区段，其全程运输都由多式联运经营人完成或组织完成，多式联运经营人要对运输全程负责

续表

序号	条件	条件内容
6	实现全程单一运费费率	多式联运经营人在对货主负全程运输责任的基础上，制定一个货物发运地至目的地全程单一费率并以包干形式一次性向货主收取。这种全程单一费率一般包括运输成本（全程各段运输费用的总和）、经营管理费用（如通信、制单以及劳务手续费等）和合理利润

由此可见，国际多式联运的主要特点是：由多式联运经营人对托运人签订一个运输合同，统一组织全程运输，实行运输全程一次托运、一单到底、一次收费、统一理赔和全程负责，是一种以方便托运人和货主为目的的先进的货物运输组织形式。因此，集装箱多式联运的优点非常明显：责任统一，手续简便，运输时间较短，货运质量较高，能节省运杂费，减少利息支出，降低运输成本，加速货运周转。

四、国际多式联运运输组织形式

国际多式联运严格规定必须采用两种及两种以上的运输方式进行联运，因此这种运输组织形式可综合利用各种运输方式的优点，充分体现社会化大生产、大交通的特点。国际多式联运具有其他运输组织形式无法比拟的优越性，所以已在世界主要国家和地区得到了广泛的推广和应用。

（一）海陆联运

海陆联运是国际多式联运的最主要运输组织形式，也是远东—欧洲多式联运的主要组织形式之一。这种运输组织形式以航运公司为主体，签发联运提单，与航线两端的内陆运输部门开展联运业务，与大陆桥运输展开竞争。目前，世界主要集装箱航运地区有远东、西欧、北美和澳大利亚，这四个地区货运量大，消费水平高，适于集装箱运输的货源充足，连接这几个地区的集装箱航线也成为全球海上集装箱航运干线，分别是：太平洋航线、大西洋航线、印度洋航线（远东—欧洲航线）。

（二）陆桥运输

陆桥运输是指采用集装箱专用列车或卡车，把横贯大陆的铁路或公路作为中间"桥梁"，将大陆两端的集装箱海运航线与专用列车或卡车连接起来的一种连贯运输方式。严格地讲，陆桥运输也是一种海陆联运形式，只是因为其在国际多式联运中的独特地位，故在此将其单独作为一种运输组织形式。在国际多式联运中，陆桥运输起着非常重要的作用，是远东—欧洲国际多式联运的主要形式。在实际业务中，根据联运的形式，陆桥运输可细分为三类，如表 1-22 所示。

表 1-22　陆桥运输的分类

序号	陆桥名称	含义	应用举例
1	大陆桥运输	采用集装箱专列，把大陆当作连接两端海运的桥梁，使之与集装箱船结合起来的一种运输方式	西伯利亚大陆桥；北美大陆桥；新亚欧大陆桥

视频：
多式联运
的应用

续表

序号	陆桥名称	含义	应用举例
2	小陆桥运输	比大陆桥的海—陆—海运输缩短了一段海上运输，成为陆—海或海—陆联运方式的运输	欧洲—美国东海岸转内地（含反向）；欧洲—美国海湾地区转内地（含反向）；远东—美国西海岸转内地（含反向）；澳洲—美国西海岸转内地（含反向）
3	微桥运输	没有通过整条陆桥，而只利用了部分陆桥区段，是比小陆桥更短的海陆运输方式，又被称为半陆桥运输	IPI（Interior Point Intermodal）即"内陆地点多式联运"，货物的交货地为美国的内陆主要城市，是典型的，也是使用最频繁的将货物从美国西港口运至内陆的运输方式

（三）海空联运

海空联运又称空桥运输。在运输组织方式上，空桥运输与陆桥运输有所不同。陆桥运输在整个货运过程中使用的是同一个集装箱，不用换装；而空桥运输的货物通常要在航空港换成航空集装箱。不过，两者的目标是一致的，即以低费率提供快捷、可靠的运输服务。

海空联运方式始于20世纪60年代，但到20世纪80年代才得到较大的发展。采用这种运输方式，运输时间比全程海运短，运输费用比全程空运低。20世纪60年代，将远东船运至美国西海岸的货物，通过航空运至美国内陆地区或美国东海岸，便形成了最初的海空联运。1960年年底，苏联航空公司开辟了经西伯利亚至欧洲的航空线。1968年，加拿大航空公司参加了国际多式联运。20世纪80年代，出现了经新加坡、泰国等国家或地区至欧洲的航空线。应注意，这种联运组织形式是以海运为主，只是最终交货运输区段由空运承担。

国际多式联运是采用两种或两种以上不同运输方式进行联运的运输组织形式。这里所说的至少两种运输方式可以是海陆、陆空、海空等，这与一般的海海、陆陆、空空等形式的联运有着本质的区别。后者虽然也是联运，但仍是同一种运输工具之间的运输。

随堂讨论

请结合国际多式联运的例子，谈谈国际多式联运有哪些优势，在实际业务操作中可能存在哪些难点。

同步测试

拓展资料

拓展任务

同步测试项目一任务三

中国与共建国家国际多式联运大通道持续拓展

1. 请根据几种运输方式的优缺点，尝试归纳总结各种运输方式适用的业务场景，填在表 1 – 23 中。

表 1 – 23　不同运输方式的适用业务

运输方式	适用业务
公路运输	例如：适于近距离的独立运输作业
铁路运输	
水路运输	
航空运输	
管道运输	

2. 云南某鲜花进出口公司需要出口一批鲜花至日本东京，请你为该公司设计合理的多式联运计划，并为方案制作汇报 PPT，向客户进行服务介绍和业务分析。

学习笔记

项目评价

项目一学习评价量表

评价项目	评价内容	评价标准					评价方式		
		优 (90~100)	良 (80~89)	中 (70~79)	及格 (60~69)	不及格 (0~59)	自评	互评	师评
学习态度	1. 学习目标明确，重视学习过程的反思，积极优化学习方法； 2. 具备持之以恒的学习习惯； 3. 保质保量按时完成作业	积极、热情、主动	积极、热情、但欠主动	学习态度一般	学习态度较差	学习态度很差			
学习方式	1. 学生个体的自主学习能力强，会倾听、思考、表达和质疑； 2. 学生普遍有浓厚的学习兴趣，学习参与度高； 3. 学生之间能够合作学习，并在合作中分工明确地进行有序和有效的探究； 4. 学生在学习中能自主反思，发挥求异、求新的创新精神，积极地提出问题和讨论问题	自主学习能力强，会倾听、思考、表达和质疑	自主学习能力较强，会倾听、思考、表达	自主学习能力一般，会倾听	自主学习能力较差，不会思考	自主学习能力很差，不会思考			
参与程度	1. 认真参加课程的线上学习活动，积极思考，善于发现问题，勇于解决问题； 2. 积极参加头脑风暴、主题讨论、提问等活动； 3. 积极参加线下实践活动等	积极思考，善于发现问题，勇于解决问题，表达能力强	积极思考，善于发现问题，勇于解决问题	能发现问题，解决问题能力一般	参与意识较差，不够积极主动	缺乏参与意识，不积极主动			
合作意识	1. 积极参加合作学习，勇于接受任务、敢于承担责任； 2. 有小组合作意识，能够在合作中取长补短、共同提高； 3. 乐于助人，积极帮助学习有困难的同学	合作意识强，组织能力好，能与他人共同提高，有学习效果	能与他人合作，并积极帮助有困难的同学	有合作意识，但总结能力不强	不能地很好与他人合作	完全不能与他人合作学习			
知识和技能的应用	1. 掌握国际货运代理的核心知识； 2. 熟练运用所学知识完成实训模拟任务； 3. 养成应用国际货运代理知识解决实际问题的意识，增强综合应用能力	能很灵活地运用知识解决问题	能较灵活地运用知识解决问题	应用知识解决问题的能力一般	解决实际问题的能力较差	解决实际问题的能力很差			
其他	1. 情感、态度、价值观的转变； 2. 综合素养水平的发展	学习态度、综合素养水平有很大提高	学习态度、综合素养水平有较大提高	学习态度、综合素养水平有些提高	无明显发展	无任何发展			
合计									
平均分									
综合得分（自评10% + 互评30% + 师评60%）									

项目二 洽谈业务

引思明理

国际文化产业博览交易会巩固"一带一路"建设

第十九届中国（深圳）国际文化产业博览交易会（以下简称文博会）于 2023 年 6 月 11 日落下帷幕。文博会上，观众不仅可以观赏精彩表演，还可以现场购买特色商品，领略浓郁的丝路风情。本届文博会共吸引了 50 余国家和地区，超 300 家海外展商通过线上线下参展，"一带一路"沿线国家和地区的文化项目、商品踊跃参展。

尼日利亚青年约瑟夫作为采购商第一次来到中国参加文博会。约瑟夫从事纺织工业，他希望能够在中国找到面料领域的合作商，通过技术研发等合作，一起开拓国际市场。

文博会自 2004 年在深圳正式创办以来，展会规模、观众数量和国际化程度不断攀升，已成为推动中国文化产业发展的重要引擎，是中华文化"走出去"的重要平台，也是扩大文化对外开放的重要窗口。

资料来源："一带一路"朋友圈助力中国文化产业国际交流［EB/OL］.（2023 – 06 – 13）.http：//www. news. cn/world/2023 – 06/13/c_1129689921. htm. 有删改

党的二十大报告指出："共建'一带一路'成为深受欢迎的国际公共产品和国际合作平台。"文博会上，中国向世界展示了中国的文化习俗、中国创造的智慧，以文化为纽带，欢迎世界各国与中国一起开拓市场、拓展业务、互利共赢。

项目情境

　　杨帆根据所学知识顺利成立了一家货运代理公司，希望通过开办公司将家乡丰富的产品销往海外，为此他需要寻找合适的客户，通过业务洽谈，实现业务落地。但是他对"一带一路"沿线国家和地区客户对产品的需求以及业务洽谈相关的商务礼节并不熟悉，对获取客户的途径的了解也较为单一。因此，他希望系统学习关于客户获取和业务洽谈的专业知识。

　　假如你是杨帆，你将如何通过新媒体渠道拓展获取客户？如何运用新技术手段设计符合客户需求的运输方案，并给出合理报价？如何通过恰当的商务谈判技巧和礼仪来启动业务呢？

项目目标

知识目标

1. 了解获取客户的方式和方法。
2. 熟悉货运代理运输方案的设计和报价。
3. 掌握商务谈判的技巧和礼仪。

技能目标

1. 能够掌握洽谈的基本技巧。
2. 能够运用商务谈判礼仪接待不同国家的客户。
3. 能够根据具体服务内容与客户签署规范的合作协议。

素质目标

1. 培养学生的职业操守和诚信意识。
2. 提高团队合作能力和商务素养。

任务一 获取客户

任务挑战

假设你是杨帆，公司正在争取与某产品制造商的国际货运代理合作机会。请你罗列出五种可以用于这个客户的营销途径和方法，并对每一种营销途径和方法进行具体阐述。请进行思考并完成表2-1。

表2-1 国际货运代理公司业务营销可用的途径和方法

序号	营销途径和方法	营销途径方法的具体实施介绍
例	访问法	公司负责销售的人员亲自上门拜访产品制造商
1		
2		
3		
4		
5		

知 识 正 文

一、获取客户在国际货运代理业务中的重要性

客户是企业生存和发展的基础，获取客户的重要性不言而喻。

（一）实现业务增长

获取新客户是国际货运代理企业实现业务增长的重要途径。通过不断开拓新的客户群体，企业可以扩大业务范围，提高市场占有率，从而实现企业规模的扩大和盈利能力的提升。

（二）提升品牌知名度

在获取客户的过程中，国际货运代理企业需要进行市场推广和品牌建设。企业可以通过广告、宣传、社交媒体等多种渠道来提升品牌知名度，增加潜在客户对企业的了解和信任，使企业在竞争中脱颖而出。

（三）优化客户结构

通过获取不同类型的客户，国际货运代理企业可以优化客户结构，实现业务多元化。这不仅可以降低业务风险，还可以提高企业的服务水平和竞争力，为企业的长期发展奠定坚实基础。

（四）促进业务创新

客户需求是推动企业业务创新的重要因素。在与客户沟通和交流的过程中，国际货运代理企业可以深入了解市场需求和行业趋势，从而发现新的业务机会和创新点。这有助于企业不断改进服务流程、提高服务质量，增强市场竞争力。

（五）建立良好的客户关系

与客户建立良好的关系是国际货运代理企业长期发展的关键。通过提供优质服务、满足客户需求、处理客户投诉等方式，企业可以赢得客户的信任和支持，进而建立稳定的客户关系，有助于企业在市场上树立良好的口碑，为企业的长期发展提供有力保障。

因此，获取客户对于国际货运代理业务来说至关重要。企业需要通过多种途径获取新客户，同时不断优化客户结构、提升服务质量、建立良好的客户关系，以实现企业的盈利增长和持续发展。

二、获取客户的方式

（一）逐户访问法

逐户访问法是一种传统的获取客户方法，即货运代理公司负责销售的人员亲自上门拜访潜在客户。通过与客户直接接触，销售代表可以在介绍公司的产品优势和服务特色的同时深入了解客户需求、与客户建立信任。这种方法的优点是直接、个性化，但可能需要大量的时间和资源。其具体优缺点如表2-2所示。

表2-2 逐户访问法的优缺点

逐户访问法的优点	逐户访问法的缺点
能够直接接触潜在客户，建立深度关系	成本较高，需要投入大量时间和人力资源
能够详细了解客户需求和反馈	可能面临拒绝和抵触，影响销售代表的积极性
有助于扩大品牌知名度，建立企业形象	覆盖范围有限，可能错过一些潜在客户

（二）会议寻找法

会议寻找法是指通过参加国际贸易、货运代理相关行业会议、展览会和博览会，来寻找潜在客户。这些活动为货运代理公司提供了一个社交平台，使货运代理公司可以与目标客户面对面交流，展示自己的产品优势和服务特色，还可以在会议中与客户交流需求并做出反馈。此外，货运代理公司还可以通过各种会议与同行建立联系，获取更多行业信息。其具体优缺点如表2-3所示。

表2-3 会议寻找法的优缺点

会议寻找法的优点	会议寻找法的缺点
针对性强，能够直接接触到目标客户群体	需要支付参会费用，成本较高
提供了一个展示和推广产品或服务的平台	会议数量和质量参差不齐，需要筛选和评估
有机会与行业内其他企业和专家建立联系	竞争激烈，可能需要与其他企业争夺潜在客户

（三）社交网络寻找法

利用社交媒体平台（如微信、微博等）寻找潜在客户已成为货运代理公司的重要营销手段。货运代理公司的营销业务人员可以创建专业的社交媒体账号，发布有关产品优势和服务特色的内容，吸引潜在客户的关注。此外，货运代理公司还可以加入相关的社交群组，与潜在客户建立联系并分享有价值的服务讯息。其具体优缺点如表2-4所示。

表2-4　社交网络寻找法的优缺点

社交网络寻找法的优点	社交网络寻找法的缺点
成本低，只需投入一定的时间和精力维护社交媒体账号	需要持续投入时间和精力进行内容创作和维护
覆盖范围广，能够接触到更广泛的潜在客户群体	社交媒体竞争激烈，需要具备一定的营销策略和技巧
能够与潜在客户互动并建立信任关系	可能面临信息泄露和隐私安全问题

（四）个人关系网络法

个人关系网络法是获取客户的有效途径之一，主要是指向亲戚、朋友、同学和同事介绍货运代理公司的产品优势和服务特色，并请求他们向身边需要的客户推荐。这种方法的优点是成本低、信任度高，但需要谨慎处理人际关系，避免过度依赖个人关系。其具体优缺点如表2-5所示。

表2-5　个人关系网络法的优缺点

个人关系网络法的优点	个人关系网络法的缺点
成本低，可以充分利用现有的人际关系网络	可能过度依赖个人关系，导致客户来源不稳定
信任度高，基于个人关系推荐的客户更容易建立信任	可能面临人际关系冲突和纠纷相关的风险
有助于拓展人际关系网络，增加潜在客户	覆盖范围有限，可能局限于个人关系网络内

（五）资料查询法

资料查询法是指通过查询公共资料（如客户的公司网站信息、电话号码簿、行业协会网站、政府机构等）获取潜在客户的联系方式，再由货运代理公司营销人员通过电话、邮件或短信等方式与目标客户取得联系，介绍公司的产品优势和服务特色的方法。这种方法需要一定的数据分析和筛选能力，以确保找到的目标客户具有潜在价值。其具体优缺点如表2-6所示。

表2-6　资料查询法的优缺点

资料查询法的优点	资料查询法的缺点
成本低，只需投入一定的时间和精力进行资料收集和分析	数据的准确性和时效性难以保证

资料查询法的优点	资料查询法的缺点
能够快速获取大量潜在客户的联系方式	可能面临数据泄露和隐私安全问题
可以通过数据分析筛选出目标客户群体	需要具备一定的数据分析和筛选能力

（六）咨询寻找法

咨询寻找法是指货运代理公司借助专业咨询机构、信息服务机构的力量，获取潜在客户的名单和联系方式的方法。这些机构通常拥有庞大的数据库和专业的分析能力，可以帮助货运代理公司更准确地找到目标客户。但需要注意的是，这种方法可能需要支付一定的费用，并需要谨慎选择合作伙伴。其具体优缺点如表2-7所示。

表2-7　咨询寻找法的优缺点

咨询寻找法的优点	咨询寻找法的缺点
能够获取专业的市场分析结果和客户数据	需要支付一定的咨询费用，成本较高
可以借助专业机构的资源和经验进行客户开发	对咨询机构的选择需要谨慎评估和筛选
能提高客户开发的效率和准确性	可能面临机构内部的竞争和利益冲突

（七）"猎犬"法

"猎犬"法是指通过与其他企业或个人建立合作关系，让其成为货运代理公司的"猎犬"，帮助货运代理公司寻找潜在客户。这些合作伙伴可能是货运代理公司的供应商、客户、行业专家或意见领袖等，他们可以通过推荐、介绍或共同营销等方式帮助货运代理公司扩大客户群。其具体优缺点如表2-8所示。

表2-8　"猎犬"法的优缺点

"猎犬"法的优点	"猎犬"法的缺点
能够利用合作伙伴的资源和影响力扩大客户群	需要与合作伙伴建立良好的合作关系和信任基础
合作伙伴的推荐和介绍更具信任度和说服力	合作过程中可能面临利益分配和协调的问题
有助于拓展新的业务领域和市场	合作伙伴的质量和影响力会直接影响客户开发的效果

（八）客户转介绍法

客户转介绍法是指利用现有客户的满意度和信任度，请求他们向他人介绍货运代理公司的产品或服务。这种方法可以有效利用现有客户资源，降低获取新客户的成本。为了激励现有客户进行介绍，货运代理公司可以提供优惠、奖励或积分等激励措施。其具体优缺点如表2-9所示。

学习笔记

表 2 - 9　客户转介绍法的优缺点

客户转介绍法的优点	客户转介绍法的缺点
可以利用现有客户的满意度和信任度进行口碑营销	现有客户的推荐意愿和影响力参差不齐
成本较低，只需提供一定的奖励或优惠措施	需要持续激励和维护现有客户的关系
有助于增加现有客户的忠诚度和满意度	可能面临客户推荐过程中的信息失真和误导等风险

学习笔记

货运代理公司获取新客户的方式主要有以上 8 种，每种方法都有其优缺点，需要根据货运代理公司自身的特点和资源条件进行选择和优化。同时，结合多种方法进行尝试和整合也是提高客户开发效率的关键。

三、评价客户类别

在货运代理公司获取客户时，对客户进行合理的分类，具有至关重要的作用。通过客户分类，货运代理公司可以更精准地了解不同客户的需求和偏好，从而在有限的资源下实现最大化客户价值与最大化企业价值的平衡。

（一）客户分类的意义

（1）客户分类有助于货运代理公司优化资源配置，提升客户满意度和忠诚度。

（2）客户分类能帮助货运代理公司识别潜力客户和关键客户，从而扩大客户范围。

（3）客户分类有利于货运代理公司向客户提供个性化的产品和服务，更好地满足客户的个性化需求。

（4）通过为不同类型的客户提供服务，货运代理公司可以更好地履行社会责任，满足社会的多元化需求，为社会做出更大的贡献。

因此，客户分类不仅是货运代理公司实现商业价值的重要手段，也是其履行社会责任、推动经济可持续发展的关键。

（二）客户分类的方法

对客户进行分类可以采用多种方法，货运代理公司可以根据自身的需求和目标进行定制。以下是一些常见的客户分类方法。

1. 按照消费能力划分

将货运代理公司的客户按照消费能力的强弱进行分类，可以分为高等消费客户、中等消费客户和低等消费客户。这种分类方法有助于货运代理公司制定不同层次的产品和服务，满足不同消费能力客户的需求。不同消费能力的客户的特征如表 2 - 10 所示。

表 2 - 10　高等消费客户、中等消费客户和低等消费客户的特征

序号	按消费能力分类	特征
1	高等消费客户	1. 豪华消费者：追求顶级品牌和高档产品，愿意支付高价； 2. 高端客户：对品质和服务有较高要求，追求中高端品牌
2	中等消费客户	1. 舒适消费者：注重性价比，追求舒适实用的产品； 2. 中档客户：对价格敏感，但愿意为品质和服务支付一定费用

学习笔记

序号	按消费能力分类	特征
3	低等消费客户	1. 经济消费者：注重价格，追求性价比高的产品； 2. 低端客户：对价格极度敏感，可能选择廉价产品或替代品

2. 按照购买频次划分

根据客户在一段时间内的订单数，可以将客户分为常购客户、偶购客户和潜在客户。这种分类方式有助于货运代理公司识别出忠诚客户和潜在客户，从而制定相应的营销策略。不同购买频次的客户的特征如表 2-11 所示。

表 2-11 常购客户、偶购客户和潜在客户的特征

序号	按购买频次分类	特征
1	常购客户	1. 忠实客户：定期签订货运代理订单，对货运代理公司及其服务有很高的忠诚度； 2. 频繁购买者：经常签订货运代理订单，但可能尝试不同的货运代理公司和服务
2	偶购客户	1. 偶尔购买者：偶尔签订货运代理订单，可能对特定服务或活动感兴趣； 2. 潜在客户：很少签订货运代理订单，但有潜力成为常购客户
3	潜在客户	1. 新市场潜在客户：对新服务感兴趣，但尚未签订货运代理订单； 2. 休眠客户：曾经签订过货运代理订单，但近期没有签订货运代理订单

3. 按照购买偏好划分

货运代理公司客户的购买偏好包括服务类型偏好、公司偏好、营销渠道偏好等。根据这些因素，货运代理公司可以将客户分为不同的群体，如高端客户、折扣客户、线上客户等。这种分类方式有助于货运代理公司向客户提供个性化推荐和定制化服务。不同购买偏好的客户的特征如表 2-12 所示。

表 2-12 高端客户、折扣客户、线上客户的特征

序号	按购买偏好分类	特征
1	高端客户	1. 高端公司品牌爱好者：偏爱知名高端货运代理公司品牌； 2. 独特品位者：追求独特和个性化的货运代理服务
2	折扣客户	1. 优惠券爱好者：喜欢货运代理公司的优惠和促销活动； 2. 价格敏感者：偏爱货运代理公司的打折或降价优惠
3	线上客户	1. 线上订单达人：经常在网上下单，熟悉各种线上服务平台； 2. 移动订单者：偏好使用手机等移动设备进行下单

4. 按照海运航线划分

将客户按照其常用的海运航线进行分类，可以帮助货运代理公司了解客户主要偏好的航线的特点和其运输需求的差异。根据客户常用的海运航线，货运代理公司可以将客户分为太平洋航线客户、大西洋航线客户和印度洋航线客户，以便制定相应的市场推广策略并分配资源。不同海运航线的客户介绍如表 2-13 所示。

表 2 – 13　太平洋航线客户、大西洋航线客户和印度洋航线的客户介绍

序号	按海运航线分类	具体航线
1	太平洋航线客户	1. 远东—北美西海岸航线 　　该航线包括从中国、朝鲜、日本等远东地区到加拿大、美国、墨西哥等北美西海岸各港口的贸易运输线。 2. 远东—加勒比、北美东海岸航线 　　该航线通常经过夏威夷群岛南北至巴拿马运河后到达。航线涉及从中国、朝鲜、日本等远东地区到加勒比海地区以及北美东海岸的运输线。 3. 远东—南美西海岸航线 　　该航线从中国北方沿海各港出发，经太平洋，穿越赤道，最终到达南美西海岸。 4. 远东—东南亚航线 　　该航线是中、朝、日货船去东南亚各港，以及经马六甲海峡去印度大西洋沿岸各港的主要航线。东海、台湾海峡、巴士海峡、南海是该航线船只的必经之路，航线繁忙。 5. 远东—澳大利亚、新西兰航线 （1）中国北方沿海港口经朝、日到澳大利亚东海岸和新西兰港口的船只，经太平洋进入所罗门海； （2）中、日去澳大利亚西海岸的航线经菲律宾的民都洛等海峡进入印度洋。 6. 澳、新—北美东西海岸航线 　　由澳、新至北美海岸多经苏瓦、火奴鲁鲁等太平洋上的重要航站到达
2	大西洋航线客户	1. 西北欧—北美东海岸航线 　　该航线是西欧、北美两个世界工业最发达地区之间交换原燃料和产品的运输线，两岸拥有世界 2/5 的重要港口，运输极其繁忙，船舶大多走偏北大圆航线。该航区冬季风浪大，并有浓雾、冰山，对航行安全有威胁。 2. 西北欧、北美东海岸—加勒比航线 　　该航线大多出英吉利海峡后横渡北大西洋。该航线中的船舶同北美东海岸各港出发的船舶，一般都经莫纳、向风海峡进入加勒比海。除加勒比海沿岸各港外，还可经巴拿马运河至美洲太平洋岸港口。 3. 西北欧、北美东海岸—地中海、苏伊士运河—亚太航线 　　也是苏伊士运河航线，是世界最繁忙的航段之一，是北美、西北欧与亚太、海湾地区间贸易往来的捷径。该航线一般途经亚速尔群岛、马德拉群岛上的航站。 4. 西北欧、地中海—南美东海岸航线 　　该航线一般经西非大西洋岛屿加那利群岛、佛得角群岛上的航站。 5. 西北欧、北美东海—好望角、远东航线 　　该航线也作南非航线，一般是巨型油轮的航线。佛得角群岛、加那利群岛是过往船只停靠的主要航站。 6. 南美东海—好望角—远东航线 　　这是一条以石油、矿石为主的运输线。该航线处在西风漂流海域，风浪较大，一般西航偏北行，东航偏南行

学习笔记

序号	按海运航线分类	具体航线
3	印度洋航线客户	1. 波斯湾—好望角—西欧、北美航线 该航线主要由超级油轮经营，是世界上最主要的海上石油运输线。 2. 波斯湾—东南亚—日本航线 该航线东经马六甲海峡（20 万吨载重吨以下船舶可行）或龙目海峡，望加锡海峡（20 万吨载重吨以上超级油轮可行）至日本。 3. 波斯湾—苏伊士运河、地中海—西欧、北美运输线 该航线目前可通行载重大约 30 万吨级的超级油轮。 4. 除了以上三条油运线之外，印度洋的其他航线还有： 远东—东南亚—东非航线； 远东—东南亚—地中海—西北欧航线； 远东—东南亚—好望角—西非、南美航线； 澳新—地中海—西北欧航线； 印度洋北部地区—欧洲航线

5. 按照行为特征划分

按照行为特征划分是指根据货运代理客户的行为特征，如订单决策过程、订单动机、参与度等对客户进行分类。这种分类方法有助于货运代理公司识别出意向明确客户、探索阶段客户、被动涉足客户等，从而为不同阶段的客户提供个性化的信息和营销支持。不同行为特征的客户的特征如表 2 – 14 所示。

表 2 – 14　意向明确客户、探索阶段客户、被动涉足客户的特征

序号	按行为特征分类	特征
1	意向明确客户	1. 理性决策者：注重逻辑和数据分析，能做出明智的订单决策； 2. 感性决策者：受情感影响较大，可能更注重货运代理公司品牌形象和口碑
2	探索阶段客户	1. 需求型购买者：有明确的需求和目的，寻求能满足需求的货运代理服务； 2. 冲动型购买者：容易受促销、广告等因素的影响，产生冲动订单行为
3	被动涉足客户	1. 高参与度客户：积极参与产品调研、反馈等，对货运代理公司忠诚度高； 2. 低参与度客户：较少参与互动，可能更注重服务本身的品质

在进行客户分类时，货运代理公司可以根据自身的业务特点和需求选择适合的分类方法。同时，货运代理公司也可以采用分类和聚类相结合的方法，先根据预设类别对客户进行分类，再利用聚类方法发现新的客户群体和共性。这些方法的选择和应用将有助于货运代理公司更好地了解客户，满足客户需求，提升客户满意度和忠诚度。

四、客户业务洽谈沟通技巧

客户业务洽谈是国际货运代理业务中不可或缺的内容，它涉及双方或多方之间的信息交流、意见交换和利益协调。在这个过程中，沟通技巧的重要性体现得尤为突出。

（一）沟通技巧在客户业务洽谈中的重要性

1. 沟通技巧能够助力建立互信

在业务洽谈中，信任是合作的基石。通过真诚的对话、积极地倾听和适时的反馈，企业能够展示出他们的可靠性和专业性，赢得客户的信任。这种信任有助于营造开放、友好的氛围，为后续的深入合作奠定基础。

2. 沟通技巧能够促进有效沟通

业务洽谈过程中，企业需要清晰地传达自己的需求和期望，同时理解客户的立场和观点。有效的沟通技巧，如明确表达、积极倾听和提问澄清，能够确保信息的准确传递，减少误解和冲突。有效的沟通有助于双方更好地了解彼此的需求和期望，为达成共识创造条件。

3. 沟通技巧能够展示参与者的专业性

在业务洽谈中，一个能够自信、有条理地表达观点，同时尊重他人、善于倾听的参与者，往往会给客户留下深刻的印象。这种专业的展示不仅能提升参与者在洽谈中的地位和影响力，还有助于增强客户对货运代理公司的信任和尊重。

4. 沟通技巧能够帮助参与者灵活应对各种情况

业务洽谈过程中可能会出现各种预料之外的情况或难题，这时就需要参与者具备灵活应变的能力。通过运用沟通技巧，如换位思考、寻找共同点等，货运代理公司的业务人员可以更加灵活地处理这些问题，找到解决问题的最佳方案。这种灵活应对的能力有助于维护业务洽谈的顺利进行，实现双方的合作目标。

（二）国际货运代理业务洽谈沟通技巧

1. 积极倾听与反馈

积极倾听是国际货运代理业务洽谈的基础，它要求业务人员全神贯注地听取客户的观点和需求，并通过反馈来确认自己的理解是否准确。积极倾听不仅有助于建立良好的沟通氛围，还能帮助业务人员更好地理解客户的立场和需求，从而提出更有针对性的服务建议。

当客户描述他们的产品特点时，货运代理公司的业务人员可以通过点头、微笑或简单的肯定性语言来表达关注和理解。在客户说完后，业务人员可以用自己的话复述一下客户的观点，以确保理解是正确的。比如，业务人员可以说："您希望强调货物海上运输的安全性和时效性，对吗？"

2. 明确且有条理的表达

在国际货运代理业务洽谈中，业务人员需要清晰、明确地表达自己的观点和需求。业务人员要避免使用模糊或含糊不清的表达方式，而是使用简洁、有条理的语言来传达自己的意图。这样可以让客户更容易理解观点，增加客户信任。

货运代理公司业务人员提出自己的代理方案时，可以按照时间顺序或重要性来排列自己的观点。比如，业务人员可以说："首先，我认为我们可以从贵公司的航线需求和货物性质入手，来了解您的需求和偏好。其次，我们可以根据市场行情来制定服务方案并报价。"这样的表达方式不仅清晰明了，还能让客户更容易接受你的观点。

3. 提问与澄清

提问是国际货运代理业务洽谈中非常重要的一环。通过提问，业务人员可以更好地了解客户的观点和需求，发现潜在的问题和机会。提问还有助于建立双方的互动和信任。在

提问时，业务人员要注意问题的针对性和明确性，避免问一些无关紧要或模糊不清的问题。

作为货运公司的业务人员，当客户提出一个你不太理解的专业术语时，你可以礼貌地提问："请问能解释一下这个术语的具体含义吗？"当客户描述了一个复杂的货运代理合作流程时，你可以问："能否简化一下这个流程的描述，让我更容易理解？"这样的提问方式不仅能帮助你更好地了解客户的观点和需求，还能让客户感受到你的专注和尊重。

4. 尊重与礼貌

尊重与礼貌是国际货运代理业务洽谈中不可或缺的品质。无论客户的观点是否与你相符，你都应该保持尊重的态度，避免使用攻击性或不尊重的语言。礼貌的语言和举止能让客户感受到业务人员的专业素养和良好品质，从而提升客户对业务人员的信任和好感。

当客户提出一个你不同意的观点时，你可以说："我理解您的立场和考虑，但我认为我们可以从另一个角度来思考这个问题。"当客户提出一些不合理的要求时，你可以委婉地表达自己的看法："我很感谢您能提出这些建议，但我认为在当前的合作阶段下，我们可能需要再考虑一下这些要求的可行性。"这样的回应既能表达你对客户的尊重和理解，又展示了你的专业素养和解决问题的能力。

5. 灵活应变

国际货运代理业务洽谈过程中可能会出现各种预料之外的情况或难题。在这种情况下，业务人员需要保持冷静并灵活应对，及时调整自己的策略和沟通方式。业务人员要敢于面对挑战和变化，并积极寻找解决问题的最佳方案。

当客户突然提出一个你未曾预料到的方案要求时，你可以说："这是一个新的可能性，我们需要一些时间来评估和调整我们的方案。但请放心，我们会尽力满足您的需求并寻求最佳的货运代理合作方案。"灵活的思维和解决问题的能力可以提升客户对你的信任和好感，从而促进合作的顺利进行。

6. 寻求共同点

在国际货运代理业务洽谈中，寻找与客户的共同点可以帮助你建立更好的关系。强调共同点有助于增强彼此的信任和理解，促进双方的货运代理业务合作。在实际洽谈中，即使是一些看似对立的观点，也往往能从中找到一些共同点或共同目标。

当客户提出一个你不太赞同的货运代理方式时，你可以尝试寻找共同点来建立合作的基础。比如，你可以说："虽然我们在货运代理业务的方案中有些分歧，但我们都希望订单能够顺利完成并达到您满意的效果。我们能否找到一个折中的方案来满足双方的需求？"通过强调共同目标和利益，你可以更容易地说服客户接受你的观点或提案。

7. 使用肯定性语言与鼓励

在国际货运代理业务洽谈过程中，使用肯定性语言可以增强客户的信心和合作意愿。通过表达对客户的认可和鼓励，你可以让客户感受到你的积极态度和支持。同时，肯定性语言也有助于建立良好的沟通氛围和信任关系。

当客户提出一个创新的想法或解决方案时，你可以说："这是一个非常有创意的想法！我相信它会给我们的合作带来很大的价值。"当客户通过货运代理合作，在业务上取得一些效益时，你可以及时表达你的赞赏和鼓励："你们做得真的很好！业务发展超出了我的预期。"这样的回应可以让客户感受到你的支持和认可，从而更加积极地选择与你合作。

在国际货运代理业务洽谈过程中，沟通技巧的重要性不容忽视。它不仅能够帮助公司与客户建立互信、促进有效沟通、展示专业性，还能够帮助参与者灵活应对各种情况。在国际货运代理业务洽谈中，我们应该注重运用有效的沟通技巧，以推动洽谈的成功进行。

（三）国际商务礼仪

表2-15列出了一些常见的国际商务礼仪注意事项。国际商务礼仪是一个广泛而复杂的领域，涉及多个方面和细节。作为国际货运代理业务人员，在进行业务洽谈活动时，应不断学习和了解不同国家和地区的礼仪和文化习惯，并遵循这些规范，以树立良好的形象，促进商务活动的顺利进行。

表2-15 常见的国际商务礼仪注意事项

序号	国际商务礼仪	具体内容
1	非语言沟通	1. 面部表情和肢体语言：在国际交流中，面部表情和肢体语言往往比语言更能传达信息。应保持自然、友好的表情和姿态，避免过于紧张或冷漠； 2. 眼神交流：良好的眼神交流有利于建立信任和联系。在与人交谈时，应保持适当的眼神接触，避免长时间盯着地面或四处张望
2	语言使用	1. 使用国际通用语言：在国际商务场合中，通常将英语作为通用语言。如果自己的英语不够流利，可以提前学习一些常用的商务用语和表达； 2. 避免敏感话题：在交谈中应避免敏感话题，如政治、宗教、种族等，以免引起不必要的争议和冲突
3	社交礼仪	1. 打招呼和告别：在会议或活动中，应主动与他人打招呼和告别，以示友好和尊重； 2. 保持适当的距离：在不同文化中，人们对于个人空间和距离的感受可能有所不同。应保持适当的距离，避免过于亲近或疏远
4	餐桌礼仪	1. 使用餐具：在餐桌上，应遵循当地的餐具使用习惯，正确使用刀叉、筷子等餐具； 2. 注意饮食卫生：在用餐前，应注意手和餐具的卫生情况，避免食品污染和交叉感染
5	商务场合着装	1. 正式场合：在正式的国际商务场合中，应穿着正式的西装、衬衫和领带（对于男性）或职业套装（对于女性）。避免穿着过于休闲或暴露的服装； 2. 休闲场合：在休闲的商务场合中，可以穿着稍微休闲一些的服装，但仍需保持整洁和得体的形象
6	会议礼仪	1. 准时：在参加国际会议时，尽量提前到达会场，这既能体现对会议和他人的尊重，也可以避免因迟到而造成的尴尬； 2. 座次：在会议中，通常按照职位或地位的高低来安排座次。应清楚自己的位置，并避免在未经允许的情况下随意更换座位
7	礼品赠送	1. 选择合适的礼品：在赠送礼品时，应选择具有代表性和意义的礼品，避免赠送过于昂贵或过于廉价的礼品； 2. 适当包装：礼品的包装很重要，应选择得体、精美的包装，以体现对客户的尊重

（四）货运代理客户业务的咨询回复

国际货运代理业务中，邮件是主要的沟通方式，它不仅是沟通客户与货运代理之间的桥梁，还是确保货物安全、准时到达目的地的关键，同时便于保存数据和追溯信息，具有商业和法律效力。在国际货运代理行业中，邮件沟通占据日常工作的大部分。因此，邮件沟通的质量直接影响到业务的效果。

1. 邮件沟通的主要类型

（1）正常业务往来：主要用于与客户之间的日常沟通，包括业务咨询、订单确认、货物跟踪、问题解决等。

（2）以推广为目的的群发邮件：用于向潜在客户推广服务或产品。

在邮件沟通中，选择合适的邮箱非常重要。企业邮箱是首选，因为它具有更高的安全性和送达率，能避免信息泄露，不容易被误认为是垃圾邮件。私人邮箱在安全性和防止信息被误杀方面存在不足，可能会给工作带来不必要的麻烦和经济损失。

2. 国际货运代理业务咨询的回信内容构成

（1）开头致意：回信的开头应该致意收件人，例如"尊敬的某某先生/女士"。

（2）确认收到邮件：在回信的开头部分，应该表明已收到客户的邮件，例如"感谢您的来信，我们已经收到了您发送的×××邮件。"

（3）回复问题：根据客户邮件中提出的问题，结合自己公司的服务特点和实际情况，进行回复。回复应该简明扼要、语言清晰，让客户能够快速理解。

（4）针对业务咨询内容进行答复：在回复邮件中，可以根据客户的需求和问题，提供一些建议或介绍一些服务方案。

（5）结尾致意：在邮件的结尾，应该再次向客户致意，并表达感谢。

这里，我们提供一份关于因几天过后仍未收到客户订金和客户沟通情况并报海运费的邮件作为参考。

Dear John,

How are you today?

Please let me know whether you have made the deposit or not, so that we will be able to pre-pare the raw material in advance and start the production immediately after receiving the deposit.

We have checked the freight cost with our shipping agent this morning, currently the freight cost from China port to Hamburg is USD1，200/20′GP.

Looking forward to hearing from you soon.

Sincerely,

Lily

随堂讨论

结合本项目中学习到的获取客户的方式，你更喜欢哪种获取国际货运代理业务客户的方式？请说出具体理由。

同步测试

拓展资料

拓展任务

同步测试项目二任务一

中国著名国际货运代理企业

国际货运代理业务中，邮件是主要的沟通方式，它不仅是客户与货运代理之间的沟通桥梁，还是确保货物安全、准时到达目的地的关键。请你将下面的中文邮件翻译成英文，并写在表 2－16 中。

邮件内容如下：

尊敬的×××先生/小姐：

我们的总经理约翰·格林将于 6 月 2 日到 7 日在巴黎，他希望于 6 月 3 日下午 2：00 拜访您。

请告知这个时间您是否方便。如不方便，请建议具体时间。

诚挚的感谢！

表 2－16　邮件英文翻译

邮件的英文翻译

任务二 设计方案

任务挑战

在国际货运代理业务中，选择合适的船公司，不仅能确保货物的安全，还能保证整个物流过程的顺畅和高效，这关乎国际货运代理公司的声誉、客户的信任度和市场的竞争力。请你帮助杨帆对国际著名船公司进行了解，并作简要介绍，完成表2–17。

表2–17 世界著名船公司介绍

序号	船公司名称	公司介绍
例	马士基 （Maersk Line）	作为全球最大的集装箱运输公司，马士基提供全球范围内的海运服务。其服务网络覆盖全球200多个国家和地区，能够满足各种规模和类型的货物运输需求。马士基以其高效、可靠的服务和先进的物流解决方案而闻名
1		
2		
3		
4		

知识正文

在国际货运代理业务中，了解客户需求并据此制定合适的运输方案至关重要。制定运输方案要从货物特性、运输要求、成本预算和时间限制等多个方面综合考虑，以确保货物能够安全、高效、经济地从一个地方运送到另一个地方。

一、国际货运代理运输方案制定的要素

（一）分析客户需求是制定货物运输方案的基础

不同的客户有不同的需求，例如对运输时间、成本、安全性等方面的要求可能各不相同。国际货运代理公司要通过与客户沟通，了解客户的具体需求，为客户量身定制最合适的运输方案。

（二）选择合适的运输方式对于运输方案的成败至关重要

根据货物的性质、数量、运输距离和预算等因素，可以选择空运、海运、陆运或联运等不同的运输方式。每种运输方式都有其优点和局限性，因此需要根据实际情况进行选择。例如，对于急需且价值较高的货物，空运可能是一个更好的选择；而对于大宗货物或需要长距离运输的货物，海运可能更为经济实用。

（三）选择合适的承运人是制定运输方案的关键步骤

不同的承运人可能在不同的路线和领域具有优势，因此需要根据货物的具体情况和运

输要求来选择合适的承运人。同时，与承运人建立良好的合作关系也有助于确保运输过程的顺利进行。

（四）制定详细的运输方案是确保整个运输过程顺利进行的关键

货运代理运输方案应包括货物的包装、装卸、运输路线、中转、保险等各个环节的安排。详细的运输方案可以确保货物在整个运输过程中得到妥善处理，能降低运输风险，提高运输效率。

总之，在国际货运中，通过分析客户需求并根据货物的不同情况选择合适的运输方式和承运人，制定出详细的运输方案，对于确保货物的安全和高效、经济的运输具有重要意义。这不仅有助于满足客户的需求，提升客户满意度，还有助于国际货运代理公司在激烈的市场竞争中脱颖而出，实现可持续发展。

二、分析国际货运代理客户需求

分析国际货运代理客户需求在国际货运代理实务中是一个核心且至关重要的环节，它涉及深入了解客户的具体需求、期望和偏好等内容，以确保为客户提供定制化、高效且可靠的运输解决方案。下面我们将从几个方面对分析客户需求进行具体介绍。

（一）深入理解客户需求

1. 详细沟通
与客户进行深入的沟通，了解客户对于货物运输的具体要求，如时间敏感性、成本预算、货物安全性、运输追踪等。

2. 需求分析
对收集到的信息进行分析，明确客户最关心的内容，例如是成本优先还是时间优先，或者是否对货物安全有特别要求。

（二）客户分类与细分

1. 客户分类
根据客户的所属行业、规模、运输频率和特殊要求等因素，将客户进行分类。这有助于国际货运代理公司为不同类型的客户提供更加精准的服务。

2. 细分市场分析
针对不同客户群体的特点和需求，制定相应的市场策略和服务方案，提高市场竞争力。

（三）客户需求变化监控

1. 客户需求跟进
客户需求可能会随着市场、业务发展和其他因素的变化而发生变化。因此，国际货运代理公司需要定期与客户沟通，了解客户需求的变化，并相应地调整运输方案。

2. 反馈机制
建立有效的客户反馈机制，收集客户对运输服务的意见和建议，国际货运代理公司可以及时发现问题并改进服务。

（四）客户需求预测

1. 收集客户相关信息

通过收集客户历史数据，分析客户所在细分市场的发展趋势，预测客户未来的运输需求，有助于国际货运代理公司提前规划运力、优化运输路线和降低成本。

2. 需求预测分析

通过对预测结果的分析，发现潜在的市场机会和风险，为企业决策提供支持。

（五）定制化服务开发

根据客户的具体需求，开发定制化的运输服务，如特种货物运输、门到门服务、多式联运等。定制化服务有助于提升客户满意度和忠诚度。

通过创新服务设计，不断探索新的运输技术和模式，可以满足客户日益增长的需求和期望。

（六）建立长期合作关系

通过深入了解国际货运代理业务的客户需求并提供优质的服务，与客户建立长期稳定的合作关系，有助于增强国际货运代理公司的市场影响力和竞争力。

通过维护管理合作伙伴关系，与承运人、供应商等合作伙伴建立良好的合作关系，为客户提供更加全面和高效的运输服务。

因此，分析客户需求是国际货运代理的关键环节，它涉及深入了解客户、满足客户的期望和偏好等内容，以及为客户提供定制化、高效且可靠的运输解决方案。通过不断完善、拓展这一环节，国际货运代理公司可以更好地满足客户需求，提升客户满意度和忠诚度，从而在激烈的市场竞争中脱颖而出。

三、选择国际货运代理运输方式

在选择运输方式时，需要考虑多个因素，包括货物特性、运输距离、时间要求、成本预算以及可用的物流资源等，如表 2－18 所示。

表 2－18　选择运输方式需考虑的因素

序号	条件	条件内容
1	货物特性	1. 货物类型：了解货物是普通货物、危险品、易碎品还是其他特殊类型的物品，这会影响运输方式的选择； 2. 货物尺寸和重量：大型或重型货物可能需要特殊的运输设备和方式； 3. 货物价值：高价值货物可能需要更安全的运输方式，如空运或陆运中的专车运输
2	运输距离	1. 短途运输：对于较近距离的运输，陆运（如公路运输）可能更为经济高效； 2. 长途运输：海运和铁路运输通常适用于长距离和大宗货物的运输
3	时间要求	1. 紧急运输：如果货物需要快速到达，空运是最快的方式，但成本也最高； 2. 一般时间要求：海运和铁路运输时间较长，但成本较低；陆运则介于两者之间

续表

序号	条件	条件内容
4	成本预算	1. 成本效益分析：根据货物的价值、运输距离和时间要求，评估不同运输方式的成本效益； 2. 总成本考虑：除了运输费用本身，还需考虑装卸、保险、仓储等附加成本
5	物流资源	1. 可用运输工具：考虑物流合作伙伴拥有的运输工具和资源； 2. 物流网络覆盖：确保选择的运输方式能够覆盖目的地
6	可靠性和安全性	1. 运输方式的可靠性：考虑不同运输方式的历史表现和服务质量； 2. 货物保险：根据货物的价值选择适当的保险，以确保货物在运输过程中的安全
7	环境影响	1. 碳排放：考虑不同运输方式的碳排放量，选择更环保的运输方式； 2. 可持续性：优先选择对环境影响较小的运输方式
8	法规要求	1. 国际贸易法规：如果涉及国际贸易，则需要了解不同国家的进出口法规和要求； 2. 运输法规：确保所选运输方式符合当地和国家的运输法规

在实际操作中，可能需要综合考虑以上多个因素，并进行权衡取舍。此外，与物流合作伙伴进行沟通，听取他们的建议和经验，也有助于选定合适的运输方式。选择运输方式的最终目标是确保货物能够安全、高效、经济地运送到目的地。

国际货运的运输方式主要有五种，分别是公路运输、铁路运输、水路运输、航空运输和管道运输。每种运输方式都有其适用情景和优缺点，如表 1-17 所示。

在选择运输方式时，需综合考虑货物特性、运输距离、时间要求、成本预算和物流资源等因素，不同运输方式各有其优缺点，需要根据具体情况进行权衡和选择。

四、选择承运人

（一）选择合适的承运人的重要性

1. 选择合适的承运人，就像为货物找到一位可靠的守护者

这位守护者不仅能让货物安全到达目的地，还能让整个运输过程更为顺畅、高效。如果选错了承运人，货物可能会延误、破损甚至有丢失的风险，这不仅会让客户遭受经济损失，还会影响客户对货运代理公司的信任度和满意度。

2. 合适的承运人，就像一位经验丰富的导航员

合适的承运人熟悉各种运输路线和潜在风险，能够灵活应对突发情况，确保货物按时、安全地到达目的地；还能够提供实时跟踪和信息反馈，让公司对货物的状态了如指掌，从而做出更明智的决策。

3. 合适的承运人能帮助公司降低成本、提高效率

合适的承运人可以实现供应链的优化和协同。合适的承运人拥有先进的运输设备和技术，能够提供更高效、更经济的运输方案，让公司在竞争激烈的市场中脱颖而出。

选择合适的承运人，不仅是为了确保货物的安全，更是为了整个物流过程的顺畅和高效，它关乎国际货运代理公司的声誉、客户的信任度和市场的竞争力。因此，国际货运代

学习笔记

理公司在选择承运人时，一定要慎重考虑，选择真正能够为自己和客户提供优质服务的承运人。

（二）选择承运人的考虑要素

承运人种类繁多，包括货运代理公司、航空公司、船运公司、铁路货运公司和公路货运公司等，每种承运人都有其独特的运输方式和适用场景。

1. 货物的属性和需求

如果货物是大型重货，海运或铁路货运可能是更合适的选择；而对于急需交付的货物，空运或快递运输则更为理想。

2. 承运人的信誉和服务质量

查看承运人的历史服务记录、客户评价以及是否有相关的认证和资质，这些都是衡量其可靠性和专业性的重要指标。

3. 成本效益也是选择承运人时需要考虑的因素。

选择承运人时，不仅要比较不同承运人的运费率，还要考虑运输过程中的其他潜在成本，如保险费、仓储费等。

4. 承运人能够提供实时货物跟踪和信息反馈

如承运人能够提供实时货物跟踪和信息反馈，则可以让企业随时了解货物的位置和状态，从而做出更准确的决策。

综上所述，在选择承运人时，需要综合考虑货物的属性和需求、承运人的信誉和服务质量、成本效益以及货物跟踪和信息反馈等因素。只有这样，才能选择到最适合自己的承运人，确保货物安全、高效地到达目的地。

（三）选择船公司

选择船公司通常取决于几个关键因素，包括所需的业务类型、运输的货物类型、目标市场以及预算等。表 2 - 19 是对一些国际主要船公司的介绍。

表 2 - 19　国际主要船公司介绍

序号	船公司名称	公司介绍
1	马士基（Maersk）	作为全球最大的集装箱运输公司，马士基提供全球范围内的海运服务。其服务网络覆盖全球 200 多个国家和地区，能够满足各种规模和类型的货物运输需求。马士基以其高效、可靠的服务和先进的物流解决方案而闻名
2	地中海航运（MSC，Mediterranean Shipping Company）	地中海航运是全球第二大集装箱运输公司，以其广泛的航线网络和灵活的运输解决方案而著称。该公司以其高效、可靠的服务和创新的物流技术而备受客户赞誉
3	达飞轮船（CMA CGM）	作为法国最大的船运公司，达飞轮船在全球范围内提供海运服务。其航线网络覆盖全球各大洲，在欧洲、地中海、非洲和亚洲地区具有显著优势。达飞轮船以其高品质的服务和强大的物流网络而备受客户信赖

此外，还有一些知名的船公司，如中远海运集团（COSCO Shipping）、长荣海运（Evergreen Line）、赫伯罗特（Hapag - Lloyd）等。这些船公司各具特色，拥有不同的服务优

势和航线网络，能够满足不同客户的需求。

在选择船公司时，建议根据具体需求进行评估和比较，从船公司的规模、服务覆盖范围、运输能力、服务质量、价格等方面综合考虑。此外，还可以参考船公司的客户评价和市场声誉，以确保选择到最适合自己的船公司。

五、制定国际货运代理运输方案

（一）制定国际货运代理运输方案的重要性

制定国际货运代理运输方案的重要性在于它能够实现物流运作的高效、安全和可持续发展。一个精心设计的运输方案要综合考虑货物特性、运输需求和市场环境，通过优化资源配置和选择最佳运输路径，显著提高物流效率，减少时间和成本的浪费。同时，它还能够确保货物的安全运输，降低货物损失的风险，满足客户的期望和需求。此外，运输方案还注重环保和可持续发展，通过减少能源消耗和排放，降低对环境的影响，推动物流行业的绿色转型。

（二）制定国际货运代理运输方案步骤

制定运输方案的具体步骤如表 2 - 20 所示。

表 2 - 20　制定运输方案的具体步骤

序号	步骤	具体内容
1	确认货物基本信息	1. 详细记录货物的名称、规格、数量、重量和体积； 2. 确定货物的性质，如是否为危险品、易碎品等； 3. 明确货物的包装要求和包装标准； 4. 了解货物的发货和到货时间要求
2	确定运输方式	1. 根据货物的性质、数量、距离和成本预算，选择最合适的运输方式； 2. 考虑不同运输方式的优缺点，如海运成本低但时间长，空运速度快但成本高； 3. 如果选择陆运，还需考虑是使用公路运输还是使用铁路运输
3	评估运输路线	1. 根据发货地和收货地的地理位置，选择最佳的运输路线； 2. 考虑路线的安全性、稳定性和运输时间，使用地图和运输软件来辅助评估和优化路线
4	制订详细计划	1. 安排货物的装货和卸货时间，确保与发货和收货方的时间窗口相匹配； 2. 确定货物的运输路径和转运点； 3. 为每个转运点制定详细的操作指南，包括货物的装载、卸载和存储。制定货物的保险和风险管理措施
5	考虑风险控制	1. 分析可能遇到的天气变化、交通拥堵、货物损坏等风险； 2. 为每种风险制定应对策略，如购买货物运输保险、选择更稳定的运输路线、加强货物的包装等
6	预算与成本控制	1. 估算每个环节的成本，包括运输费用、保险费用、仓储费用等； 2. 寻求降低成本的方法，如选择更经济的运输方式、优化路线、减少不必要的转运等

续表

序号	步骤	具体内容
7	协调与沟通	1. 与发货方和收货方进行沟通协调，确保运输方案与他们的需求和期望相符； 2. 与物流合作伙伴（如运输公司、仓储公司等）进行沟通，确保运输方案的顺利执行
8	审核与调整	1. 对制定的运输方案进行全面审核，确保其符合业务需求和法律法规要求； 2. 根据审核结果进行调整和优化，确保运输方案的可行性和有效性
9	实施方案与监控	1. 实施制定的运输方案，确保每个环节都按计划进行； 2. 对运输过程进行实时监控，及时发现和解决问题； 3. 保持与发货方、收货方和物流合作伙伴的沟通，确保信息畅通
10	总结与反馈	1. 在运输任务完成后，对整个运输过程进行总结，分析成功经验和不足之处； 2. 收集发货方、收货方和物流合作伙伴的反馈意见，为今后的运输方案制定提供参考； 3. 将总结的经验教训和改进建议纳入公司的物流管理体系，持续改进和优化运输方案

值得注意的是，以上步骤仅供参考，具体的运输方案制定过程可能受货运代理公司的业务需求和物流环境影响而有所不同。在实际操作中，请根据具体情况进行调整和优化。

随堂讨论

对于承运人的选择，你觉得需要考虑哪些方面？请写出这些因素并按重要性排序。

同步测试

拓展资料

同步测试项目二任务二

拓展任务

远洋航线

客户获取，是开展货运代理业务的基础。请模拟一次客户拜访，制作一份 PPT 向客户展示公司的优势。以下是上海杨帆国际货运代理有限公司的简介，请据此制作一份 PPT，完成 PPT 后，在课堂向同学们（同学模拟客户）陈述和展示，限时 5 分钟，并回答老师提出的问题。PPT 不限制页数。

上海杨帆国际货运代理有限公司成立于 1998 年，是经上海市工商局、交通局、外经贸委批准的国家一级国际货物运输及货运代理企业。公司设在上海，具备货代、专业报关、集装箱堆场、集卡车队、仓库储存、物流管理等服务功能。

公司经营范围：承办海运，空运国际货物运输代理，包括揽货、订舱、托运、仓储、包装、集装箱拆箱、分拨中转及相关的短途运输，报关、报检、保险、国际展品、私人物品及过境货物代理，咨询业务及其他国际货运代理业务和综合物流业务。公司充分发挥整体优势，面向海内外市场，不断开拓经营，通过实施经营规模化、功能多元化和国际化的战略，逐步建成一个规模宏大、实力雄厚、功能齐全、具有市场竞争优势并与上海国际航运中心相匹配的综合型货代公司。

公司代理各类进出口货物的报关制单、预录入、报关报检、转关等报关业务，提供报关业务咨询服务。公司在上海海运出口市场占据了主要地位，尤其在中美航线具有较大的优势，业务量居同行前列。公司与国内的中远海运、中外运、外代等公司以及与海外船公司 EVERGREEN、MAERSK、APL、CMA、NYK、MSC、NORSIA、K–LINE、HYUNDAI、YANGMING、CSCL、TSL、UASC 等有很好的关系。由于公司与各大船公司有着良好的合作关系和稳定的箱量，所以公司可得到相对优惠的运价，并用优惠的运价回报客户。

任务三 方案报价

任务挑战

制定海运相关费用价格时，除了"纯"运费外，还有各种杂费，这些杂费有些是船东收取的，有些是出货港/目的港码头收取的，还有些是货运代理公司自立名目收取的。知道各类海运运费的英文缩写及其含义，是进行海运运费报价计算的前提。请你帮助杨帆将海运运费的英文缩写和基本含义填在表 2 – 21 中。

表 2 – 21 海运运费的英文缩写和基本含义

序号	海运费用	英文缩写	基本含义
例	起运港	POL	是指货物开始运输的港口。在国际物流的海运运输中，起运港是货物装上船的港口，也被称为启运港、始发港、出发港或离开港
1			
2			
3			
4			
5			
6			

知 识 正 文

一、销售价格制定

国际货运代理公司在制定销售价格时，需要综合考虑多种因素来确保其定价策略既能满足市场需求，又能保证公司盈利。

（一）销售价格制定的考虑因素

1. 成本因素

（1）运输成本，包括燃油费、运输工具维护和折旧费、保险费、过路费等。

（2）人工成本，包括员工工资、培训费用、福利待遇等。

（3）管理成本，包括办公租赁费、行政支出、系统维护和升级费等。

（4）包装和处理成本，包括货物打包、标签、仓储及处理费用等。

（5）海关和合规成本，包括关税、进出口手续费、合规检查费用等。

2. 市场需求

（1）行业趋势：了解整个货运行业的发展趋势，如电子商务的增长可能增加某些区域的货运需求。

（2）季节性波动：识别并预测市场的季节性需求变化，如节假日期间的货运高峰。

（3）客户调研：通过市场调研了解客户对货运服务的具体需求和偏好。

3. 服务质量

（1）准时交付：确保货物能够按时到达目的地，提高客户满意度。

（2）货物安全：采取措施确保货物在运输过程中的安全，降低损失和索赔的可能性。

（3）客户服务：提供优秀的客户服务，包括透明的费用说明、快速响应客户需求、有效解决问题等。

4. 利润目标

（1）短期盈利：制定短期利润目标，以实现快速的现金流和投资回报。

（2）长期增长：设定长期利润目标，考虑市场份额扩大和品牌建设的投资。

5. 灵活性

（1）价格策略：根据不同客户群体和市场细分，采用差异化的价格策略。

（2）促销活动：在特定时期或针对特定客户实施促销，以吸引新客户或保持现有客户。

（3）应对突发事件：如自然灾害、政治变动等，能够迅速调整价格策略以应对市场变化。

综合考虑以上因素，货运代理可以采用以下策略来制定销售价格，如表2-22所示。

表2-22　销售价格制定策略

序号	策略	具体内容
1	成本加成法	基于总成本计算，加上预期利润率来设定价格
2	市场竞争法	参考同行业内竞争对手的价格水平，结合自身优势定价
3	价值定价法	根据提供的服务质量和客户获得的价值来设定价格
4	动态定价法	利用技术工具实时监控市场和成本变化，灵活调整价格

通过这些策略，货运代理不仅能够确保盈利，还能够在激烈的市场竞争中保持竞争力，同时满足客户的服务期望。

二、海运杂货班轮运费计算

（一）海运杂货班轮运费的构成

海运杂货班轮运费主要包括基本运费和附加运费两部分。

1. 基本运费

基本运费是杂货班轮运费的主要组成部分，它是指货物从装运港到卸货港所应收取的基本费用。基本运费的计算通常基于货物的重量、体积或数量，以及航线费率表中的基本费率。在多数情况下，班轮公司会根据货物的英文名称，从货物分级表中查出相关货物的计算等级及其计算标准，然后再从航线费率表中查出相关货物的基本费率。基本运费的计算公式一般为：基本运费＝基本费率×计费重量（或体积）。

2. 附加运费

附加运费是在基本运费的基础上，因各种特殊原因而加收的费用。这些特殊原因可能包括货物的性质、运输条件的变化、港口条件的不同等。附加运费的种类繁多，常见的附加费包括但不限于以下几种。

（1）超重附加费。

当货物单件重量超过一定限度时，会加收超重附加费。具体超重标准因班轮公司而异。

（2）超长附加费。

当单件货物长度超过规定长度时，会加收超长附加费。同样，具体超长标准因班轮公司而异。

（3）选卸附加费。

当装货时尚不能确定卸货港，而要求在预先提出的两个或两个以上港口中选择一港卸货时，船方会加收选卸附加费。

（4）转船附加费。

当货物需要转船运往非基本港时，会加收转船附加费，包括转船费（如换装费、仓储费）和二程运费。

（5）直航附加费。

当非运往非基本港的货物达到一定的数量时，船公司可安排直航该港而不转船，此时会加收直航附加费。直航附加费一般比转船附加费低。

（6）港口附加费。

当船舶需要进入港口条件较差、装卸效率较低或港口船舶费用较高的港口时，会向货主增收港口附加费。

（7）港口拥挤附加费。

有些港口由于拥挤导致船舶停泊时间增加，此时会加收港口拥挤附加费。该附加费随港口条件改善或恶化而变化。

（8）燃油附加费。

因燃油价格上涨而加收的附加费。这可以按基本运价的一定百分数加收，也可以按每运费吨加收一个绝对值。

综上，运费总额的计算公式为

$$运费总额 = 基本运费 + 附加运费 = 基本运费 \times (1 + 各种附加费率)$$

杂货班轮运费涉及多个因素和费用的计算。在实际操作中，需要根据货物的具体情况和班轮公司的规定来确定各项费用的具体金额。为了准确计算运费总额，货主需要充分了解班轮公司的规定和各项费用的计算标准。

（二）班轮运价表规定的基本运费计收标准

班轮运价表规定的基本运费计收标准主要包括以下几种，这些标准用于确定班轮公司为运输货物而向货主收取的费用。

1. 按货物毛重计收

这种方式以货物的实际重量作为计费依据，通常以重量吨（Weight Ton）为计算单位。在运价表中，这种方式通常以"W"表示。

2. 按货物体积计收

对于体积较大而重量较轻的货物，常采用按体积计收的方式。体积通常以尺码吨或容积吨为单位，这种方式在运价表中以"M"表示。

3. 按货物毛重或体积从高计收

这种方式结合了重量和体积两种计费标准，选择其中较高的一种作为计费依据。在运价表中，这种方式通常以"W/M"表示。

4. 按货物价值计收

这种方式是收取货物价值（通常是 FOB 价）的一定百分比作为运费，称为从价运费。在运价表中，这种方式通常以"Ad. Val"或"A. V."表示。

5. 按最高标准计收

有时，班轮运价表会规定在重量吨、尺码吨和从价运费中选择最高的一种作为计费标准。这种方式在运价表中可能以"W/M or Ad. Val"表示。

6. 按货物重量或体积加从价运费计收

对于某些特殊货物，班轮运价表可能规定按货物重量或体积计费后，再加收一定百分比的从价运费。这种方式在运价表中可能以"W/M plus Ad. Val"表示。

7. 按货物件数计收

对于某些特定货物，如活牲畜、活动物或车辆等，可能按件数计收运费。

8. 临时议定价格

对于大宗低值货物或一些特殊情况，货主和船公司可能临时议定运费价格。在运价表中，这种方式通常以"Open"表示。

此外，班轮运价表中还可能有关于起码运费的规定，即每张提单的最低运费。这一规定可能因地区、是否转船等因素而有所不同。

综上所述，班轮运价表规定的基本运费计收标准灵活多样，旨在根据货物的不同特性和运输需求，合理确定运费水平。在实际业务中，货主和船公司应根据具体情况选择合适的计费方式，并参照运价表的相关规定进行计算运费。

（三）海运杂货班轮运费的计算公式和方法

1. 海运杂货班轮运费的计算公式

$$F = F_b + \Sigma S_i$$

其中，F 表示运费总额；F_b 表示基本运费；S_i 表示某一项附加费。

$$F_b = f \times Q$$

其中，f 表示基本费率；Q 表示货运量（运费吨）。

$$\Sigma S_i = (S_1 + S_2 + \cdots + S_n)$$

其中，S_1、S_2、S_n 为各项附加费。附加费也可以通过基本运费乘以各项附加费率之和求得。

2. 海运杂货班轮运费的具体计算方法

（1）根据货物的中英文名称，从货物分级表中查出相关货物的计算等级及其计算标准。

（2）从航线费率表中查出相关货物的基本费率。

（3）加上各项货物需支付的附加费率，所得的总和就是相关货物的单位运费（每重量吨或每尺码吨的运费）。

（4）单位运费再乘以计费重量吨或尺码吨，即可得出该批货物的运费总额。

（5）如果运费是按从价运费计算，则按规定的百分率乘 FOB 货值即可。

3. 海运杂货班轮运费计算例题

【例 2-1】从上海运往肯尼亚蒙巴萨港口"门锁"（小五金）一批，计 100 箱。每箱体积为 20 厘米 × 30 厘米 × 40 厘米。每箱重量为 25 千克。当时燃油附加费为 40%。蒙巴萨港口拥挤附加费为 10%。其基本运费标准如表 2-23 所示。

表 2 - 23　中国—东非航线等级费率表

中国—东非航线等级费率表（港币：元）		
计算标准	等级（CLASS）	费率（RATE）
W/M	9	404
M	10	443
W/M	10	443
M	20	1 120
基本港口：路易港（毛里求斯）、达累斯萨拉姆（坦桑尼亚）、蒙巴萨（肯尼亚）等		

【解】计算过程如下：

（1）查阅货物分级表。

门锁属于小五金类，其计收标准为 W/M，等级为 10 级。

（2）计算货物的体积和重量。

100 箱货物的体积为：（0.20 × 0.30 × 0.40）× 100 = 2.4（立方米）

100 箱货物的重量为：25 千克 × 100 箱 / 1 000 = 2.5（吨）

由于 2.4 立方米的计费吨小于 2.5 吨，因此计收标准为重量。

（3）查阅"中国—东非航线等级费率表"，10 级费率为 443 港元，则基本运费为：

$$443 × 2.5 = 1\ 107.5（港元）$$

（4）附加运费为：

$$1\ 107.5 × (40\% + 10\%) = 553.75（港元）$$

（5）因此，从上海运往肯尼亚蒙巴萨港 100 箱门锁，其应付运费为：

$$1\ 107.50 + 553.75 = 1\ 661.25（港元）$$

三、报价单主要内容

国际货运代理公司的报价单是一个重要文档，它为客户详述了与货物运输相关的所有费用和服务。一个详尽的报价单应当包含表 2 - 24 中的内容。

表 2 - 24　报价单内容

序号	要素	具体内容
1	头部信息	1. 货代公司的标识：包括公司名称、标志、以及可能的公司口号或者宣传语； 2. 文档标题：明确标注为"报价单"或"运输报价"； 3. 报价单编号：为了追踪和记录，每份报价单都应有一个独特的编号； 4. 日期：报价单的出具日期，表示该报价的有效起始日
2	公司和客户信息	1. 货代公司详细信息：包括公司地址、联系电话、电子邮箱、网站等； 2. 客户详细信息：包括客户的名称、地址，联系人姓名、职位，联系电话和电子邮箱等

续表

序号	要素	具体内容
3	服务描述	1. 货物信息：详细描述货物的名称、类型、规格、数量、重量、体积、包装方式、是否为危险品等； 2. 服务范围：具体提供的服务，如门到门运输、港到港运输、报关、仓储、装卸、配送等； 3. 运输路线和时间表：预计的运输路线、中转站、预计出发和到达时间等； 4. 特别要求：如果客户有特别的服务要求，如冷藏运输、快速通关等，也应当列明
4	价格和费用细节	1. 运费：根据货物的重量或体积以及运输距离计算出的费用； 2. 附加费：包括燃油附加费、高峰季节附加费、危险品附加费等； 3. 保险费：如果货代公司提供保险服务，需列出保险费用和保险条款； 4. 杂费：如装卸费、仓储费、报关费、检验费等； 5. 关税和税费：预计的关税、增值税或其他适用税费； 6. 总费用：所有费用项目的总计
5	定价条款	1. 价格有效期：报价的有效期限，通常为几天或几周； 2. 货币单位：价格所采用的货币单位，如美元、欧元等； 3. 付款条件：支付方式（预付、到付等）、支付期限、分期付款的具体条款等
6	交货和执行条款	1. 交货地点和方式：详细说明货物交付的地点和方式； 2. 运输方式：海运、空运、陆运或多式联运等； 3. 执行时限：服务完成的大致时间框架或截止日期
7	法律和合规性条款	1. 适用法律：合同将受哪一国家或哪一地区法律的约束； 2. 争议解决：争议的解决方式，如仲裁或法院诉讼； 3. 合规声明：确认货物遵守出口控制和进口国的规定
8	附加说明和备注	1. 报价单附注：对报价单中某些条款的额外解释或特别提示； 2. 变更条款：如何处理报价单未涵盖的额外费用或变更请求； 3. 优惠和折扣：如果适用，注明优惠政策或折扣信息
9	签署	1. 货代公司代表的签名和印章：以证明报价单的正式性和认可度； 2. 客户确认栏：留有空白处供客户签名或盖章，以示接受报价
10	附录	参考资料或文档：可能包括运输路线地图、参考案例、以往客户的推荐信等

综上所述，国际货运代理公司的报价单是一个全面的文件，不仅包括价格信息，还涵盖了服务范围、操作流程、法律条款等重要信息，以确保双方对交易的所有方面都有清晰的了解和一致的认识。通过这样的报价单，客户可以更好地评估服务质量和成本，国际货运代理公司则可以展现其专业性和透明度。

四、填写报价单

填写国际货运代理公司报价单是一个详尽的过程，报价单旨在为客户提供全面的费用和服务细节，如表2-25所示。

表 2 – 25 报价单的填写步骤和要点

序号	步骤	要点
1	标题 与头部信息	1. 在报价单的最上方，应明确标注文档为"报价单"或"运输报价"；并注明公司信息，包括公司的全称、标志、以及可能的口号或宣传语； 2. 提供公司的完整联系信息，包括地址、电话号码、传真号码、电子邮箱地址和公司网站等
2	客户信息	1. 详细列出客户的公司名称，联系人姓名、职位，联系电话和电子邮箱地址； 2. 如果已知，还应包括客户的具体需求和特殊要求
3	货物 与运输信息	1. 描述货物的详细信息，包括货物名称、类型、规格、数量、重量、体积、包装方式等； 2. 如果涉及危险品或特殊物品，需注明其相关的特性和所需的运输条件； 3. 提供预计的运输路线和时间表，包括起始点、目的地、中转站以及预计的出发和到达日期
4	费用明细	1. 分项列出所有费用，包括运输费用（根据货物体积或重量计算）、保险费用、装卸费用、仓储费用、报关费用等； 2. 列出所有附加费用，如燃油附加费、高峰季节附加费、货币波动附加费等； 3. 如果适用，应详细列出关税和税费的预估金额
5	定价条款	1. 明确报价的有效期限，通常为几天或几周，以便客户在报价有效期内做出决定； 2. 注明价格所采用的货币单位，如美元、欧元等； 3. 详细说明付款条件，包括支付方式（预付、到付等）、支付期限、分期付款的具体条款等
6	服务 与执行条款	1. 描述货代公司将提供的服务，如门到门运输、港到港运输、报关、仓储、装卸、配送等； 2. 详细说明交货地点和交货方式，以及运输方式（海运、空运、陆运或多式联运等）
7	法律 与合规性条款	1. 确认货物遵守出口控制和进口国的规定，以避免法律风险； 2. 说明合同将受哪一国家或地区法律的约束，以及争议的解决方式，如仲裁或法院诉讼
8	签署区域	1. 报价单应由货代公司的授权代表签名并盖章，以示其正式性和认可度； 2. 提供一个客户确认栏，供客户签名或盖章，以示接受报价
9	附录 与备注	1. 如果有必要，可以附上运输路线地图、参考案例、以往客户的推荐信等补充材料； 2. 在报价单的最后，可以添加备注，对报价单中的某些条款进行额外解释或特别提示

　　国际货运代理公司的报价单应提供全面、透明的信息，以帮助客户理解将要支付的费用和服务内容。通过这样的报价单，客户可以更好地评估货运代理公司服务质量和运输成

本，国际货运代理公司则可以展现其专业性和透明度。

五、揽收货物

在完成报价方案后，如客户对报价方案表示认可并与货运代理公司签订了代理协议，货运代理将进行货物揽收，这时需要进行一系列操作，以确保货物能够安全、及时地运送到目的地。以下是货运代理揽收货物的主要步骤。

1. 安排取货

货运代理会根据客户要求安排取货时间和地点，并在取货前做好充分准备，确保揽收的顺利进行。

2. 核对货物

在揽收货物时，货运代理会对货物进行清点和核对，确保货物数量、重量和质量与客户提供的信息一致。

3. 装载货物

货运代理将货物进行装载，并做好标记和包装，以确保货物在运输过程中安全无损。

4. 办理手续

货运代理会根据货物的性质和目的地的要求，办理相应的运输手续和文件，如提单、报关文件等。

5. 跟踪货物

货运代理会跟踪货物的运输过程，确保货物能够按时到达目的地，并及时通知客户运输情况。

6. 交付货物

当货物到达目的地后，货运代理会安排货物的卸载和送达工作，并通知客户货物抵达情况。

通过以上步骤，货运代理可以有效地揽收货物，并确保货物能安全、准时地运送到目的地，从而满足客户的需求并建立良好的合作关系。

随堂讨论

铁路、水路、公路和航空运输过程中，分别有哪些特殊的运输费用？

同步测试

拓展资料

拓展任务

同步测试项目二任务三

国际货运节省运费小妙招

某公司出口商品 1 500 箱到某国，每箱货物体积为 40 厘米×30 厘米×20 厘米，毛重为 30 千克，经查该商品货物分级表规定的计算标准为 W/M（按货物毛重或体积从高计收运费），等级为 10 级，又查运费率为 222 美元，另外加收港口附加费 5 美元/运费吨，燃油附加费为 15%，请问该公司应付给船公司的运费为多少？请列式计算。

项目评价

项目二学习评价量表

评价项目	评价内容	评价标准					评价方式		
		优 (90~100)	良 (80~89)	中 (70~79)	及格 (60~69)	不及格 (0~59)	自评	互评	师评
学习态度	1. 学习目标明确，重视学习过程中的反思，积极优化学习方法； 2. 具备持之以恒的学习习惯； 3. 保质保量按时完成作业	积极、热情、主动	积极、热情、但欠主动	学习态度一般	学习态度较差	学习态度很差			
学习方式	1. 学生个体的自主学习能力强，会倾听、思考、表达和质疑； 2. 学生普遍有浓厚的学习兴趣，学习参与度高； 3. 学生之间能够合作学习，并在合作中分工明确地进行有序和有效的探究； 4. 学生在学习中能自主反思，发挥求异、求新的创新精神，积极地提出问题和讨论问题	自主学习能力强，会倾听、思考、表达和质疑	自主学习能力较强，会倾听、思考、表达	自主学习能力一般，会倾听	自主学习能力较差，不会思考	自主学习能力很差，不会思考			
参与程度	1. 认真参加课程的线上学习活动，积极思考，善于发现问题，勇于解决问题； 2. 积极参加头脑风暴、主题讨论、提问等活动； 3. 积极参加线下实践活动等	积极思考，善于发现问题，勇于解决问题，表达能力强	积极思考，善于发现问题，勇于解决问题	能发现问题，解决问题能力一般	参与意识较差，不够积极主动	缺乏参与意识，不积极主动			
合作意识	1. 积极参加合作学习，勇于接受任务、敢于承担责任； 2. 有小组合作意识，能够在合作中取长补短，共同提高； 3. 乐于助人，积极帮助学习有困难的同学	合作意识强，组织能力好，能与他人共同提高，有学习效果	能与他人合作，并积极帮助有困难的同学	有合作意识，但总结能力不强	不能很好地与他人合作学习	完全不能与他人合作学习			
知识和技能的应用	1. 掌握业务洽谈的核心知识； 2. 熟练运用所学知识完成实训模拟任务； 3. 提高根据实际情况处理国际货运中可能出现的问题的综合能力	能很灵活地运用知识解决问题	能较灵活地运用知识解决问题	应用知识解决问题的能力一般	解决实际问题的能力较差	解决实际问题的能力很差			

续表

评价项目	评价内容	评价标准					评价方式		
		优 (90～100)	良 (80～89)	中 (70～79)	及格 (60～69)	不及格 (0～59)	自评	互评	师评
其他	1. 情感、态度、价值观的转变； 2. 综合素养水平的发展	学习态度、综合素养水平有很大提高	学习态度、综合素养水平有较大提高	学习态度、综合素养水平有些提高	无明显发展	无任何发展			
合计									
平均分									
综合得分（自评10%＋互评30%＋师评60%）									

项目三　托运订舱

引思明理

数字化赋能国际货运代理业务

2023 年 11 月 16 日，国际航运产业博览会在天津举办，展会以"航通天下　运行未来"为主题，全方位展示了智慧绿色港口、海工装备与船舶、港口机械、航运服务、物流装备、航运生活等方面的最新发展成果，共有 22 个国家和地区的数百家航运领域龙头企业、世界知名港口等参展参会。

近年来，货运代理业务正从传统单一业务模式向现代物流服务模式加速变革，深度融入我国国际物流与供应链"保链稳链固链"进程中。"一带一路"倡议的深入推进、RCEP 的生效实施、中欧班列持续开辟新通道等政策红利，成为我国国际货运代理行业高质量发展的支撑点和驱动力。

面对复杂多变的国际供应链环境，数字化是国际货运代理行业实现突破性发展的必然趋势，也是市场选择的必然结果。依托可视化供应链，货主可以随时监视货物的运输流程，货运代理企业可以对货物状况进行监督并进行有效的提前预警，做到"查得到、看得见、控得住"，从而降低风险、提升服务。

资料来源：我国货运代理从传统单一业务模式向现代物流服务加速变革［EB/OL］.（2023 - 11 - 18）. http：//www. news. cn/fortune/2023 - 11/18/c_1129982208. htm. 有删改

党的二十大报告指出："加快发展数字经济，促进数字经济和实体经济深度融合，打造具有国际竞争力的数字产业集群。"国际货运代理行业是现代运输服务行业领域的重要力量，其数字化水平的不断提升，能够有效整合国际运输全链条资源、促进国际物流降本增效、畅通国际商贸流通、服务外贸进出口发展。

项目情境

　　杨帆的业务洽谈非常顺利，他凭借良好的服务态度获得了客户的初步认可，现在需要针对客户公司的招标项目进行投标。为了能顺利中标，与客户签订合作协议，承接货运业务，假如你是杨帆，你将如何开展招投标工作？你要掌握哪些评标方法？你应如何签订合法的代理合同？在接单后，又该如何办理订舱呢？

项目目标

知识目标

1. 了解招投标的含义。

2. 了解合同的主要内容。

3. 熟悉招投标的主要流程和标书内容。

4. 熟悉托运单的内容。

5. 掌握订舱的主要方式。

技能目标

1. 能够根据投标书内容进行现场述标。

2. 能够根据中标情况，签订货运代理合同。

3. 能根据实际情况，审核托运单。

4. 能根据托运单，正确订舱。

素质目标

1. 提升学生商务表达能力。

2. 培养学生风险管理意识。

3. 培养学生精益求精的工匠精神。

任务一　招标投标

任务挑战

　　杨帆的公司收到一份目标客户公司的投标邀请，但杨帆之前并没有接触过招投标业务的相关操作。请你根据目标客户招标文件的内容，帮助杨帆完成投标书主要内容的撰写。

新时代玩具股份有限公司

国际货运业务招标书

　　本公司为玩具设计、生产公司，主要产品有毛绒玩具、摇马、玩偶等。年国际货运运费约 50 万元人民币。因公司产品出口需求，本公司现拟对信誉好的国际货运公司进行招标，具体要求如下。

一、招标内容

（一）招标内容
毛绒玩具的出口运输招标

（二）运输方式
海运、空运

（三）主要出口地区
东亚地区：韩国、日本等
东南亚地区：越南、印度、巴基斯坦等
中东地区：阿联酋、伊朗、埃及等
欧洲地区：英国、法国、德国、波兰、土耳其等
美加地区：美国、加拿大等

二、投标日期

2024 年 4 月 30 日之前

三、投标说明

（一）投标文件内容
报价单

（二）资格证明文件
1. 营业执照复印件
2. 税务登记复印件
3. 投标方代表人的身份证（复印件）

（三）注意事项
投标文件应置放于密封袋内，封口处盖投标单位公章。

四、开标及评标

1. 由招标方主持开标，投标方代表参与开标。
2. 由招标方进行综合比较后开标，通知中标单位。

五、联系方式

地址：江苏省扬州市邗江区
邮编：225000

新时代玩具股份有限公司
供应商管理办公室
2024 – 04 – 15

知识正文

国际货运代理业务中，企业招投标的重要性体现在获取项目机会、提高企业竞争力、优化资源配置、规范操作流程、增强企业形象、促进国际合作、适应国际规则以及实现转型升级等方面。通过参与国际招投标，货运代理企业可以接触到不同国家和地区的采购需求，展示自身的服务能力、价格优势和专业水平，从而扩大业务范围和市场份额。同时，招投标活动有助于企业合理配置资源，提高业务效率，规范内部操作流程，提升管理的透明度和公正性。此外，参与国际招投标有助于企业了解和适应国际规则，促进国际合作和技术交流，为实现转型升级打下坚实基础。如果能够成功中标，不仅能为企业带来直接的经济利益，还能增强企业的品牌形象和市场信誉。因此，货运代理企业应重视并积极参与招投标活动，不断提升自身的投标能力和服务水平。

一、招标与投标

1. 招投标的含义

招投标是在市场经济条件下，进行大宗货物的买卖、工程建设项目的发包与承包，以及进行服务项目的采购与提供时，所采取的一种交易方式。招标和投标是一种商品交易行为，是交易过程的两个方面。

招标，是指招标人（买方）为某项工程建设或大宗商品，邀请愿意承包或交易的公司厂商出价以从中选择承包者或交易者的行为。

投标，是与招标相对应的概念，它是指投标人应招标人的邀请或投标人满足招标人最低资质要求而主动申请，按照招标的要求和条件，在规定的时间内向招标人递价，争取中标的行为。

招投标的目的在于确保公平竞争和交易透明度，以及通过竞争获得性价比最高的商品或服务。招投标是国际货物运输服务的需求方选择国际货物运输服务供应商的主要方式。

2. 招投标的主要形式

根据《中华人民共和国招标投标法》，招投标有公开招投标和邀请招投标两种形式，如表 3 – 1 所示。

表 3 - 1　主要招投标方式

序号	类型	竞争类型	要求
1	公开招投标	无限竞争性招标	指招标人以招标公告的方式邀请不特定的法人或者其他组织投标。公开招标的投标人不得少于 3 家
2	邀请招投标	有限竞争性招标	指招标人以投标邀请书的方式邀请不少于 3 家特定的法人或者其他组织投标

二、招投标流程

招投标是一种市场交易行为，旨在通过公开竞争的方式选择最合适的供应商、承包商或服务提供商。招投标流程一般包括招标、投标、开标、评标、定标这五个阶段，具体可细化为 11 个步骤，如表 3 - 2 所示。

表 3 - 2　招投标主要操作流程

序号	流程名称	内容	执行人
1	招标准备	招标人办理项目审批或备案手续，项目经审批或备案后，招标人开始实施招标项目。招标人可以委托招标代理机构进行招标，也可以自行招标	招标人
2	招标策划	确定招标进度计划、采购时间、采购技术要求、主要合同条款、投标人资格、采购质量要求等	招标人/招标代理
3	编制招标文件	根据招标策划编制招标文件	招标人/招标代理
4	发布招标公告	招标人确认招标文件后，发布招标公告（或邀请招标）。投标人看到公告或收到邀请后前往招标公司购买招标文件	招标人/招标代理
5	获取招标信息	企业需要通过各种渠道获取招标信息，如官方公告、行业内部通知、招标网站等。企业对项目的基本信息（如货物种类、运输路线、服务要求等）进行了解后，判断该项目是否符合企业的业务范围和能力	投标人
6	投标	获得招标文件后，投标人应研究招标文件并准备投标文件。其间如有相关问题可与招标公司进行招标文件澄清，必要时，招标公司组织招标项目答疑会，并根据答疑或澄清内容，对全部投标人发布补充文件，该补充文件将作为招标文件的必要组成和修改	投标人
7	评标	招标方会组织评标委员会对投标文件进行评审。这一过程可能包括资格预审、技术评审、商务评审等环节。评标委员会会根据预先设定的标准和评分体系对投标文件进行评分或排名	招标人/招标代理
8	中标结果公示	评标结束后，招标方会公示中标结果	招标人/招标代理

续表

序号	流程名称	内容	执行人
9	签订合同	中标人根据中标通知书，在规定时间内与招标人签订合同	招标人/招标代理＋中标人
10	履行合同	合同签订后，中标企业需要按照合同的约定提供服务。在履行合同的过程中，企业需要确保服务质量，按时完成各项任务	中标人
11	结算与评价	项目完成后，双方根据合同约定进行结算。此外，招标方可能会对中标企业的服务进行评价，这将影响企业在未来招投标活动中的信誉和机会	招标人＋中标人

三、国际货运项目投标书的主要内容

投标书（Bidding Documents）是指投标单位按照招标书的条件和要求，向招标单位提交的报价并填具标单的文书。它要求密封后邮寄或派专人送到招标单位，故又称标函。它是投标单位在充分领会招标文件，进行现场实地考察和调查的基础上所编制的投标文书，是对招标公告提出的要求的响应和承诺，并同时提出具体的标价及有关事项来竞争中标。

在编写投标书时，企业需要根据自身实际情况和项目需求进行适当调整，确保投标书能够充分展示公司的实力和专业性。同时，编写投标书要注意保持内容的清晰、简洁且易于理解，以便评标人员能够快速了解公司的优势和特点。

国际货运代理业务中的评标书，其主要内容通常涵盖8个方面，包括公司介绍、服务承诺、价格方案、技术方案、团队介绍、风险管理、业绩展示及其他附加信息。

（一）公司介绍

公司介绍主要指公司经营相关的基本信息，如表3-3所示。

表3-3　投标书中的公司介绍

序号	内容	详细内容
1	公司历史与背景	简要介绍公司成立的时间、发展历程、主要股东、注册地点等基本信息
2	公司资质与认证	列举公司所获得的行业认证、许可证、会员资格等，如IATA、FIATA等
3	公司业务范围	详细描述公司的服务范围，如海运、空运、陆运、报关、报检、仓储等
4	公司优势与特点	突出公司的核心竞争力，如强大的网络覆盖、先进的技术手段、丰富的行业经验等

（二）服务承诺

在货运业务中，服务承诺主要围绕运输时间、货物安全、信息反馈及售后服务展开，如表3-4所示。

表 3 - 4　投标书中的服务承诺

序号	内容	详细内容
1	运输时间	根据货物的具体情况和运输路线，提供合理的运输时间承诺
2	货物安全	承诺采取多种措施确保货物在运输过程中的安全，如保险、防盗、防损等
3	信息反馈	承诺及时、准确地提供货物运输的实时信息，确保客户随时了解货物状态
4	售后服务	提供完善的售后服务，如货物追踪、投诉处理、索赔协助等

（三）价格方案

价格是招投标业务中的关键内容之一。明确的价格方案需要包括报价明细、计费方式及价格优势等，如表 3 - 5 所示。

表 3 - 5　投标书中的价格方案

序号	内容	详细内容
1	报价明细	根据货物的种类、数量、运输路线等因素，提供详细的报价明细
2	计费方式	明确计费方式，如按重量、按体积、按件数等，并说明其合理性
3	价格优势	说明公司价格的优势所在，如与主要航空公司、船公司的合作协议、规模效应等

（四）技术方案

根据客户需求提供合适的货物运输设施设备也是客户评价投标企业整体实力的一个方面。因此，在技术方案中，国际货运代理企业需要从运输工具、信息技术、仓储设施等方面对自身的能力进行展示，如表 3 - 6 所示。

表 3 - 6　投标书中的技术方案

序号	内容	详细内容
1	运输工具	介绍公司所拥有的运输工具，如飞机、船舶、车辆等，以及它们的性能特点
2	信息技术	描述公司采用的信息化手段，如物流管理系统、电子数据交换等
3	仓储设施	展示公司的仓储设施，如仓库规模、存储条件、保管措施等

（五）团队介绍

在投标书中，企业还需要对自己的团队进行介绍，展示团队的综合实力以及高素质。相关内容如表 3 - 7 所示。

表 3 - 7　投标书中的团队介绍

序号	内容	详细内容
1	主要成员	介绍公司的主要团队成员，包括他们的职位、专业背景、工作经验等

续表

序号	内容	详细内容
2	专业培训	说明公司为员工提供的专业培训和学习机会，突出团队的综合素质
3	团队文化	阐述公司的团队文化，如团结、协作、创新等，展示团队的凝聚力

（六）风险管理

国际货运业务往往因为周期较长、受环境影响因素较多，在运输途中常伴随有风险。因此，国际货运相关的投标书中一般会对投标相关的潜在风险进行描述，常见的风险管理内容如表3-8所示。。

表3-8 投标书中的风险管理

序号	内容	详细内容
1	风险识别	分析项目中可能出现的风险，如货物丢失、损坏、延误等
2	应对措施	提出针对这些风险的应对措施，如加强安全措施、完善保险制度、提高服务质量等
3	风险管理机制	介绍公司的风险管理机制，包括风险预警、应急处理、事后总结等

（七）业绩展示

为了增加客户对货运代理公司合同执行能力的可信度，并帮助客户评估公司的实力，投标书中会加入成功案例或行业背书。具体内容如表3-9所示。

表3-9 投标书中的业绩展示

序号	内容	详细内容
1	成功案例	列举公司过去成功完成的项目案例，包括过往项目的规模、完成情况、客户反馈等
2	行业认可	展示公司在行业内的认可度和影响力，如获奖情况、媒体报道等

（八）其他附加信息

根据招标文件的要求，或企业为了增加中标概率，投标书中可能会提供其他附加信息，如表3-10所示。

表3-10 评标书中的其他附加信息

序号	内容	详细内容
1	公司资质证书	提供公司的相关资质证书和许可证的复印件或扫描件
2	荣誉证书	展示公司所获荣誉和奖项，以证明公司的实力和信誉
3	客户评价	提供客户对公司的评价和反馈，以证明公司的服务质量

投标书中承诺的内容，如价格、交货期、质量标准、售后服务等，均会成为合同的一部分，对签约双方具有法律约束力。这保障了项目的顺利进行和双方的权益，减少了合作

过程中的不确定性和风险。

四、评标主要方法

评标的方法多种多样。现阶段常用的方法主要有打分法、最低评标价法、经评审的最低投标报价法、性价比评标法。每种评价方法有其不同的评标标准，如表 3 – 11 所示。

表 3 – 11　评标的常见方法

评价方法	主要内容
打分法	也称综合评估法。评标委员会的每位成员会根据预先设定的评标因素（如价格、质量、信誉、服务等）及其相应的分值标准，对每个投标进行评分。这些因素的权重可能因项目的性质和需求而有所不同
最低评标价法	评标委员会对所有符合招标文件实质性要求的投标进行比较，选择报价最低的投标
经评审的最低投标报价法	通常用于设有标底的土建工程项目招标。这种方法要求在满足技术和服务要求的前提下，选择报价最低的投标者。采用这种方法评标时，评标委员会必须严格依据招标文件进行，不得采用规定以外的标准和方法
性价比评标法	该评标法会根据要求对投标文件进行评审，计算出每个有效投标人除价格因素以外的其他各项评分因素的综合得分，并除以该投标人的投标报价，以商数（该商数即作为评标总得分）最高的投标人为中标候选供应商或者中标供应商

这些方法不仅考虑价格因素，还涉及技术、质量、服务等多个维度，以确保项目的顺利进行和公平竞争。不同评标方法的优缺点如表 3 – 12 所示，不同的评标方法适用于不同情境的招标业务。

表 3 – 12　不同评标方法的优缺点

评价方法	优点	缺点
打分法（综合评估法）	通过引入权值概念，使评价结果更具科学性；有助于发挥专家的作用；能有效防止不正当行为	评价指标因素及权值难以合理界定；实施时，权值可能五花八门，难以统一规范；如果评分标准设置不合理，可能导致歧视性条款，引起质疑和投诉
最低评标价法	简单明了，易于操作；强调成本控制，适合预算有限的项目	可能会忽视技术和服务等其他重要因素；可能导致低价中标，但最终项目成本上升
经评审的最低投标报价法	这种方法结合了价格和技术评审的优点；能确保项目的质量和经济效益	评审过程可能比较复杂，需要详细的技术和服务评估；可能存在对技术和服务要求不够重视的风险
性价比评标法	能够更全面地评估投标，确保项目的整体性价比最高	评价过程可能较为复杂，需要综合考虑多个因素；确定各个因素的权重时可能存在主观性

随堂讨论

1. 货运代理企业要参加目标客户公司发布的招标业务，需要参与哪些流程？在这些流程中，货运代理企业需要做些什么？

2. 根据不同评标方法的含义和优缺点，请你谈一谈这几种主流的评标方法适用于哪些业务情境。

同步测试

拓展资料

同步测试项目三任务一

拓展任务

招投标中的法律知识

1. 请根据编制好的投标文件，准备一份投标答辩汇报，并制作汇报使用的 PPT，PPT 中要包括项目概述、项目管理架构及人员配备、服务承诺、价格方案、成功案例/企业优势、风险管理等内容。

2. 请前往中国采购与招标网、中国招标投标网、中国政府采购网等正规招投标网站，搜集三个关于国际货运的招投标项目，并分析其业务需求。

学习笔记

任务二　签订代理合同

任务挑战

杨帆的公司顺利中标新时代玩具股份有限公司的年出口业务，现需要与客户根据中标的标书签订国际货运代理合同。请你根据任务一中制定的标书，为杨帆拟一份代理合同，并确保合同涵盖了代理业务的主要条款和条件，包括双方的权利和义务、费用、保险、纠纷解决机制以及货物丢失、损坏和延迟交付等风险的责任划分，以保护各方权益。

知识正文

货运代理企业在开展国际货运代理业务时，签订合同至关重要。合同不仅为各方提供了明确的法律权责框架，减少了跨国交易中可能出现的法律争议，还规范了业务操作流程，确保了服务的标准化和规范化。此外，合同通过设立风险管理条款，如责任限制和赔偿规定，有助于分配和管理在运输过程中可能遇到的各种风险。同时，标准合同的使用提高了业务效率，简化了磋商过程，加快了交易完成的速度。合同中的争议解决机制为可能出现的纠纷提供了预先设定的处理途径，保护了双方的合法权益，有助于双方建立长期的信任关系。总之，合同是货运代理企业适应市场需求、提供专业服务、维护自身利益不可或缺的一部分，它能确保业务的顺利进行，并在不断变化的市场环境中为客户提供稳定可靠的物流解决方案。

一、认识合同

合同是民事主体之间设立、变更、终止民事法律关系的协议。合同的概念涉及表 3-13 中的几个关键方面。

视频：
什么是合同

表 3-13　合同的关键内容

序号	关键内容	具体含义
1	意思表示	合同的成立基于各方当事人的真实意愿，合同是两个或两个以上的当事人为了实现一定目的而达成的协议
2	权利义务	合同明确规定了各方的权利和义务，这也是合同的核心内容，以确保各方当事人的利益得到保障
3	法律行为	合同是一种民事法律行为，具有法律效力，可以依法设立、变更或终止民事法律关系
4	书面形式	虽然合同可以是口头的，但其作为证明权利受损时的救济依据，通常需要以书面形式存在
5	排除身份关系	根据《中华人民共和国民法典》的规定，婚姻、收养、监护等有关身份关系的协议不适用合同的一般规定，而是适用相关的特别法律规定
6	经济文明指标	合同还是衡量一个共同体经济和文明发展水平的指标，它反映了社会交易的规范性和成熟度

合同是民事主体间为了确立某种法律关系而自愿订立的协议，它不仅是权利和义务的

载体，也是法律行为的一种表现形式，对于维护社会秩序和促进经济发展具有重要意义。

二、签订货运代理合同

货运代理合同是一种服务合同，它规定了货运代理（代理人）在接受货主（委托人）的委托后，以委托人的名义办理货物运输业务并收取报酬的条款和条件。货运代理合同的重要性不容忽视，它是确保服务质量、维护双方权益、管理风险并提升货运代理国际形象的关键法律文档。

（1）合同不仅确立了代理公司在货物运输过程中的法律地位，为代理公司处理各类风险事件提供了责任划分的依据，而且通过规范服务流程，保障了服务质量，确保代理公司依据约定的标准履行义务。

（2）合同对于维护货主及代理公司双方的权益具有至关重要的作用，它通过明确权利和义务，减少误解和纠纷。

（3）合同中的费用协商条款保证了费用的透明性和合理性，使货主更易于评估复杂运输流程的成本。

（4）合同中的风险管理条款降低了遭遇潜在损失的风险，提升了业务交易的安全性。

（5）货运代理合同的灵活性和适应性允许代理公司根据不同业务需求和市场条件进行调整，提供个性化服务。

（6）货运代理合同确保国际运输操作符合相关国家的法律法规，提升了代理公司的国际竞争力。

货运代理合同的内容一般如表3-14所示。

表3-14　货运代理合同内容

序号	合同内容	具体含义
1	合同双方的定义	明确指出委托方（甲方）和受托方（乙方）的身份和责任
2	代理事项	详细描述甲方委托乙方作为货运代理人所需执行的任务，包括运输方式、货物信息、发运地点和到货地点等
3	甲方的义务	列明甲方的要求和需提供的资料，如货物的品名、数量、性质、保价（险）需求、收货人信息等，并确保信息准确无误
4	货物交接	规定货物的交接时间、地点以及验收程序，确保货物的安全交接
5	费用和支付	约定代理服务的费用标准、支付方式和时限
6	责任和赔偿	明确双方在货物运输过程中的责任范围，以及发生损失或延误时的赔偿责任
7	保险条款	如果适用，详细说明保险覆盖的范围和条件
8	争议解决	设定争议的解决方式，包括适用的法律和仲裁或诉讼的地点
9	合同的变更和终止	规定合同变更和终止的条件和程序
10	保密和知识产权	保护双方的商业秘密和知识产权
11	其他特殊条款	根据实际情况可能包括的额外条款，如不可抗力条款、违约责任等

在签订货运代理合同时，应确保合同中的所有条款清晰、明确，以避免未来可能出现的误解或纠纷。此外，合同的具体内容应根据双方的具体需求和业务特点进行定制，以确保合同的有效性和实用性。

三、合同风险防范

货运代理公司在合同签订到履行的全过程中可能会遇到的风险，其详细描述如表 3 - 15 所示。

表 3 - 15　合同风险

序号	风险类别	含义
1	信用风险	客户的资信状况不佳可能会导致付款延迟或违约，增加坏账的可能性。这种风险意味着货运代理公司可能在完成服务后无法按时收到应得的报酬，从而影响公司的现金流和财务状况
2	操作风险	在货物运输、仓储、清关等过程中，由于人为失误或系统故障，可能导致货物损失或延误。这种风险可能源于内部流程的不足、员工培训的缺失或技术支持的不完善
3	市场风险	受市场需求波动、国际贸易政策变化等因素影响，业务量可能有所下降，从而影响利润。这种风险可能源于经济衰退、贸易战或其他宏观经济因素
4	法律风险	合同条款设计不完善，可能导致在发生争议时无法得到有效的法律保护。例如，合同中对于责任分配、赔偿限制等关键条款定义不明确或不符合法律规定，可能导致货运代理公司在争议中处于不利地位
5	税务风险	"货票一致"问题可能导致货运代理公司的税务合规性受到质疑，甚至引发税务稽查。这意味着如果货运代理公司开具的发票的信息与实际承运人不符，可能会被税务机关认定为逃税行为
6	货币汇率风险	由于汇率波动，可能导致货运代理公司在国际交易中的实际收益低于预期。这种风险主要影响涉及跨国交易的货运代理公司，尤其是当合同以外币计价时
7	安全风险	在运输过程中，可能遇到盗窃、事故等安全问题，造成货物损失或第三方责任。这种风险可能源于运输途中的不可预见事件，如交通事故、自然灾害或其他意外情况
8	环境风险	自然灾害、战争、疫情等不可抗力因素可能导致合同无法正常履行。这种风险通常无法预测和控制，但可以通过制定应急预案和购买保险来进行一定程度的缓解
9	合规风险	国际贸易中的法规变更可能导致原有的合同不符合新的法规要求，需要进行调整。这要求货运代理公司持续关注相关法律法规的变化，并及时调整合同条款以确保合规性

为应对这些风险，货运代理公司需要在签订合同前进行充分的客户背景调查，明确合同条款，特别是关于责任、费用结算、赔偿等方面的规定。在合同执行过程中，货运代理公司应加强内部管理，确保操作流程的规范性和安全性。同时，建立健全的应急预案，对可能出现的风险进行预测和预防。此外，购买适当的保险也是分担风险的重要手段。对于

涉及跨国交易的合同，货运代理公司还应关注汇率的变动和国际贸易政策的变化，确保合同内容符合相关国家的法律法规要求。

针对货运代理公司在合同签订和履行过程中可能遇到的风险，可以采取表3-16中的措施进行应对。

表3-16 合同风险的应对

序号	风险类别	应对方法
1	信用风险	在合同签订前，对客户的资信进行详细调查，包括财务状况、历史交易记录等；采用信用保险或信用衍生工具来转移部分信用风险；在合同中设置明确的付款条件和期限，以及违约时的处罚条款
2	操作风险	建立并完善内部控制系统，确保所有操作流程符合公司政策和相关法律法规；定期对员工进行培训，提高其业务能力和风险意识；引入先进的信息技术系统，以减少人为错误和提高效率
3	市场风险	提供多样化服务，不断拓宽客户群体，减少对单一市场或客户的依赖；关注市场动态，灵活调整业务策略以应对市场变化；通过期货、期权等金融工具锁定价格，减少市场波动的影响
4	法律风险	聘请专业律师参与合同的起草、审查和修改，确保合同的合法性和可执行性；在合同中明确界定各方的权利和义务，以及争议的解决方式和适用法律；定期对公司的合同进行审查，确保所有合同都符合最新的法律法规要求
5	税务风险	确保"货票一致"，避免因发票问题引发的税务风险；定期进行税务合规性检查，确保公司遵守所有相关税法；与税务机关保持良好的沟通，及时解决税务问题
6	货币汇率风险	对于外币计价的交易，使用汇率锁定工具，如远期合约或期权，减少汇率波动的影响；采取多币种账户管理，分散汇率风险
7	安全风险	为货物运输购买适当的保险，如货物运输险、责任险等，以覆盖潜在损失；实施严格的货物检查和监控程序，确保货物在运输过程中的安全
8	环境风险	制定应急预案，以应对自然灾害、战争、疫情等不可抗力因素的影响；购买适当的保险，如战争险、自然灾害险等，以分担风险
9	合规风险	持续关注国际贸易法规的变化，并及时调整公司政策和合同条款以保持合规；进行合规培训，确保员工了解并遵守相关法律法规

通过上述措施，货运代理公司可以有效地管理和降低在合同签订和履行过程中可能遇到的风险，保护公司的权益和客户的利益。

随堂讨论

1. 根据所学知识，请你谈谈签订国际货运代理合同的注意事项。
2. 在正式合同中，应使用签订合同还是签定合同？请谈谈你的选择并说明理由。

同步测试

拓展资料

拓展任务

同步测试项目三任务二

中国古代契约的主要形式

根据和新时代玩具公司的合作，结合商务礼仪要求，请你为负责人为杨帆和新时代玩具公司设计一个合同签订仪式方案，方案内容包括签约仪式需要使用的文本清单、出席人员名单、签订流程等。

任务三　审核托运单

任务挑战

签订完代理协议后，客户于 2024 年 3 月 11 日给杨帆发送了一份出口货物托运单，希望杨帆帮助完成这票货物的托运，并附上了商业发票与信用证部分内容，如图 3 – 1 和图 3 – 2 所示。请你根据客户提供的资料，帮助杨帆对托运单进行审核，确保托运单准确性和完整性，并对有误的地方进行修正。

出口货物托运单　　　　　　　日期 3 月 11 日

1）发货人 NEW ERA TOYS CO., LTD. HUARONG MANSION RM2901 NO. 85 HANJIANG DISTRICT, YANGZHOU 225000, CHINA	4）信用证号码	63211020049		
	5）开证银行	BNP PARIBAS（CANADA）		
	6）合同号码	F24LCB05127	7）成交金额	USD32640.00
	8）装运口岸	SHANGHAI	9）目的港	
2）收货人	10）转船运输	ALLOWED	11）分批装运	ALLOWED
	12）信用证有效期	2024 – 04 – 10	13）装船期限	2024 – 03 – 25
	14）运费		15）成交条件	CIF
	16）公司联系人	David Yang	16）电话/传真	0514 – 58818844
3）被通知人	18）公司开户行	中国银行	19）银行账号	58625935148
	20）特别要求			

21）标记唛码	22）货号规格	23）包装件数	24）毛重	25）净重	26）数量	27）单价	28）总价
	LADIES COTTON BLAZER（100% COTTON, 40SX20/140X60）	85 CARTONS	19 KGS	17 KGS	2550 PCS	USD 12.80	USD 32640.00
	29）总件数	30）总毛重	31）总净重	32）总尺码	33）总金额		
	85 CARTONS	19 KGS	17 KGS	21.583 CBM	USD32640.00		
34）备注							

图 3 – 1　出口货物托运单

ISSUER NEW ERA TOYS CO., LTD. HUARONG MANSION RM2901 NO.85 HANJIANG DISTRICT, YANGZHOU 225000, CHINA	商业发票 **COMMERCIAL INVOICE**		
TO FASHION FORCE CO., LTD P.O.BOX 8935 NEW TERMINAL, ALTA, VISTA OTTAWA, CANADA	**NO.** NT01FF004		**DATE** Mar.9, 2024
TRANSPORT DETAILS SHIPMENT FROM SHANGHAI TO MONTREAL BY VESSEL	**S/C NO.** F24LCB05127		**L/C NO.** 63211020049
	TERMS OF PAYMENT L/C AT SIGHT		

Marks and Numbers	Number and kind of package Description of goods	Quantity	Unit Price	Amount
			USD	
			CIF MONTREAL, CANADA	
FASHION FORCE F24LCB05127 CTN NO. MONTREAL MADE IN CHINA	PLUSH TOYS (100% COTTON, 40SX20/140X60)	2550PCS	USD12.80	USD32640.00
	Total:	2550PCS		USD32640.00

SAY TOTAL: USD THIRTY TWO THOUSAND SIX HUNDRED AND FORTY ONLY

SALES CONDITIONS: CIF MONTREAL/CANADA
SALES CONTRACT NO. F09LCB05127
LADIES COTTON BLAZER (100% COTTON, 40SX20/140X60)

STYLE NO.	PO NO.	QTY/PCS	USD/PC
46-301A	10337	2550	12.80

PAKAGE.	N. W.	G. W.
85CARTONS	17KGS.	19KGS

TOTAL PACKAGE: 85 CARTONS
TOTAL MEAS: 21.583 CBM

NEW ERA TOYS CO., LTD.
David Yang

图 3-2 商业发票与信用证信息

```
SOME MSG FROM THE L/C (ISSUED BY BNP PARIBAS (CANADA))

DOC. CREDIT NUMBER     *  20  :   63211020049
DATE OF ISSUE             31 C:   240129
EXPIRY                 *  31 D:   DATE 240410 PLACE IN BENEFICIARY'S COUNTRY
APPLICANT              *  50  :   FASHION FORCE CO., LTD
                                  P.O.BOX 8935 NEW TERMINAL, ALTA, VISTA OTTAWA, CANADA
BENEFICIARY           *  59  :   NEW ERA TOYS CO., LTD.
                                  HUARONG MANSION RM2901 NO.85 HANJIANG DISTRICT,
                                  YANGZHOU 225000, CHINA
......
PARTIAL SHIPMTS          43 P:   NOT ALLOWED
TRANSSHIPMENT            43 T:   ALLOWED
FOR TRANSPORT TO...      44 B:   MONTREAL
LATEST DATE OF SHIP.     44 C:   240325
DOCUMENTS REQUIRED       46 A:
            +   FULL SET OF ORIGINAL MARINE BILLS OF LADING CLEAN ON BOARD
                FLUS 2 NON NEGOTIABLE COPIES MADE OUT OR ENDORSED TO ORDER
                OF BNP PARIBAS (CANADA) MARKED FREIGHT PREPAID AND NOTIFY APPLICANT'S
                FULL NAME AND ADDRESS.
......
```

图 3-2 商业发票与信用证信息（续）

知识正文

审核货运代理业务中的单证对于确保整个交易流程的顺利进行至关重要。准确的单证便于完成国际结算，包括支付、运输和保险等关键事宜；而单证的错误或不一致可能导致货物清关延误或被扣留，进而影响交易进度。同时，正确无误的单证有助于避免因违反贸易法规而带来的法律风险，能确保货款的顺利回收，保护企业的财务安全。

专业的单证处理能力能增强客户和合作伙伴的信任感，提升公司的信誉。在内部管理层面，单证审核能促进业务流程的优化和经营策略的调整，提高工作效率。综上所述，单证审核工作是货运代理业务中不容忽视的环节，它不仅涉及交易的成功执行，还关系法律合规、财务管理和公司声誉等多个重要方面。

一、货运代理业务的单证审核

（一）货运代理业务主要单证类型

货运代理业务中涉及的单证主要有以下几种，如表 3-17 所示。

表 3-17 货运代理业务中主要涉及的单证

序号	单证	单证用途
1	出口委托书	这是货主委托货运代理公司进行货物运输的书面文件，是货运代理业务开始的基础

序号	单证	单证用途
2	货物明细单	列明货物的具体信息，如品名、数量、重量等，用于报关和货物跟踪
3	装箱单	详细记录集装箱内货物的包装情况和数量，装箱单对于拼箱运输尤为重要
4	发票	发票是证明货物价值的文件，通常由卖方出具，是办理出口退税和收汇核销的重要依据
5	出口许可证	对于需要特殊许可才能出口的商品，需提供此类证件
6	出口十联单	这是一套多联单据，包括托运单、运费通知、场站收据等，用于货物的托运、运输过程中的各种确认和费用结算
7	报关手册	记录货物报关所需的详细信息，帮助货运代理公司顺利完成海关手续
8	合同	即买卖双方签订的合同，明确交易条款和条件，如交货时间、付款方式等
9	报价单	由供应商提供的包含商品价格和交易条件的文档，是客户决定是否下单的依据
10	形式发票	一种预备性质的发票，通常在客户确认报价后由业务员制作，用以确认交易细节
11	信用证	在某些交易中使用，由买方的银行出具，是保证按照约定条款支付给卖方的文件

　　这些单证在整个国际货运流程中扮演着至关重要的角色，它们不仅传递了信息，还将各方的权利和义务明确记录下来。因此，确保这些单证的完整和准确是货运代理业务顺利进行的关键。

（二）单证审核的重要性

　　审核货运代理业务中单证的重要性体现在多个层面上，如表3－18所示。

表3－18　审核单证的重要性

序号	重要性	原因分析
1	确保交易顺利进行	单证是国际商业交易的基础，它们不仅是货物运输和交付的关键文件，而且是支付和保险等交易的依据。准确无误的单证能够加快货物的清关速度，避免因文件错误或不一致而导致的法律扣留或延误问题，对于保证交易流程的顺畅和效率至关重要
2	避免法律风险	单证不仅要精确无误，还必须符合国际贸易法规和政策。单证中的错误或疏漏可能导致公司面临罚款、诉讼等法律责任。因此，对单证进行仔细审核是确保企业遵循相关法律框架，避免法律风险的重要步骤
3	优化经营管理	单证审核可以揭示业务流程中的不足，为企业提供改进的机会。通过细致的单证审查，企业可以识别出潜在的瓶颈和效率问题，并据此优化操作流程，提高整体的经营效率
4	财务安全	在国际贸易活动中，单证是完成付款和收款的必要工具。单证的错误可能会导致货物交付延迟，进而影响企业的现金流和财务稳定性。通过严格的单证审核，企业能够确保及时收到货款，降低因单证问题导致的财务损失

续表

学习笔记

序号	重要性	原因分析
5	提升专业信誉	专业的单证处理和审核展现了公司的专业性和可靠性，这在竞争激烈的货运市场中至关重要。客户和合作伙伴都倾向于与那些能够提供准确、高效服务的货运代理合作，而高质量的单证审核流程正是这种专业性的体现
6	提高工作效率	精通单证流程和要求的员工能够更快地完成单证的填写、审核和修改，从而加快业务处理速度，减少等待和延误。这不仅能提高工作效率，还能增强客户满意度，并可能带来更多的业务机会
7	风险管理	货运过程中可能会遇到各种预期和不可预期的风险，例如货物损坏、延误或丢失。准确的单证可以作为发生争议时的证据支持，为风险管理提供一层额外的保障
8	合规性与税务规划	正确的单证是确保货物顺利通关的关键，也是进行税务规划和合规性检查的基础。准确的单证有助于企业遵守不同国家的税收规定，避免因税务问题导致的额外成本

综上所述，单证审核在货运代理业务中扮演着核心角色，它不仅关系着每一笔交易的成功执行，还涉及法律合规、财务管理、经营效率、企业信誉和风险管理等多个层面。货运代理公司应高度重视单证审核工作，将其视为保障服务质量、提升客户满意度、增强市场竞争力的重要环节。

（三）单证审核的依据

审核单证的依据涉及多个层面的标准和规范，如表3-19所示。

表3-19　单证审核的依据

序号	审核内容	具体说明
1	与合同规定是否一致	货物买卖合同是交易的基础，它详细规定了货物的描述、数量、价格、交货期限、运输方式、支付条件等条款。单证审核时，要确保所有文件与合同的要求严格相符，任何偏差都可能导致交易失败或产生争议
2	与信用证条款要求是否一致	在采用信用证支付的贸易中，信用证的条款则是审核单证的核心依据。信用证会详细列出交易所需的单证类型、内容要求以及提交的截止日期。单证上的信息必须与信用证条款完全一致，包括货物描述、金额、装运期限、收货人等，否则银行可能会拒绝支付
3	商品资料信息是否准确无误	商品的实际信息，如品名、型号、数量、重量、包装等，通常由供应商提供，并在商业发票和其他单证中体现。这些信息必须准确无误，以避免货物在清关或交付时出现问题
4	是否符合国际惯例的使用	《国际商会制定的统一惯例》（UCP600）、《国际商会制定的术语解释通则》（INCOTERMS）等文件为单证的审核提供了标准和指导。这些惯例解释了贸易术语、付款方式和单证要求，被广泛认可和使用

序号	审核内容	具体说明
5	是否符号国家政策法规	各国的海关法规、进出口管理条例、外汇管制政策等都是审核单证时需要考虑的法律依据。这些法规确定了单证的合法性和合规性要求，对单证的内容和形式都有影响
6	选用审核方法是否适当	（1）纵向审核法：这种方法是基于信用证或合同的要求，逐项检查单证的内容是否一致，包括对单证的种类、份数、格式、签名、盖章等进行仔细审查； （2）横向审核法：这种方法以商业发票为中心，核对其他单证的信息是否与发票相符，确保单证之间的一致性和逻辑性
7	综合性审核	（1）单证齐全性：检查所需单证是否完整，包括所需的份数和种类； （2）文件认证：某些单证可能需要经过特定的认证过程，如领事认证、商会认证等

以上依据和方法是单证审核的基础，它们共同构成了一个复杂而详尽的审核体系。这个体系不仅确保了单证的准确性和合规性，也为货运代理公司提供了进行风险管理和财务保障的手段。通过严格的单证审核流程，可以最大限度地减少错误和争议的发生，提高交易的效率和安全性，为客户提供高质量的服务，增强公司的市场竞争力。

二、审核托运单

（一）托运单的含义

托运单（Booking Note，B/N）是国际货运代理与客户之间的第一份单据，也是最原始的单据，通常指由托运人根据买卖合同或信用证的有关内容，向承运人或其代理人办理货物运输的书面凭证。简单来说，根据货主的"国际货物托运委托书"，货运代理人以自己名义或以货主名义向承运人申请货物运输"要约"，并在得到承运人或其代理人口头接受要约情况下，以书面"托运单"的纸质文件形式或电子报文形式向承运人订舱托运。

托运单与出口货物代运委托书，一般由货运代理印制提供，也可由托运公司自己印制，格式不尽相同。但涵盖的内容基本一致，主要详细记载托运人对运输要求的具体内容，包括运输方式、运输时间、运量、装运时间、装货港、卸货港、运输支付方式、运输货物细节（货物品名、规格、型号、数量、包装、件数、毛净重、体积等）、收发货人、被通知人、提单份数等。承运人或其代理人一旦对货代托运人的申请订舱给予承诺，则货代与承运人之间关于货物运输合同的法律关系就正式确立，双方的权利和义务即受到约定。对于运输要求的具体内容有了最后确定的"托运单"，须由货代托运人盖章或签字，以示确认。

（二）托运单的审核内容

1. 发货人（Shipper）

托运单的填写人即为发货人。发货人需要填写托运人的中英文名称，字迹要清楚，要对所填写的内容及所提供的有关证明文件的真实性负责，并签字盖章。

2. 收货人（Consignee）

在信用证支付的条件下，对收货人的规定常用以下两种表示方法。

（1）记名收货人。

记名收货人是直接将收货人的名称、地址完整地表示出来的方法。这一方法简单明了，收货人就是合同的买方。但这一方法给单据的买卖流通设下了障碍，即填有记名收货人的单据不能直接转让。因此，记名收货人这一表示方法的使用率较低。

（2）指示收货人。

指示收货人是将收货人以广义的形式表示出来。常用空白指示和记名指示两种表达法。指示收货人掩饰了具体收货人的名称和地址，使单据可以转让。在空白指示（不记名指示、空白抬头）情况下，单据的持有人可自由转让单据；在记名指示情况下，记名人有权控制和转让单据。

指示收货人的方法弥补了记名收货人方法的缺陷.但也给船方通知货方提货带来了麻烦，对此，在实际业务中，相关信息一般在被通知人栏做出补充。

3. 被通知人（Notify Party）

这一栏中应填写被通知人的名称和地址。

被通知人一般由买方或其代理人指定，其职责是及时接收货到通知并转告真实收货人，被通知人需要提供详细的名称和地址，但被通知人不能直接提货。

在填写托运单时，被通知人的信息需要明确具体。如果没有具体的被通知人，可以填写"To order"或者"Same as consignee"。在信用证方式下，应按照信用证的要求填写被通知人；其他方式下则填写买方的名称和地址。

在极少数交易中，可能出现空白收货人栏和被通知人栏的要求，这是因为提出要求的一方准备买卖在途货物。在这种情况下，制作单据时要在副本单据的被通知人栏中填写买方或开证申请人的名称与地址，承运该批货的船方将承担货物实际卖出前的风险。

4. 货物说明（Description of Goods）

这部分主要包括运输标志、重量、货物说明、数量和尺码等，填写要求如表3-20所示。

表3-20 货物说明部分的主要填写内容

序号	内容	填写要求
1	运输标志（Shipping Marks）	一般买卖合同或信用证均规定了唛头。填写这一栏时，要求填写内容和形式与买卖合同或信用证中规定的完全一致；买卖合同和信用证中没有规定的，标记 N/M
2	重量（Gross Weight/Net Weight）	毛重指包括包装材料在内的货物重量；净重指扣除包装材料的货物实际重量。如果一次装运的货物中有几种不同的包装材料或装运的货物完全不同，那么在填写这一栏目时，应先分别计算并填写每一种包装材料或每一种货物的毛重或净重，然后合计全部的毛重和净重。在计算重量时要使用统一的计量单位，常用的计量单位是公吨或千克
3	货物说明（Description of Goods）	这一栏允许只填写统称。例如出口各种用途的化工颜料时，其货物说明无须逐一列出颜料的成分、用途，而只写"化工颜料"；例如，出口尺寸不一、用途各异的竹制品时，只须填写"竹制品"，而无须列出该批货的明细尺码与品名；但是，如果同时出口化工颜料和竹制品，则应分别填写"化工颜料""竹制品"，不允许只填写其中一种数量较多或金额较大的商品

学习笔记

序号	内容	填写要求
4	数量 （Quantity）	托运单中的数量是指最大包装的件数。例如，出口 10 万码花布，分别用粗坯布捆成 100 捆，则填写这个栏目应填写 100 捆而不是 10 万码；如果出口货物有若干种，包装方式和包装材料完全不同，则应先填写每种货物的最大包装件数，再合计总件数，例如：20 个托盘，10 个集装袋，25 个捆包布匹，合计 55 件
5	尺码 （Measurement）	填写一批货的尺码总数，一般使用立方米为单位。货物的总尺码不仅包括各件货物尺码之和，还应包括件与件之间堆放时留出的合理空隙所占的体积。因此，货物的总尺码都略大于货物的尺码数之和

在货物说明的各栏中，毛重、净重和尺码三栏将作为填写装箱单、重量单（Weight Note）的重要依据，因此，填写时不能疏忽大意。

5. 装运条件（Shipping Conditions）

装运条件主要包括分批、转船、装运期、期满日、运费和存货地点，具体如表 3-21 所示。

表 3-21　装运条件主要填写内容

序号	内容	填写要求
1	分批 （Partial Shipment）	这一内容应严格按照合同或信用证条款填写，填写的内容限在"允许""不允许"两者中取一。如果合同或信用证规定分若干批，或对分批有进一步说明，不要将这些说明填入本栏，而应将这些说明填入"特别条款类"栏中
2	转船 （Transhipment）	本栏的填写要求与"分批"栏的填写要求一致，只能在"允许"和"不允许"中取一。如果合同和信用证中对这一内容有其他说明，应在"特别条款类"栏中做补充说明
3	装运期 （Time of Shipment）	在信用证支付条件下，装运期是最重要的期限之一，要严格遵守。 （1）装运期可以全部用阿拉伯数字表示，也可以用英文与阿拉伯数字一起表示，例如，1985 年 5 月 6 日可表示为：6/5/1989，但最好用 MAY 6，1989 表示。 （2）装运期还可以表示为一段时间，例如 1989 年 9—10 月。装运期表示一段时间的，有时表示为：不早于×月×日，不迟于×月×日（Not earlier... and not later than...）；有时表示为：装运期不迟于...（Shipment not later than...），最迟装运期为×年×月×日（Lat-Est shipment...）
4	期满日 （Expiry Date）	指信用证的期满日或信用证有效期。在信用证支付条件下，有效期和装运期有着较密切的关系，因此这两个项目往往先后出现在同一张单据中，以引起各环节经办人员的高度重视和严格执行。 这一栏一般按信用证规定进行填写，但如果装运期空白不填的话，这一栏也可相应空白。空白的原因主要是托运时间距离装运期限、信用证期满日很长。如果填写了，船方可能认为可以不立即安排装运，从而使托运人原定及提早装运的目的落空

续表

序号	内容	填写要求
5	运费	这一栏托运人不填,留给船公司或其代理人填写。船公司或船代在计算运费之后,将应收运费总额填入这一栏中
6	存货地点	这一栏内容用中文填写。填写内容为将出口的货物在出口前的最后一个存放仓库的名称与地点。相关事项类包括托运单号码、托运单日期、船名、提单号码、目的地、提单正本份数、提单副本份数和签署等百个项目

在托运单中,存货地点栏所涉及的内容较多,其中一些核心信息是托运单审核的重点,包括目的地、提单正本和副本数量、签字及运费缴付方式等,相关说明如表 3-22 所示。

表 3-22 存货地点中核心内容示例

序号	内容	填写要求
1	目的地	这一栏内容按信用证规定的目的地填写。填写目的地时要注意世界上的重名港口现象,因此往往要求将目的地所在的国家名称也填写在这一栏中。如果目的地是内陆城市,则应该在这一栏内填写货物卸下最后一艘海轮时所在的港口名称。船方或其代理人计算运费时,是根据托运单的本项内容计算航程的
2	提单正本份数	信用证中一般都会用各种方式表示对提单正本份数的要求。例如,"3 original Bills of Lading"指 3 份正本提单;"original Bills of Lading in 3"指要求 3 份正本提单;"Full set of Bills of Lading"指全套提单,按照惯例解释指 2 份正本提单
3	提单副本份数	指应提供的提单副本的数量,部分信用证中会明确规定
4	签字	在托运单的右下角由经办人签字、出口企业盖章,以表明出票人的身份
5	运费缴付方式	填写"运费到付"(Freight Collect)或"运费预付/已付"(Freight Prepaid),填写两者中的哪一个取决于买卖合同中的价格术语

6. 买方提出的特别条款

买方提出的特别条款来源于信用证有关装运的内容。

如:允许分三批装运(Partial shipments allowed in 3 lots);允许等量分三批装运(Partial shipments allowed in 3 equal quantity)。

如:由广州黄埔经香港转至伦敦(Shipment from HuangPu GuangZhou To London Via HongKong)。

这类由买方提出的特别条款应该一字不漏地填在托运单中,其目的是要求承运人严格履行。

7. 由卖方提出的特别条款

卖方提出的特别条款主要针对船方或其代理人的装运行为,旨在保护受载货物,所以这些特别条款无须征得买方同意或确认。

这类特别条款的内容包括:要求用集装箱装运;要求不与其他货物混杂,要求不被其他重物挤压;要求货物的装卸和摆放不倒置等。

在目前的对外出口业务中,卖方提出的特别条款大都用中文填写,这样不仅可以引人注意,也可以避免由于语言障碍造成延误和损失。

学习笔记

随堂讨论

1. 在审核托运单的过程中，有哪些审核要点？
2. 托运单与签订的货运代理合同、国际货物托运委托书有何异同？

同步测试

同步测试项目三任务三

拓展资料

拓展任务

单证审核常见问题汇总

　　某票货物的信用证的相关内容如图3-3所示。请你根据已有信息，制作集装箱货物托运单，托运单如表3-23所示，托运单要求格式清楚、内容完整。

ISSUING BANK:	FIRST ALABAMA BANK
	106 ST. FRANCIS STREET MOBILE ALABAMA 36602 USA
BENEFICIARY:	XIAMEN YINCHENG ENTERPRISE GENERAL CORP
	176 LUJIANG ROAD XIAMEN, CHINA
	TELEX: 93052 IECTA CN,TEL: 86-592-2046841
	FAX: 86-592-2020396
APPLICANT:	BAMA SEA PRODUCTS. INC
	1499 BEACH DRIVE S.E.ST PELERSBURG. FL 33701,USA
ADVISING BANK:	THE BANK OF EAST ASIA LIMITED XIAMEN BRANCH
	G/F & 1/F HUICHENG BUILDING 837 XIAHE ROAD, XIAMEN, CHINA
	TELEX: 93132 BEAXM CN FAX: 86-592-5064980
DATE:	AUGUST 1, 2024
FORM OF DC:	IRREVOCABLE L/C AT SIGHT
AMOUNT:	USD 170,450.00
PARTIAL SHIPMENT:	PERMITTED
TRANSSHIPMENT:	PERMITTED ONLY FROM XIAMEN CHINA FOR TRANSPORTATION TO LONG BEACH, CA. USA. WITH FINAL PORT OF DESTINATION TAMPA, FL, USA.
SHIPMENT CONSISTS OF:	34000KGS CHINESE SAND SHRIMP OR BIG HARD SHELL SHRIMP.BLOCK FROZEN SHRIMP (PTO), PACKED 6X2KGS/CTN.（RAW, PEELED, TAIL ON）
CONSISTING OF:	CONSISTING OF:

KGS.	SIZE（MM）	UNIT	PRICE(/KGS)
3000	71/90	USD6.60	USD19800.00
5000	91/110	USD6.35	USD31750.00
6000	111/130	USD5.45	USD32700.00
8000	131/150	USD4.55	USD36400.00
12000	151/200	USD4.15	USD49800.00

TOTAL:AMOUNT OF USD170450.00 CFR TAMPA FL. U.S.A. THE LATEST SHIPMENT DATE IS AUGUST 31. 2024

DOCUMENTARY REQUIREMENTS:	1)FULL SET（3/3）CLEAN ON BOARD COMBINED TRANSPORT BILLS OF LADING CONSIGNED TO THE ORDER OF BAMA SEA PRODUCTS INC.,1499 BEACH DRIVE S.E., ST, PELERSBURG,FL.33701 MARKED"FREIGHT PREPAID"NOTIFYING WILLIAMS CLARKE, INC., 603 NORTH FRIES AVENUE, WILMINGTON, CA 90744,USA. AND MUST INDICATE CONTAINER(S) NUMBER AND STATE THAT CONTAINER(S) HAS BEEN MAINTAINED AT ZERO DEGREES FAHRENHEIT OR BELOW. IF COMBINED TRANSPORT BILL OF LADING IS PRESENTED, MUST BE INDICATE VESSEL NAME. 2)BILLS OF LADING MUST ALL FREIGHT CHARGES PREPAID, INCLUDING FUEL ADJUSTMENT FEE

图3-3　信用证的相关内容

任务说明：

该票货物在信用证项下的货物交接方式为 CY—CY，整批货被装在 2 个 20 尺的集装箱内，编号分别为 EASU982341、EART520142，由 YINHU A3032 号船于 8 月 30 日装运出海。该批货物的合同号为 BEIT0112。

该批货物的其他信息为：体积 66.4 立方米，每个纸箱重 0.15 千克，毛重 34 433.1 千克。该批货物总共 2 834 箱。该批货物需冷藏。

表 3 - 23　集装箱货运托运单

SHIPPER（发货人）				D/R NO.（编号）	
CONSIGNEE（收货人）					
NOTIFY PARTY（被通知人）					
PRE – CARRIAGE BY（前程运输）	PLACE OF RECEIPT（收货地点）			集装箱货物托运单	
OCEAN VESSEL（船名）	VOY No.（航次）	PORT OF LOADING（装货港）			
PORT OF DISCHARGE（卸货港）	PLACE OF DELIVERY（交货地点）		FINAL DESTINATION（目的地）		
Container No.（集装箱号）	Seal No. Marks &No.（封志号唛头）	No. of Containers or Packages（箱数或件数）	Kind of Packages；Description of Goods（包装种类与货名）	Gross Weight 毛重（千克）	Measurement 尺码（立方米）
TOTAL NUMBER OF CONTAINERS OR PACKAGES（IN WORDS）集装箱数或件数合计（大写）					
Freight&Charges（运费与附加费）	Revenue Tons（运费吨）	Rate（运费率）	Per（每）	Prepaid（运费预付）	Collect（运费到付）
Ex. Rate：（兑换率）	Prepaid at（预付地点）		Payable at（到付地点）		Place of Issue（签发地点）
	Total Prepaid（预付总额）		No. of Original B（s）/L（正本提单份数）		

学习笔记

Service Type on Receiving □ – CY □ – CFS □ – DOOR	Service Type on Delivery □ – CY □ – CFS □ – DOOR	Reefer – Temperature required（冷藏温度）	F	C
TYPE OF GOODS（种类）	□ – Ordinary 普通　□ – Reefer 冷藏　□ – Dangerous 危险品　□ – Auto 裸装车辆 □ – Liquid 液体　□ – Live Animal 活动物 □ – Bulk 散货　□ – _____		危险品	Class： Property： IMDG Code Page： Un No.

可否转船：	可否分批：	
装运期：	有效期：	
金额：		
制单日期：		

任务四　预订舱位

任务挑战

杨帆需要根据客户要求进行订舱。请你根据客户的托运单和其他文件资料，综合考虑船运公司的服务质量和价格，选择最合适的船运公司，并协商最佳的运输条款和条件，帮助杨帆完成订舱。

知识正文

一、常见订舱方式

在国际货物运输和交付的过程中，海运方式下，如货物的数量较大，可以洽租整船甚至多船来装运，这就是"租船（Charter）"；如果货物量不大，则可以租赁部分舱位来装运，这就是"订舱（Book Shipping Space）"。

对于国际贸易的大部分业务来说，订舱通常是指班轮订舱，是货物托运人或其代理人根据具体需要，选定适当的船舶向承运人（通常为班轮公司或它的营业机构）以口头或订舱函电进行预约洽订舱位装货、申请运输，承运人对这种申请给予承诺的行为。

货代公司在订舱时通常会采取以下几种方式，如表3-24所示。

表3-24　常见订舱方式

序号	订舱方式	分析
1	书面订舱	书面订舱是传统的订舱方式，需要填写订舱单，可能是订舱代理指定的托运单格式或非指定格式。在书面订舱过程中，货代公司会收到船东或货代的订舱确认单，然后将其上的相关船东或货代的资料删除，仅注明客服/单证联系人员的电话、传真以及 E-mail 地址，再将订舱确认单传真给客户
2	电子订舱	电子订舱已越来越普遍。货代公司可以通过电子邮件或专门的在线订舱系统进行订舱，这种方式更加快速和高效
3	报价系统订舱	客户首先向货代询价，货代提供报价后，客户发出订舱委托书。货代公司审单后，将订舱委托书发送给船公司，船公司回发订舱确认书。货代公司审核后，将订舱确认书发给客户，完成订舱流程
4	电话订舱	在某些紧急情况下，货代公司可能会通过电话直接与船公司或一级代理沟通，以快速完成订舱
5	网络平台订舱	一些货代公司可能会使用第三方的网络平台进行订舱，这些平台提供了多种航线的服务选择
6	配船指南订舱	货代业务员根据不同船东或货代的操作规定，按照配船指南为所提供的各条航线服务进行订舱
7	多级代理订舱	二级代理会向一级代理订舱，而一级代理再向承运人订舱；也存在一级代理向二级代理订舱的情况，这取决于每家公司的优势航线

总的来说，货代公司的订舱方式多种多样，每种方式都有其适用的场景和优势。货代公司应根据具体情况和客户需求选择最合适的订舱方式，以确保货物能够顺利运输。

各种订舱方式的适用场景、优缺点如表 3 - 25 所示。

表 3 - 25　常见订舱方式的优缺点

序号	订舱方式	优点	缺点
1	书面订舱	能提供明确的书面记录，便于双方确认和追溯。在传统的国际贸易中被广泛接受	流程烦琐，耗时较长，且容易因手工操作导致错误
2	电子订舱	速度快，减少了人为错误，提高了效率和准确性	需要相关技术支持，可能涉及系统兼容性问题
3	报价系统订舱	可以提供多个选项，有利于成本控制和选择最优运输方案	流程较为复杂，需要额外的询价和比价时间
4	电话订舱	响应速度快，能够即时解决问题	缺乏书面记录，可能会导致信息误解或遗漏
5	网络平台订舱	用户可以在任何时间自助服务，操作简便，实时性好	可能存在网络安全风险，对于不熟悉电子设备的用户来说，需要一定的学习时间
6	配船指南订舱	可以根据不同航线服务进行专业定制	需要对不同船东或货代的操作规定有一定了解
7	多级代理订舱	可以灵活运用不同代理的资源，满足特殊需求	增加了沟通环节，可能导致信息传递不畅

每种订舱方式都有其独特的适用场景和优缺点。货代公司在选择订舱方式时，应考虑货物的紧急程度、成本控制、客户需求以及自身的技术能力等因素，以实现高效、经济的货物运输。

二、申请订舱

货运代理公司申请订舱的过程通常涉及以下详细步骤，如表 3 - 26 所示。

表 3 - 26　一般申请订舱流程

序号	订舱步骤	具体说明
1	需求分析与准备	货运代理首先需与客户进行深入沟通，了解货物的详细情况，包括货物种类、尺寸、重量、包装要求、起运港和目的港等。同时，需了解客户的特殊要求，如船期、运输条款（FOB、CIF 等）、付费条款以及其他附加服务（如保险、门到门服务）。再根据货物特性及客户需求，选择适合的承运人或船东，获取最新的航班和舱位信息
2	填写订舱单	准备好完整且准确的订舱信息后，货运代理需要根据所选承运人或船东的要求，填写订舱单。订舱单通常包含货物详细信息、托运人和收货人信息、起运港和目的港、船名/航次、预计开航日、运输条款、付费条款等。如果承运人或船东未提供特定格式，可以使用通用的订舱格式

续表

视频：
填写订舱单

序号	订舱步骤	具体说明
3	审核订舱信息	在提交订舱申请之前，货运代理应该对填写的订舱单进行仔细的审核，确保所有信息准确无误，避免因错误信息导致的后续问题。要重点检查货物描述、数量、体积、重量以及运输路线等信息，确保符合客户要求及承运人规定的订舱规则
4	提交订舱申请	审核无误后，将订舱单提交给承运人或船东。提交的方式有多种，包括电子邮件、承运人的在线订舱系统、直接联系承运人的销售代表或通过合作的货代网络等。对于一些大型货运代理公司，它们可能有自己的专用电子系统与承运人系统
5	获取订舱确认	提交申请后，承运人或船东会进行审核，并在舱位确认后发放订舱确认单（S/O，Shipping Order）。货运代理收到 S/O 后，应再次核对上面的信息是否与订舱单一致，要特别注意船名、航次、装箱日期和截止时间等关键信息。确认无误后，将 S/O 转发给客户，让客户准备后续的装箱和报关工作
6	安排后续事宜	一旦客户获得 S/O，货运代理需与客户紧密合作，协助安排后续的物流步骤，如拖车、装箱、报关等。若客户委托货运代理完成这些工作，代理公司需提前预定拖车，并与堆场和海关协调，确保装箱和清关顺利进行
7	跟踪服务与反馈	在货物装箱运输过程中，货运代理需持续跟踪货物状态，及时更新给客户，并在必要时处理突发状况。同时收集客户反馈，以优化未来的服务

在整个申请订舱的过程中，货运代理公司作为客户与承运人之间的桥梁，不仅要保证订舱流程的顺畅，还需确保货物安全、准时到达目的地。这就要求货运代理公司具备专业的操作知识，熟悉航运市场的动态，并能够灵活应对各种突发状况。此外，与客户的沟通也至关重要，因为只有充分了解了客户需求，才能提供更为精准和满意的服务。

随堂讨论

1. 请你根据不同订舱方式的优缺点，谈一谈不同的订舱方式适合什么样的业务情境。
2. 请你谈谈订舱确认书的必要性。

同步测试

拓展资料

拓展任务

同步测试项目三任务四

订舱确认（Booking Confirmation）

请为客户制作一份订舱确认书。确认书模板如表 3－27 所示。

表3－27　订舱确认书参考模板

订舱确认书

尊敬的客户，

非常感谢您选择我们的航运服务。我们很高兴地通知您，您的订舱请求已经确认。

下面是订舱确认的详细信息：

－客户姓名：［客户姓名］

－货物描述：［货物描述］

－装货日期：［装货日期］

－装货地点：［装货地点］

－卸货日期：［卸货日期］

－卸货地点：［卸货地点］

－船舶名称：［船舶名称］

－航线：［航线］

－集装箱箱号：［集装箱箱号］

－支付方式：［支付方式］

－联系人姓名：［联系人姓名］

－联系人电话：［联系人电话］

－联系人邮箱：［联系人邮箱］

请注意，以上信息仅供参考，并可能根据实际情况进行调整。我们将定期与您保持联系，确保您的货物顺利运输。如果您对上述信息有任何疑问或需要进一步的帮助，请随时与我们联系。

再次感谢您选择我们的航运服务。我们期待着与您合作，为您提供卓越的服务。

祝您一切顺利！

项目评价

项目三学习评价量表

评价项目	评价内容	评价标准					评价方式		
		优 (90~100)	良 (80~89)	中 (70~79)	及格 (60~69)	不及格 (0~59)	自评	互评	师评
学习态度	1. 学习目标明确，重视学习过程的反思，积极优化学习方法； 2. 具备持之以恒的学习习惯； 3. 保质保量按时完成作业	积极、热情、主动	积极、热情、但欠主动	学习态度一般	学习态度较差	学习态度很差			
学习方式	1. 学生个体的自主学习能力强，会倾听、思考、表达和质疑； 2. 学生普遍有浓厚的学习兴趣，学习参与度高； 3. 学生之间能够合作学习，并在合作中分工明确地进行有序和有效的探究；	自主学习能力强，会倾听、思考、表达和质疑	自主学习能力较强，会倾听、思考、表达	自主学习能力一般，会倾听	自主学习能力较差，不会思考	自主学习能力很差，不会思考			

学习笔记

评价项目	评价内容	评价标准					评价方式		
		优 (90~100)	良 (80~89)	中 (70~79)	及格 (60~69)	不及格 (0~59)	自评	互评	师评
学习方式	4. 学生在学习中能自主反思，发挥求异、求新的创新精神，积极地提出问题和讨论问题								
参与程度	1. 认真参加课程的线上学习活动，积极思考，善于发现问题，勇于解决问题； 2. 积极参加头脑风暴、主题讨论、提问等活动； 3. 积极参加线下实践活动等	积极思考，善于发现问题，勇于解决问题，表达能力强	积极思考，善于发现问题，勇于解决问题	能发现问题，但解决问题能力一般	参与意识较差，不够积极主动	缺乏参与意识，不积极主动			
合作意识	1. 积极参加合作学习，勇于接受任务、敢于承担责任； 2. 有小组合作意识，能够在合作中取长补短，共同提高； 3. 乐于助人，积极帮助学习有困难的同学	合作意识强，组织能力好，能与他人共同提高，有学习效果	能与他人合作，并积极帮助有困难的同学	有合作意识，但总结能力不强	不能很好地与他人合作学习	完全不能与他人合作学习			
知识和技能的应用	1. 掌握招投标一般流程、签订协议、订舱及订舱审核的核心知识； 2. 熟练运用所学知识完成实训模拟任务； 3. 提高根据实际情况处理国际货运中可能出现的问题的综合能力	能很灵活地运用知识解决问题	能较灵活地运用知识解决问题	应用知识解决问题的能力一般	解决实际问题的能力较差	解决实际问题的能力很差			
其他	1. 情感、态度、价值观的转变； 2. 综合素养水平的发展	学习态度、综合素养水平有很大提高	学习态度、综合素养水平有较大提高	学习态度、综合素养水平有些提高	无明显发展	无任何发展			
合计									
平均分									
综合得分（自评10%＋互评30%＋师评60%）									

项目四　出口报关

引思明理

为宁波口岸新能源汽车出口添砖加瓦

近年来，中国新能源汽车产业发展稳中向上，国际市场竞争力不断提升，中亚、中东和东欧等地区消费者对购买中国新能源汽车十分"热衷"。随着新能源汽车出口需求攀升，宁波新能源车企"出海"步伐不断加快。

为支持新能源汽车出口，宁波海关成立工作专班，以深入实施"地瓜经济"提能升级"一号开放工程"为契机，积极落实相关要求，支持宁波打造一流的新能源汽车区域出口集散地，助力宁波打造万亿级新能源汽车之城，建立解决新能源汽车出口问题的配合机制，从软硬件两方面发力整合统筹优势资源。

一方面，开展通关便利化政策，宁波海关引导企业叠加使用"提前申报"等便利措施，探索新能源汽车出口"提前申报—货到放行—抵港直装"通关模式，打通新能源汽车出口通关瓶颈。另一方面，宁波海关加强智慧物流建设，升级视频监控设备，提升卡口智能化水平，实时掌握出口新能源汽车装箱情况，以嵌入式顺势监管方式，使新能源汽车出口通关效率进入"读秒时代"。

宁波海关还根据企业的现实需求，主动沟通商务、交通等部门，创新打造"一站式"监管模式。该模式下，出口的新能源汽车在专业汽车作业场地完成海关查验、装箱等一系列流程后，即转场至集装箱码头完成出运。利用集装箱码头丰富的航线资源，新能源汽车出口效率快速提升。

资料来源：张芳芳，鲍雨菲，陈冰. 宁波海关助力新能源汽车扬帆"出海"［J］. 宁波通讯，2024，（05）：33－34. DOI：10. 16710/j. cnki. cn33－1272/d. 2024. 05. 016，有删改

党的二十大报告指出："转变政府职能，优化政府职责体系和组织结构，推进机构、职能、权限、程序、责任法定化，提高行政效率和公信力。"货运代理行业的发展受益于政府行政效率的不断提高，在依法依规报关报检的过程中，政府始终坚持以人民利益为重，致力于满足人民对未来美好生活的追求。

📖 项目情境

　　杨帆已经顺利完成托运订舱工作，家乡的产品很快便通过海运、陆运、海陆联运等多种形式，以最快捷合理的货运方式实现了出口海外的目标。每一次货物的运输都承载了家乡亲人们的殷切期盼，杨帆也为乡村振兴的发展注入了自己的青春力量和智力支持。在业务办理过程中，杨帆代理的货物必须按照规定向海关进行出口申报，并填制出口报关单。但杨帆对于申报货物的基本要求和如何填写出口报关单并不了解，因此他正在学习报关报检的相关知识。假如你是杨帆，你将如何进行货物的一般申报和特殊申报？如何根据货物报关单的分类，准确填写不同类型的报关单呢？

📝 项目目标

知识目标

1. 了解海关的性质。
2. 熟悉海关的任务与权力。
3. 理解出口集装箱货物申报程序。
4. 掌握出口集装箱货物报关单填制方法。

技能目标

1. 能够为出口集装箱货物向海关办理申报手续。
2. 能够正确缮制出口集装箱货物的出口货物报关单。

素质目标

1. 培养学生的合规意识。
2. 提高学生的法律意识。

任务一　出口货物报关

任务挑战

　　现有一家玩具制造公司准备向欧洲出口一批毛绒玩具，该玩具制造公司委托杨帆所在的国际货运代理公司办理相关国际海运业务。请你帮杨帆分析：在向海关申报出口时，需要提供哪些报关文件？请根据分析结果完成报关文件清单，如表4-1所示。

表4-1　报关文件清单

序号	文件名称	内容要求
1	商业发票	详细列明电子产品的名称、数量、单价、总价等信息。这是报关的基础文件，用于证明货物的价值和交易的真实性
2		
3		
4		
5		
6		
7		
8		

知识正文

　　国际交流和交往活动往往是通过运输工具、货物、物品和人员的进出境来实现的。《中华人民共和国海关法》（以下简称《海关法》）规定："进出境运输工具、货物、物品，必须通过设立海关的地点进境或者出境。"因此，由设立海关的地点进出境并办理规定的海关手续是运输工具、货物、物品进出境的基本规则，也是进出境运输工具负责人、进出境货物收发货人、进出境物品的所有人应履行的一项基本义务。

一、关务基础知识

（一）报关的概念

　　报关是指进出口货物收发货人、进出境运输工具负责人、进出境物品的所有人或者他们的代理人，以及出入境人员向海关办理货物、物品、运输工具进出境手续及相关海关事务的过程，包括向海关申报、交验单证，并接受海关的监管和检查等。

（二）报关的分类

　　根据办理报关业务时所涉及的报关对象、报关目的及报关行为性质的不同，可以进行不同分类。

1. 根据报关对象分类

根据报关对象的不同，可分为运输工具报关、货物报关、物品报关等。由于海关对进出境运输工具、货物、物品、快件，以及跨境贸易、电子商务、零售商品的监管要求各不相同，故需履行的具体手续也各不相同。

其中，进出境运输工具作为货物人员及其携带物品的进出境载体，其报关主要是向海关直接交验随附的符合国际商业运输惯例的，能反映运输工具进出境合法性的，以及其所承运货物物品情况的合法证件、清单和其他运输单证，其报关手续较为简单。

进出境货物的报关则较为复杂，为此，海关根据对进出境货物的监管要求，制定了一系列报关管理规范，并要求必须由具备一定的专业知识和技能的报关人员作为代表，向报关单位专门办理报关业务。

进出境物品由于其非贸易性且一般限于自用、合理数量，报关手续相对简单。

进出境快件是货物、物品进出境的一种特殊形式，主要由运营人负责，根据快件性质的不同，分别进行报关。

跨境贸易、电子商务、零售商品是不同交易主体间的国际商业活动，由跨境贸易、电子商务平台企业或跨境贸易、电子商务企业、境内代理人、支付企业、物流企业负责报关。

此外，出入境人员必要时需在出入境口岸向海关进行健康申报，校验健康证书、预防接种证书，配合海关进行流行病学调查、医学排查、传染病监测和检疫等。

2. 根据报关目的分类

根据报关目的的不同，可分为进境报关和出境报关。对于运输工具、货物、物品的进境和出境，海关分别制定了不同的管理规定。

3. 根据报关行为性质分类

根据报关行为性质的不同，可分为自理报关和代理报关。进出境运输工具、货物、物品的报关是一项专业性较强的工作，进出境货物的报关尤为复杂，一些运输工具负责人、进出口货物收发货人或者物品所有人由于经济、时间、地点等方面的原因，不能或者不愿意自行办理报关手续，选择委托代理人代为报关，从而形成了自理报关和代理报关两种报关类型。

《海关法》对接受进出境物品所有人的委托代为办理进出境物品报关手续的代理人没有特殊要求，但对于接受进出口货物收发货人的委托代为办理进出境货物报关手续的代理人有明确的规定。因此，我们通常所说的自理报关和代理报关，主要是针对进出境货物的报关而言的。

（三）报关管理机构

《海关法》以法律形式明确了中华人民共和国海关是报关的管理机构，《海关法》第二条规定：“中华人民共和国海关是国家的进出关境（以下简称进出境）监督管理机关。海关依照本法和其他有关法律、行政法规，监管进出境的运输工具、货物、行李物品、邮递物品和其他物品（以下简称进出境运输工具、货物、物品），征收关税和其他税、费，查缉走私，并编制海关统计和办理其他海关业务。”

国家在对外开放的口岸和海关监管业务集中的地点设立海关。国务院设立海关总署，统一管理全国海关，但海关的隶属关系不受行政区划的限制。海关依法独立行使职权，向海关总署负责。海关可以行使下列权力。

（1）检查进出境运输工具，查验进出境货物、物品；对违反《海关法》或者其他有

学习笔记

视频：
报关与
报检的关系

关法律、行政法规的，可以扣留。

（2）查阅进出境人员的证件；查问违反《海关法》或者其他有关法律、行政法规的嫌疑人，调查其违法行为。

（3）查阅、复制与进出境运输工具、货物、物品有关的合同、发票、账册、单据、记录、文件、业务函电、录音录像制品和其他资料；对其中违反《海关法》或者其他有关法律、行政法规的进出境运输工具、货物、物品，可以扣留。

（4）在海关监管区和海关附近沿海沿边规定地区，检查有走私嫌疑的运输工具和有藏匿走私货物、物品嫌疑的场所，检查走私嫌疑人的身体；对有走私嫌疑的运输工具、货物、物品和走私犯罪嫌疑人，经直属海关关长或者其授权的隶属海关关长批准，可以扣留；对走私犯罪嫌疑人，扣留时间不超过二十四小时，在特殊情况下可以延长至四十八小时。

在海关监管区和海关附近沿海沿边规定地区以外，海关在调查走私案件时，对有走私嫌疑的运输工具和除公民住处以外的有藏匿走私货物、物品嫌疑的场所，经直属海关关长或者其授权的隶属海关关长批准，可以进行检查，有关当事人应当到场；当事人未到场的，在有见证人在场的情况下，可以径行检查；对其中有证据证明其走私嫌疑的运输工具、货物、物品，可以扣留。

（5）在调查走私案件时，经直属海关关长或者其授权的隶属海关关长批准，可以查询案件涉嫌单位和涉嫌人员在金融机构、邮政企业的存款、汇款。

（6）进出境运输工具或者个人违抗海关监管逃逸的，海关可以连续追至海关监管区和海关附近沿海沿边规定地区以外，将其带回处理。

（7）海关为履行职责，可以配备武器。海关工作人员佩带和使用武器的规则由海关总署会同国务院公安部门制定，报国务院批准。

（8）法律、行政法规规定由海关行使的其他权力。

（四）报关单位

1. 报关单位的概念及类型

报关单位是指在海关备案，可以在中华人民共和国关境内办理报关业务的境内法人或其他组织。《海关法》第十一条规定："进出口货物收发货人、报关企业办理报关手续，应当依法向海关备案。"这一规定明确了只有当有关的法人或组织向海关备案后，其相应单位才能成为报关单位，方能从事有关的报关活动。报关单位包括进出口货物收发货人和报关企业。

进出口货物收发货人是指依法直接进口或者出口货物的中华人民共和国关境内的法人、其他组织或者个人。一般而言，进出口货物收发货人指的是依法向国务院对外贸易主管部门（即商务部）或者其委托的机构办理备案登记的对外贸易经营者。除法律、行政法规、部门规章规定不需要备案登记的，对外贸易经营者未依法办理备案登记的，海关不予办理其货物进出境海关手续。

报关企业是指依法经海关准予备案，接受进出口收发货人的委托，以进出口货物收发货人的名义，或者以自己的名义向海关办理代理报关业务，从事报关服务的中华人民共和国境内的企业法人。我国从事报关服务的报关企业主要有两类：一类是经营国际货物运输代理等业务，经营进出口货物代理报关业务的国际货物运输代理公司等；另一类是主营代理报关业务的报关公司或报关行。

2. 报关单位的备案管理

报关单位申请备案时,应当向海关提交《报关单位备案信息表》。经海关审核备案材料齐全、符合报关单位备案要求的,海关应当在三个工作日内予以备案。备案信息应当通过中国海关企业进出口信用信息公示平台进行公布。报关单位要求提供纸质备案证明的,海关应当提供。

报关企业进出口货物收发货人申请备案的,应当取得市场主体资格。其中,进出口收发货人申请备案的,还应当取得对外贸易经营者备案。报关企业进出口收发货人已办理报关单位备案的,其分支机构也可以申请报关单位备案。海关可以对报关单位备案情况进行监督和实地检查,依法查阅或者要求报关单位报送有关材料,报关单位应当配合并如实提供有关情况和材料。

二、进出境货物向海关申报的一般规定

(一) 申报的含义

申报是指进出口货物收发货人、受委托的报关企业,依照《海关法》及有关法律、行政法规和规章的要求,在规定的期限、地点,通过电子数据报关单或纸质报关单,向海关报告实际进出口货物的情况,并且接受海关审核的行为。

(二) 申报的适用

除另有规定外,进出口货物收发货人或者其委托的报关企业,可以就各类进出口货物向海关办理申报手续。

(三) 申报的实施方式

进出口货物收发货人可以自行向海关申报,也可以委托报关企业向海关申报。

(四) 报关单位的登记注册及基本责任

向海关办理申报手续的进出口货物收发货人、受委托的报关企业应当预先在海关依法办理登记注册。进出口货物收发货人、受委托的报关企业应当依法如实向海关申报,对申报内容的真实性、准确性、完整性和规范性承担相应的法律责任。

(五) 申报的形式

申报形式包括电子数据报关单证申报形式和纸质报关单证申报形式。电子数据报关单证和纸质报关单证均具有法律效力。

1. 电子数据申报

电子数据报关单证申报形式是指进出口货物收发货人、受委托的报关企业通过计算机系统,按照《中华人民共和国海关进出口货物报关单填制规范》(以下简称《报关单填制规范》)的要求,向海关传送报关单电子数据及随附单证电子数据的申报方式。

2. 纸质单证申报

纸质报关单证申报形式是指进出口货物收发货人、受委托的报关企业按照海关的规定填制纸质报关单并备齐随附单证,向海关当面递交的申报方式。

3. 两种申报形式的使用

目前,全国海关的全部通关业务现场已全面施行通关作业无纸化申报。"通关作业无

视频:
货物报关

学习笔记

纸化"是指海关以企业分类管理和风险分析为基础，按照风险等级对进出口货物实施分类，运用信息化技术改变海关核验进出口企业递交纸质报关单及随附单证办理通关手续的做法，直接对企业通过"单一窗口"录入申报的报关单及随附单证的电子数据进行无纸审核、验放处理的通关作业方式。

根据《关于修改进出口货物报关单和进出境货物备案清单格式的公告》（海关总署公告 2018 年第 61 号）的规定，从 2018 年 8 月 1 日起，报关单从原来的竖版改为横版，同一时间开始，全国使用"单一窗口"进行申报。

（六）报关人员的海关备案

为进出口货物收发货人、受委托的报关企业办理申报手续的人员，应当是在海关备案的报关人员。

三、进出境货物向海关申报的基本要求

（一）申报期限

1. 进口申报期限

进口货物收货人、受委托的报关企业应当自运输工具申报进境之日起 14 日内，向海关申报。

进口转关运输货物收货人、受委托的报关企业应当自运输工具申报进境之日起 14 日内，向进境地海关办理转关运输手续，有关货物应当自运抵指运地之日起 14 日内向指运地海关申报。

2. 出口申报期限

出口货物发货人、受委托的报关企业应当在货物运抵海关监管场所后、装货的 24 小时以前向海关申报。

3. 进口滞报金

进口货物收货人超过规定期限向海关申报的，由海关征收滞报金。进口货物滞报金按日计征，日征收金额为进口货物完税价格的 0.5‰，以人民币"元"为计征单位，不足人民币 1 元的部分免予计收。滞报金的起征点为人民币 50 元。

（二）申报日期

进出口货物收发货人或其代理人的申报数据自被海关接受之日起，其申报的数据就产生法律效力，即进出口货物收发货人或其代理人应当承担"如实申报""如期申报"的法律责任。

1. 申报日期的含义

申报日期是指申报数据被海关接受的日期。不论以电子数据报关单证方式申报还是以纸质报关单证方式申报，海关以接受申报数据的日期为申报日期。

2. 正常情况下的申报日期

以电子数据报关单证方式申报的，申报日期为海关计算机系统接受申报数据时记录的日期，该日期将反馈给原数据发送单位，或者公布于海关业务现场，或者通过公共信息系统发布。

3. 集中申报的申报日期

收发货人办结集中申报海关手续后，海关按集中申报进出口货物报关单签发报关单证

明联。"进出口日期"以海关接受报关单申报的日期为准。

4. 修改退单并重新申报的申报日期

电子数据报关单经过海关计算机检查被退回的，视为海关不接受申报。对此，进出口货物收发货人、受委托的报关企业应当按照要求修改电子数据报关单后重新申报，申报日期为海关接受重新申报的日期。

海关已接受申报的报关单电子数据，经人工审核确认需要退回修改的，进出口货物收发货人、受委托的报关企业应当在 10 日内完成修改并且重新发送报关单电子数据，申报日期仍为海关接受原报关单电子数据的日期；超过 10 日的，原报关单无效，进出口货物收发货人、受委托的报关企业应当另行向海关申报，申报日期为海关再次接受申报的日期。

（三）申报的地点

全国海关通关作业一体化作业模式全面启动后，消除了申报关区限制，除某些特殊情况外，进出口企业可在任一海关进行报关，即企业可根据实际需要，自主选择在货物进出的口岸海关或企业属地海关申报并办理相应的进出口手续。

1. 在口岸海关申报

即报关单位向货物实际进出境地海关办理申报并办理相应的进出口手续，若货物涉及查验，由货物进出境地海关实施。

2. 在属地海关申报

即报关单位向企业主管地海关办理申报及相应的进出口手续，货物在口岸海关实际进出境。若货物涉及查验，由货物实际进出境的口岸海关实施。

3. 特殊情况下的申报地点

（1）指定海关申报

经电缆、管道或其他特殊方式进出境的货物，进出口货物收发货人或其代理人应向指定海关定期申报，该申报地亦适用于有特殊需要的进出口企业。若货物涉及查验，由货物实际进出境的口岸海关实施。

（2）在货物所在地的主管海关申报

以保税货物、特定减免税货物和暂准进境货物申报进境的货物，因故改变使用目的从而改变性质转为一般进口时，进口货物收货人或其代理人应当向货物所在地的主管海关申报，并办结相应的进口手续。

（四）报关企业的申报责任

1. 凭授权委托书在授权范围报关

报关企业接受进出口货物收发货人委托，以自己的名义或者以委托人的名义向海关申报的，应当向海关提交由委托人签署的授权委托书，并且按照委托书的授权范围办理有关海关手续。

2. 与收发货人签订报关委托协议

报关企业接受进出口货物收发货人委托为其办理报关手续的，应当与进出口货物收发货人签订有明确委托事项的委托协议，进出口货物收发货人应当向报关企业提供委托报关事项的真实情况。

3. 接受报关委托应审查的内容

报关企业接受进出口货物收发货人的委托，办理报关手续时，应当对委托人所提供情况的真实性、完整性进行合理审查，审查内容如下。

（1）证明进出口货物实际情况的资料，包括进出口货物的品名、规格、用途、产地、贸易方式等。

（2）有关进出口货物的合同、发票、运输单据、装箱单等商业单据。

（3）进出口所需的许可证件及随附单证。

（4）海关总署规定的其他进出口单证。

4. 报关企业接受报关委托应承担的法律责任

报关企业未对进出口货物收发货人提供情况的真实性、完整性履行合理审查义务或者违反海关规定申报的，应当承担相应的法律责任。

（五）申报的修改和撤销

海关接受进出口货物申报后，报关单证及其内容不得修改或者撤销。符合规定情形的，应当按照进出口货物报关单修改和撤销的相关规定办理。

1. 进出口货物收发货人或其代理人申请修改或撤销

有以下情形之一的，进出口货物收发货人或其代理人可以通过"单一窗口"向原接受申报的海关办理进（出）口货物报关单修改或者撤销手续。

（1）出口货物放行后，由于装运、配载等原因造成原申报货物部分或者全部退关、变更运输工具的。

（2）进出口货物在装载、运输、存储过程中发生溢短装，或者由于不可抗力因素造成灭失、短损等，导致原申报数据与实际货物不符的。

（3）由于办理退补税、海关事务担保等其他海关手续而需要修改或者撤销报关单数据的。

（4）根据贸易惯例先行采用暂时价格成交，实际结算时按商检品质认定或者国际市场实际价格付款方式需要修改申报内容的。

（5）已申报进口货物办理直接退运手续，需要修改或者撤销原进口货物报关单的。

（6）由于计算机、网络系统等技术原因，导致电子数据申报错误的。

发生上述情形及由于报关人员操作或者书写失误，造成申报内容需要修改或者撤销的，进出口收发货人或其代理人应当向海关提交进（出）口货物报关单修改撤销表及相应的证明材料。

2. 海关发现并通知修改或者撤销进（出）口货物报关单

海关发现进（出）口货物报关单需要修改或者撤销的，会采取以下方式主动要求进出口货物收发货人或其代理人进行修改或者撤销，进出口货物收发货人或其代理人应按下列办法对相关内容进行修改或确认。

（1）海关将电子数据报关单退回，并详细说明修改的原因和要求的，进出口货物收发货人或其代理人应当按照海关要求对报关单进行修改后重新提交，不得对报关单其他内容进行变更。

（2）海关向进出口货物收发货人或其代理人制发进（出）口货物报关单修改/撤销确认书，通知其需要修改或者撤销的内容，进出口货物收发货人或其代理人应当在5日内对进（出）口货物报关单修改或者撤销的内容进行确认，确认后海关完成对报关单的修改或者撤销。

3. 海关直接撤销电子数据报关单

除不可抗力因素外，进出口货物收发货人或其代理人有以下情形之一的，海关会直接撤销相应的电子数据报关单：

（1）海关将电子数据报关单退回修改，进出口货物收发货人或其代理人未在10日规定期限内重新发送的。

（2）海关审结电子数据报关单后，进出口货物收发货人或其代理人未在10日规定期限内递交纸质报关单的。

（3）出口货物申报后未在规定期限内运抵海关监管场所的。

（4）海关总署规定的其他情形。

4. 关于修改与撤销的其他规定

海关已经决定布控、查验涉嫌走私或者违反海关监管规定的进出口货物，在办结相关手续前，进出口货物收发货人或其代理人不得申请修改或撤销报关单及其电子数据；已签发报关单证明联的进出口货物，当事人办理报关单修改或者撤销手续时，应当向海关交回报关单证明联；由于修改或者撤销进（出）口货物报关单导致需要变更、补办进出口许可证件的，进出口货物收发货人或其代理人应当向海关提交相应的进出口许可证件。

四、进出境货物向海关申报的单证

按照进出口货物申报单证的法律效力，申报单证可以分为报关单和随附单证两大类。

（一）进出口货物报关单

1. 进出口货物报关单的含义

进口货物报关单是指进出口货物收发货人或其代理人按照海关规定的格式对进出口货物的实际情况做出书面申明，以此要求海关对其货物按适用的海关制度办理进出口手续的法律文书。

2. 进出口货物报关单的项目与格式

基于关检融合的需要，海关按照"依法依规、去繁就简"原则，对海关原报关单和检验检疫原报检单的申报项目进行梳理整合，通过合并共有项、删除极少使用项，将原报关、报检单合计229个货物申报数据项精简到105个，大幅减少了企业申报项目。整合后的新版报关单以原报关单48个项目为基础，增加部分原报检内容，形成了具有56个项目的新报关单打印格式，并对布局结构进行了优化，版式由竖版改为横版，与国际推荐的报关单样式更加接近，纸质单证全部采用普通打印方式，取消套打，不再印制空白格式单证。

3. 进出口货物报关单的种类

进出口货物报关单分为"进口货物报关"和"出口货物报关单"。带有进（出）口货物报关单性质的单证，亦具有与"进（出）口货物报关单"相同的法律属性。比如"特殊监管区域进出境备案清单""进出口货物集中申报清单""暂准进口单证册（简称ATA单证册）""过境货物报关单""快件报关单"，等等。

（二）随附单证

海关对申报随附单证进行整合与简化，对企业原报关、报检所需随附单证中的商业（贸易性）单证、贸易管制许可证件等进行梳理，整理随附单证类别代码及申报要求，整合原报关、报检重复提交的随附单证，形成了统一的随附单证类别及其申报规范。

1. 进出境商业单证

进出口货物报关单应当随附的商业单证主要包括合同、发票、装箱清单、载货清单

（舱单）、提（运）单等。

为持续优化口岸营商环境，进一步提升跨境贸易便利化水平，对企业通过国际贸易"单一窗口"无纸化方式申报的，进口环节无须提交合同、装箱清单、载货清单（舱单），出口环节无须提交合同、发票、装箱清单、载货清单（舱单）。海关审核时如有需要，再行提交。

2. 进出口许可证件

对列入进出口许可证件管理范围的进出口活动，进出口货物收发货人、受委托的报关企业应当取得国家实行进出口管理的许可证件，凭海关要求的有关许可证件办理进出口货物报关纳税手续。

目前，除保密需要等特殊情况外，进出口环节应由海关验核的许可证件有：进口许可证、濒危物种允许进口证明书、两用物项和技术进口许可证、出口许可证、纺织品临时出口许可证、濒危物种允许出口证明书、两用物项和技术出口许可证（定向）等。这些许可证件已全部实现联网核查。

依托国际贸易"单一窗口"平台，海关总署与农业农村部、商务部、工业和信息化部、中国人民银行、国家市场监督管理总局、国家药品监督管理局等16家发证机关进行系统对接和数据互联，企业可采用无纸方式向海关申报相关许可证件。海关对有关进出口许可证件的电子数据进行系统自动比对验核。海关与证件主管部门未实现联网核查、无法自动比对验核的，进出口货物收发货人、受委托的报关企业应当持有关许可证件办理海关手续。

（三）海关总署规定的其他进出口单证

海关总署规定的其他进出口单证主要有以下几种。

（1）海关在货物实际进出口前签发的各种审批或证明文件。例如，向海关申请归类预裁定所签发的"预裁定决定书"，加工贸易货物报关的"账册"，科教用品、技改设备、外商投资企业等减免税货物进口报关的"征免税证明"等。

（2）需要向海关申报知识产权状况的进出口货物收发货人、受委托的报关企业按照海关要求向海关提供的相关证明文件。

（3）专业性证明。主要包括检验检疫实施准入管理的证明、实施产品资质管理的证明、实施企业资质管理的证明、属于评估或验证类的文件资料和涉及国家技术规范强制要求的证明材料、合格保证等。

（4）其他用以证明或反映进出口业务情况的单证，比较重要的有原产地证明（证书）、捐赠证明、礼品证明、免验证明、索赔货物证明、进口军事装备报关证明、委托报关的委托书等证明货物、物品性质的证明、证书。

五、特殊申报

（一）提前申报

1. 提前申报的凭据

经海关批准，进出口货物收发货人、受委托的报关企业可以在取得提（运）单或者载货清单（舱单）数据后，向海关提前申报。

2. 提前申报的时限

在进出口货物的品名、规格、数量等信息已确定无误的情况下，经批准的企业可以在进口货物启运后、抵港前或者出口货物运入海关监管作业场所前 3 日内，提前向海关办理报关手续，并且按照海关的要求交验有关随附单证、进出口货物批准文件及其他需提供的证明文件。

3. 许可证件有效期与税率、汇率的适用

验核提前申报的进出口货物许可证件有效期以海关接受申报之日为准。

提前申报的进出口货物税率、汇率的适用，按照《关税条例》的有关规定办理。

（二）集中申报

1. 集中申报的含义

集中申报是指经海关备案，进出口货物收发货人在同一口岸多批次进出口规定范围内货物，可以先以《中华人民共和国海关进口货物集中申报清单》或者《中华人民共和国海关出口货物集中申报清单》申报货物进出口，再以报关单集中办理海关手续的特殊通关方式。

2. 集中申报的适用

经海关备案，下列进出口货物可以适用集中申报通关方式。

（1）图书、报纸、期刊类出版物等时效性较强的货物。

（2）危险品或者鲜活、易腐、易失效等不能长期保存的货物。

（3）公路口岸进出境的保税货物。

失信企业进出口上述货物的，不适用集中申报通关方式。

3. 集中申报的备案

收发货人申请办理集中申报备案手续的，应当向海关提交《适用集中申报通关方式备案表》，同时提供符合海关要求的担保，担保有效期最短不得少于 3 个月。海关对收发货人提交的备案表进行审核，经审核符合有关规定的，会核准其备案。

4. 集中申报的通关手续

（1）集中申报清单申报。

以集中申报通关方式办理海关手续的收发货人，应当在载运进口货物的运输工具申报进境之日起 14 日内，出口货物在运抵海关监管区后、装货的 24 小时前填制集中申报清单向海关申报。收货人在运输工具申报进境之日起 14 日后向海关申报进口的，不适用集中申报通关方式，应当以报关单向海关申报。

（2）交单验放。

收发货人应当自海关审结集中申报清单电子数据之日起 3 日内，持集中申报清单及随附单证到货物所在地海关办理交单验放手续。属于许可证件管理的，收发货人还应当取得相应的许可证件，海关将在相关证件上批注并留存复印件。

（3）进出口货物报关单的归并申报。

收发货人应当对 1 个月内以集中申报清单申报的数据进行归并，填制进出口货物报关单，一般贸易货物在次月 10 日之前、保税货物在次月底之前到海关办理集中申报手续。

一般贸易货物的集中申报手续不得跨年度办理。

5. 集中申报的税款缴纳

对适用集中申报通关方式的货物，企业按照接受清单申报之日实施的税率汇率计税报税。

（三）定期申报

经电缆、管道、输送带或者其他特殊运输方式输送进出口的货物，经海关同意，可以定期向指定海关申报。

（四）补充申报

需要进行补充申报的，进出口货物收发货人、受委托的报关企业应当如实填写补充申报单，并向海关递交。

有下列情形的，进出口货物收发货人、受委托的报关企业应当向海关进行补充申报。

（1）海关对申报的货物的价格、商品编码等内容进行审核时，为确定申报内容的完整性和准确性，要求进行补充申报的。

（2）海关对申报货物的原产地进行审核时，为确定货物原产地的准确性，要求收发货人提交原产地证书，并进行补充申报的。

（3）海关对已放行货物的价格、商品编码和原产地等内容进行进一步核实时，要求进行补充申报的。

进出口货物收发货人或受委托的报关企业可以主动向海关进行补充申报，并在递交报关单时一并提交补充申报单。补充申报的内容是对报关单申报内容的有效补充，不能与报关单填报的内容相抵触。

（五）限定口岸申报

（1）以一般贸易方式进出口钻石的（品目 7102.7104.7105 项下，工业用钻石及加工贸易方式项下除外），应当在上海钻石交易所办理进出口报关手续。加工贸易项下钻石转内销的，也应当参照一般贸易方式在上海钻石交易所海关办理报关手续。

（2）汽车整车限定在大连、天津、上海、广州、深圳、青岛、福州、满洲里、阿拉山口等口岸申报。

（3）进口药品和进口麻醉药品、精神药品、蛋白同化制剂、肽类激素指定在北京、天津、上海、大连、青岛、成都、武汉、重庆、厦门、南京、杭州、宁波、福州、广州、深圳、珠海、海口、西安、南宁等城市直属海关所辖的所有口岸及苏州工业园区等口岸申报；国家药品监督管理局规定的生物制品及首次在中国境内销售的药品和国务院规定的其他药品指定在北京、上海和广州 3 个口岸海关申报进口。

（4）出口麻黄素类产品指定在北京、天津、上海、深圳 4 个口岸海关申报。

随堂讨论

请根据已学习到的海关的发展历史，谈谈你觉得中国海关发展过程中有哪些重要的发展节点。

同步测试

拓展资料

拓展任务

同步测试项目四任务一

进出口服装常见的申报要素

　　请选择一种你感兴趣的产品，假设它将出口到欧洲，你应按照怎样的程序进行货物出口申报？请在表4-2中写出具体的出口申报步骤。

表4-2　出口申报步骤

序号	步骤	具体要求
1	准备货物	首先需要确保产品符合出口要求和标准，包括质量、安全和包装等
2		
3		
4		
5		
6		

任务二　出口报关单填制

任务挑战

现在杨帆需要通过国际贸易"单一窗口"办理出口申报，请你帮助杨帆分析国际贸易"单一窗口"办理出口申报的流程，并将流程填在表4-3中。

表4-3　国际贸易"单一窗口"办理出口申报的流程

序号	步骤	具体要求
1	登录国际贸易单一窗口网站	网站地址 https://www.singlewindow.cn
2		
3		
4		
5		
6		

知识正文

一、进出口货物报关单的定义

进出口货物报关单是指进出口货物收发货人或其代理人，按照海关规定的格式对进出口货物的实际情况作出书面申明，以此要求海关对其货物按适用的海关制度办理通关手续的法律文书。

二、进出口货物报关单分类

（一）按进出口流向分类

1. 进口货物报关单

进口货物报关单是指进口企业于产品进口时，用来向海关说明和申报进口货物的属性、数量等详细情况所填的表单。进口报关单是货物进口报关流程中必不可少的申报资料之一。

2. 出口货物报关单

出口货物报关单是指出口企业于产品出口时，按照出口许可证和出口发票的内容向海关填报的单据。出口货物报关单经海关查验确认后具有一定的法律效力，是出口产品报关离境的重要证据，也是申请办理出口产品退税的重要凭证。出口货物报关单的主要内容包括出口货物名称、件数、重量、单位、总价、出口口岸、运输工具名称、经营单位、收货单位、合同协议、贸易性质、消费国等项目。

（二）按载体表现形式分类

1. 纸质报关单

纸质报关单是指按照海关的规定填制的纸质的报关单。在办理申报时，将纸质报关单及随附单证向海关当面递交。

2. 电子数据报关单

电子数据报关单是通过计算机和网络系统将报关的有关资料传输到特定的海关计算机系统形成的电子数据形式的报关单。

目前，海关原则上全部实行电子数据报关单申报，具体的做法是：报关单位将规定格式的报关单内容通过"中国电子口岸"录入，并向海关进行电子申报。通常，在进出口货物所在地海关都设有专门从事录入报关单内容的企业，报关单位可以委托这些专业录入企业进行报关单数据的录入和申报。报关企业也可以通过"中国电子口岸"自行登录申报系统进行操作。

三、进出口货物报关单的法律效力

《海关法》规定："进口货物的收货人、出口货物的发货人应当向海关如实申报，交验进出口许可证件和有关单证。"

进出口货物报关单及其他进出境报关单（证）在对外经济贸易活动中具有十分重要的法律效力，它是货物的收发货人向海关报告其进出口货物实际情况及适用海关业务制度、申请海关审查并放行货物的必备法律文书。它既是海关对进出口货物进行监管、征税、统计，以及开展稽查、调查的重要依据，又是出口退税和外汇管理的重要凭证，还是海关处理进出口货物走私、违规案件及税务、外汇管理部门查处骗税、逃套汇犯罪活动的重要书证。因此，申报人对其填报的进出口货物报关单的真实性和准确性承担法律责任。

四、海关对进出口货物报关单填制的一般要求

第一，进出口货物收发货人或其代理人应按照《中华人民共和国海关进出口货物申报管理规定》《报关单填制规范》《统计商品目录》《规范申报目录》等有关规定的要求向海关申报，并对申报内容的真实性、准确性、完整性和规范性承担相应的法律责任。

第二，报关单的填报应做到"两个相符"。一是单证相符，即所填报关单各栏的内容必须与合同、发票、装箱单、提单及批文等随附单据相符；二是单货相符，即所填报关单各栏的内容必须与实际进出口货物的情况相符，不得伪报、瞒报、虚报。

第三，不同运输工具、不同航次、不同提运单、不同监管方式、不同备案号、不同征免性质的货物，均应分单填报。同一份报关单上的商品不能同时享受协定税率和减免税。一份原产地证书只能用于同一批次进口货物，含有原产地证书管理商品的一份报关单只能对应一份原产地证书。同一批次货物中实行原产地证书联网管理的，如涉及多份原产地证书，应分单填报；如同时含有非原产地证书商品，港澳《内地与香港关于建立更紧密经贸关系的安排》（CEPA）项下应分单填报，但《海峡两岸经济合作框架协议》（ECFA）项下可在同一张报关单中填报。

第四，一份报关单所申报的货物，需分项填报的情况主要有：商品编号不同的，商品名称不同的，计量单位不同的，原产国（地区）/最终目的国（地区）不同的，币制不同的，征免不同的等。

学习笔记

五、进出口货物报关单填制规范

现行的出口货物报关单如图 4－1 所示。

中华人民共和国海关出口货物报关单

预录入编号： 海关编号： 页码/页数：

境内发货人	出境关别		出口日期		申报日期	备案号	
境外收货人	运输方式		运输工具名称及航次号		提运单号		
生产销售单位	监管方式		征免性质		许可证号		
合同协议号	贸易国（地区）		运抵国（地区）		指运港		
包装种类	件数	毛重（千克）	净重（千克）	成交方式	运费	保费	杂费
随附单证 随附单证 1：			随附单证 2：				
标记唛码及备注							

项号	商品编号	商品名称及规格型号	数量及单位	单价/总价/币制	原产国（地区）	最终目的国（地区）	境内货源地	征免
1								
2								
3								
4								
5								
6								

特殊关系确认： 价格影响确认： 支付特许权使用费确认： 自报自缴：

申报人员	申报人员证号	电话	兹申明以上内容承担如实申报、依法纳税之法律责任	海关批注及签章
申报单位			申报单位（签章）	

图 4－1 中华人民共和国海关出口货物报关单

根据海关总署公告 2019 年第 18 号（关于修订《中华人民共和国海关进出口货物报关单填制规范》的公告），报关单各栏目的填制规范如下。

（一）预录入编号

预录入编号指预录入报关单的编号，一份报关单对应一个预录入编号，由系统自动生成。

报关单预录入编号为 18 位，其中第 1～4 位为接受申报海关的代码（海关规定的《关区代码表》中相应海关代码），第 5～8 位为录入时的公历年份，第 9 位为进出口标志（“1”为进口，“0”为出口；集中申报清单“I”为进口，“E”为出口），后 9 位为顺序编号。

（二）海关编号

海关编号指海关接受申报时给予报关单的编号，一份报关单对应一个海关编号，由系统自动生成。

报关单海关编号为 18 位，其中第 1～4 位为接受申报海关的代码（海关规定的《关区代码表》中相应海关代码），第 5～8 位为海关接受申报的公历年份，第 9 位为进出口标志（“1”为进口，“0”为出口；集中申报清单“I”为进口，“E”为出口），后 9 位为顺序编号。

（三）境内收发货人

填报在海关备案的、对外签订并执行进出口贸易合同的中国境内法人、其他组织名称及编码。编码填报 18 位法人和其他组织统一社会信用代码，没有统一社会信用代码的，填报其在海关的备案编码。

特殊情况下的填报要求如下：

（1）进出口货物合同的签订者和执行者非同一企业的，填报执行合同的企业。

（2）外商投资企业委托进出口企业进口投资设备、物品的，填报外商投资企业，并在标记唛码及备注栏注明"委托某进出口企业进口"，同时注明被委托企业的 18 位法人和其他组织统一社会信用代码。

（3）有代理报关资格的报关企业代理其他进出口企业办理进出口报关手续时，填报委托的进出口企业。

（4）海关特殊监管区域收发货人填报该货物的实际经营单位或海关特殊监管区域内经营企业。

（5）免税品经营单位经营出口退税国产商品的，填报免税品经营单位名称。

（四）进出境关别

根据货物实际进出境的口岸海关，填报海关规定的《关区代码表》中相应口岸海关的名称及代码。

特殊情况填报要求如下。

（1）进口转关运输货物填报货物进境地海关名称及代码，出口转关运输货物填报货物出境地海关名称及代码。按转关运输方式监管的跨关区深加工结转货物，出口报关单填报转出地海关名称及代码，进口报关单填报转入地海关名称及代码。

（2）在不同海关特殊监管区域或保税监管场所之间调拨、转让的货物，填报对方海关特殊监管区域或保税监管场所所在的海关名称及代码。

（3）其他无实际进出境的货物，填报接受申报的海关名称及代码。

（五）进出口日期

进口日期填报运载进口货物的运输工具申报进境的日期。出口日期指运载出口货物的运输工具办结出境手续的日期，在申报时免予填报。无实际进出境的货物，填报海关接受申报的日期。

进出口日期为 8 位数字，顺序为年（4 位）、月（2 位）、日（2 位）。

（六）申报日期

申报日期指海关接受进出口货物收发货人、受委托的报关企业申报数据的日期。以电子数据报关单方式申报的，申报日期为海关计算机系统接受申报数据时记录的日期。以纸质报关单方式申报的，申报日期为海关接受纸质报关单并对报关单进行登记处理的日期。本栏目在申报时免予填报。

申报日期为 8 位数字，顺序为年（4 位）、月（2 位）、日（2 位）。

（七）备案号

填报进出口货物收发货人、消费使用单位、生产销售单位在海关办理加工贸易合同备案或征、减、免税审核确认等手续时，海关核发的《加工贸易手册》、海关特殊监管区域和保税监管场所保税账册、《征免税证明》或其他备案审批文件的编号。

一份报关单只允许填报一个备案号。具体填报要求如下。

（1）加工贸易项下货物，除少量低值辅料按规定不使用《加工贸易手册》及以后续补税监管方式办理内销征税的外，填报《加工贸易手册》编号。

使用异地直接报关分册和异地深加工结转出口分册在异地口岸报关的，填报分册号；本地直接报关分册和本地深加工结转分册限制在本地报关，填报总册号。

加工贸易成品凭《征免税证明》转为减免税进口货物的，进口报关单填报《征免税证明》编号，出口报关单填报《加工贸易手册》编号。

对加工贸易设备、使用账册管理的海关特殊监管区域内减免税设备之间的结转，转入和转出企业分别填制进、出口报关单，在报关单"备案号"栏目填报《加工贸易手册》编号。

（2）涉及征、减、免税审核确认的报关单，填报《征免税证明》编号。

（3）减免税货物退运出口，填报《中华人民共和国海关进口减免税货物准予退运证明》的编号；减免税货物补税进口，填报《减免税货物补税通知书》的编号；减免税货物进口或结转进口（转入），填报《征免税证明》的编号；相应的结转出口（转出），填报《中华人民共和国海关进口减免税货物结转联系函》的编号。

（4）免税品经营单位经营出口退税国产商品的，免予填报。

（八）境外收发货人

境外收货人通常指签订并执行出口贸易合同中的买方或合同指定的收货人，境外发货人通常指签订并执行进口贸易合同中的卖方。

填报境外收发货人的名称及编码。名称一般填报英文名称，检验检疫要求填报其他外文名称的，在英文名称后填报，以半角括号分隔；对于 AEO 互认国家（地区）企业的，编码填报 AEO 编码，填报样式为"国别（地区）代码 + 海关企业编码"，例如：新加坡 AEO 企业 SG123456789012（新加坡国别代码 + 12 位企业编码）；非互认国家（地区）AEO 企业等其他情形，编码免予填报。

特殊情况下无境外收发货人的，名称及编码填报"NO"。

（九）运输方式

运输方式包括实际运输方式和海关规定的特殊运输方式，前者指货物实际进出境的运输方式，按进出境所使用的运输工具分类；后者指货物无实际进出境的运输方式，按货物在境内的流向分类。

根据货物实际进出境的运输方式或货物在境内流向的类别，按照海关规定的《运输方式代码表》选择填报相应的运输方式。

1. 特殊情况填报要求

特殊情况填报要求如下。

（1）非邮件方式进出境的快递货物，按实际运输方式填报。

（2）进口转关运输货物，按载运货物抵达进境地的运输工具填报；出口转关运输货物，按载运货物驶离出境地的运输工具填报。

（3）不复运出（入）境而留在境内（外）销售的进出境展览品、留赠转卖物品等，填报"其他运输"（代码9）。

（4）进出境旅客随身携带的货物，填报"旅客携带"（代码 L）。

（5）以固定设施（包括输油、输水管道和输电网等）运输货物的，填报"固定设施运输"（代码 G）。

2. 无实际进出境货物在境内流转时填报要求

无实际进出境货物在境内流转时填报要求如下。

（1）境内非保税区运入保税区货物和保税区退区货物，填报"非保税区"（代码 0）。

（2）保税区运往境内非保税区货物，填报"保税区"（代码 7）。

（3）境内存入出口监管仓库和出口监管仓库退仓货物，填报"监管仓库"（代码 1）。

（4）保税仓库转内销货物或转加工贸易货物，填报"保税仓库"（代码 8）。

（5）从境内保税物流中心外运入中心或从中心运往境内中心外的货物，填报"物流中心"（代码 W）。

（6）从境内保税物流园区外运入园区或从园区内运往境内园区外的货物，填报"物流园区"（代码 X）。

（7）保税港区、综合保税区与境内（区外）（非海关特殊监管区域、保税监管场所）之间进出的货物，填报"保税港区/综合保税区"（代码 Y）。

（8）出口加工区、珠澳跨境工业区（珠海园区）、中哈霍尔果斯边境合作中心（中方配套区）与境内（区外）（非海关特殊监管区域、保税监管场所）之间进出的货物，填报"出口加工区"（代码 Z）。

（9）境内运入深港西部通道港方口岸区的货物以及境内进出中哈霍尔果斯边境合作中心中方区域的货物，填报"边境特殊海关作业区"（代码 H）。

（10）经横琴新区和平潭综合实验区（以下简称综合试验区）二线指定申报通道运往境内区外或从境内经二线指定申报通道进入综合试验区的货物，以及综合试验区内按选择性征收关税申报的货物，填报"综合试验区"（代码 T）。

（11）海关特殊监管区域内的流转、调拨货物，海关特殊监管区域、保税监管场所之间的流转货物，海关特殊监管区域与境内区外之间进出的货物，海关特殊监管区域外的加工贸易余料结转、深加工结转、内销货物，以及其他境内流转货物，填报"其他运输"（代码 9）。

（十）运输工具名称及航次号

填报载运货物进出境的运输工具名称或编号及航次号。填报内容应与运输部门向海关申报的舱单（载货清单）所列相应内容一致。

1. 运输工具名称具体填报要求

运输工具名称具体填报要求如下。

（1）直接在进出境地或采用全国通关一体化通关模式办理报关手续的报关单填报要求如下。

①水路运输：填报船舶编号（来往港澳小型船舶为监管簿编号）或者船舶英文名称。

②公路运输：启用公路舱单前，填报该跨境运输车辆的国内行驶车牌号，深圳提前报关模式的报关单填报国内行驶车牌号 + "/" + "提前报关"。启用公路舱单后，免予填报。

③铁路运输：填报车厢编号或交接单号。

④航空运输：填报航班号。

⑤邮件运输：填报邮政包裹单号。

⑥其他运输：填报具体运输方式名称，如管道、驮畜等。

学习笔记

（2）转关运输货物的报关单填报要求如下。

①进口。

A. 水路运输：直转、提前报关填报"@"+16位转关申报单预录入号（或13位载货清单号）；中转填报进境英文船名。

B. 铁路运输：直转、提前报关填报"@"+16位转关申报单预录入号；中转填报车厢编号。

C. 航空运输：直转、提前报关填报"@"+16位转关申报单预录入号（或13位载货清单号）；中转填报"@"。

D. 公路及其他运输：填报"@"+16位转关申报单预录入号（或13位载货清单号）。

E. 以上各种运输方式使用广东地区载货清单转关的提前报关货物填报"@"+13位载货清单号。

②出口。

A. 水路运输：非中转填报"@"+16位转关申报单预录入号（或13位载货清单号）。如多张报关单需要通过一张转关单转关的，运输工具名称字段填报"@"。

中转货物，境内水路运输填报驳船船名；境内铁路运输填报车名（主管海关4位关区代码+"TRAIN"）；境内公路运输填报车名（主管海关4位关区代码+"TRUCK"）。

B. 铁路运输：填报"@"+16位转关申报单预录入号（或13位载货清单号），如多张报关单需要通过一张转关单转关的，填报"@"。

C. 航空运输：填报"@"+16位转关申报单预录入号（或13位载货清单号），如多张报关单需要通过一张转关单转关的，填报"@"。

D. 其他运输方式：填报"@"+16位转关申报单预录入号（或13位载货清单号）。

（3）采用"集中申报"通关方式办理报关手续的，报关单填报"集中申报"。

（4）免税品经营单位经营出口退税国产商品的，免予填报。

（5）无实际进出境的货物，免予填报。

2. 航次号具体填报要求

航次号具体填报要求如下。

（1）直接在进出境地或采用全国通关一体化通关模式办理报关手续的报关单。

①水路运输：填报船舶的航次号。

②公路运输：启用公路舱单前，填报运输车辆的8位进出境日期〔顺序为年（4位）、月（2位）、日（2位），下同〕。启用公路舱单后，填报货物运输批次号。

③铁路运输：填报列车的进出境日期。

④航空运输：免予填报。

⑤邮件运输：填报运输工具的进出境日期。

⑥其他运输方式：免予填报。

（2）转关运输货物的报关单

①进口。

A. 水路运输：中转转关方式填报"@"+进境干线船舶航次。直转、提前报关免予填报。

B. 公路运输：免予填报。

C. 铁路运输："@"+8位进境日期。

D. 航空运输：免予填报。

E. 其他运输方式：免予填报。

②出口。

A. 水路运输：非中转货物免予填报。中转货物：境内水路运输填报驳船航次号；境内铁路、公路运输填报6位启运日期〔顺序为年（2位）、月（2位）、日（2位）〕。

B. 铁路拼车拼箱捆绑出口：免予填报。

C. 航空运输：免予填报。

D. 其他运输方式：免予填报。

（3）免税品经营单位经营出口退税国产商品的，免予填报。

（4）无实际进出境的货物，免予填报。

（十一）提运单号

填报进出口货物提单或运单的编号。一份报关单只允许填报一个提单或运单号，一票货物对应多个提单或运单时，应分单填报。

具体填报要求如下。

（1）直接在进出境地或采用全国通关一体化通关模式办理报关手续的。

①水路运输：填报进出口提单号。如有分提单的，填报进出口提单号+"＊"+分提单号。

②公路运输：启用公路舱单前，免予填报；启用公路舱单后，填报进出口总运单号。

③铁路运输：填报运单号。

④航空运输：填报总运单号+"_"+分运单号，无分运单的填报总运单号。

⑤邮件运输：填报邮运包裹单号。

（2）转关运输货物的报关单。

①进口。

A. 水路运输：直转、中转填报提单号。提前报关免予填报。

B. 铁路运输：直转、中转填报铁路运单号。提前报关免予填报。

C. 航空运输：直转、中转货物填报总运单号+"_"+分运单号。提前报关免予填报。

D. 其他运输方式：免予填报。

E. 以上运输方式进境货物，在广东省内用公路运输转关的，填报车牌号。

②出口。

A. 水路运输：中转货物填报提单号；非中转货物免予填报；广东省内汽车运输提前报关的转关货物，填报承运车辆的车牌号。

B. 其他运输方式：免予填报。广东省内汽车运输提前报关的转关货物，填报承运车辆的车牌号。

（3）采用"集中申报"通关方式办理报关手续的，报关单填报归并的集中申报清单的进出口起止日期〔按年（4位）月（2位）日（2位）年（4位）月（2位）日（2位）〕。

（4）无实际进出境的货物，免予填报。

（十二）货物存放地点

填报货物进境后存放的场所或地点，包括海关监管作业场所、分拨仓库、定点加工厂、隔离检疫场、企业自有仓库等。

（十三）消费使用单位/生产销售单位

（1）消费使用单位填报已知的进口货物在境内的最终消费、使用单位的名称，包括：

①自行进口货物的单位。

②委托进出口企业进口货物的单位。

（2）生产销售单位填报出口货物在境内的生产或销售单位的名称，包括：

①自行出口货物的单位。

②委托进出口企业出口货物的单位。

③免税品经营单位经营出口退税国产商品的，填报该免税品经营单位统一管理的免税店。

（3）减免税货物报关单的消费使用单位/生产销售单位应与《中华人民共和国海关进出口货物征免税证明》（以下简称《征免税证明》）的"减免税申请人"一致；保税监管场所与境外之间的进出境货物，消费使用单位/生产销售单位填报保税监管场所的名称（保税物流中心（B型）填报中心内企业名称）。

（4）海关特殊监管区域的消费使用单位/生产销售单位填报区域内经营企业（"加工单位"或"仓库"）。

（5）编码填报要求：

①填报18位法人和其他组织统一社会信用代码。

②无18位统一社会信用代码的，填报"NO"。

（6）进口货物在境内的最终消费或使用以及出口货物在境内的生产或销售的对象为自然人的，填报身份证号、护照号、台胞证号等有效证件号码及姓名。

（十四）监管方式

监管方式是以国际贸易中进出口货物的交易方式为基础，结合海关对进出口货物的征税、统计及监管条件综合设定的海关对进出口货物的管理方式。其代码由4位数字构成，前两位是按照海关监管要求和计算机管理需要划分的分类代码，后两位是参照国际标准编制的贸易方式代码。

根据实际对外贸易情况按海关规定的《监管方式代码表》选择填报相应的监管方式简称及代码。一份报关单只允许填报一种监管方式。

特殊情况下加工贸易货物监管方式填报要求如下。

（1）进口少量低值辅料（即5 000美元以下，78种以内的低值辅料）按规定不使用《加工贸易手册》的，填报"低值辅料"。使用《加工贸易手册》的，按《加工贸易手册》上的监管方式填报。

（2）加工贸易料件转内销货物以及按料件办理进口手续的转内销制成品、残次品、未完成品，填制进口报关单，填报"来料件内销"或"进料件内销"；加工贸易成品凭《征免税证明》转为减免税进口货物的，分别填制进、出口报关单，出口报关单填报"来料成品减免"或"进料成品减免"，进口报关单按照实际监管方式填报。

（3）加工贸易出口成品因故退运进口及复运出口的，填报"来料成品退换"或"进料成品退换"；加工贸易进口料件因换料退运出口及复运进口的，填报"来料料件退换"或"进料料件退换"；加工贸易过程中产生的剩余料件、边角料退运出口，以及进口料件因品质、规格等原因退运出口且不再更换同类货物进口的，分别填报"来料料件复出""来料边角料复出""进料料件复出""进料边角料复出"。

（4）加工贸易边角料内销和副产品内销，填制进口报关单，填报"来料边角料内销"或"进料边角料内销"。

（5）企业销毁处置加工贸易货物未获得收入，销毁处置货物为料件、残次品的，填报"料件销毁"；销毁处置货物为边角料、副产品的，填报"边角料销毁"。

企业销毁处置加工贸易货物获得收入的，填报为"进料边角料内销"或"来料边角料内销"。

（6）免税品经营单位经营出口退税国产商品的，填报"其他"。

（十五）征免性质

根据实际情况按海关规定的《征免性质代码表》选择填报相应的征免性质简称及代码，持有海关核发的《征免税证明》的，按照《征免税证明》中批注的征免性质填报。一份报关单只允许填报一种征免性质。

加工贸易货物报关单按照海关核发的《加工贸易手册》中批注的征免性质简称及代码填报。特殊情况填报要求如下。

（1）加工贸易转内销货物，按实际情况填报（如一般征税、科教用品、其他法定等）。

（2）料件退运出口、成品退运进口货物填报"其他法定"。

（3）加工贸易结转货物，免予填报。

（4）免税品经营单位经营出口退税国产商品的，填报"其他法定"。

（十六）许可证号

填报进（出）口许可证、两用物项和技术进（出）口许可证、两用物项和技术出口许可证（定向）、纺织品临时出口许可证、出口许可证（加工贸易）、出口许可证（边境小额贸易）的编号。

免税品经营单位经营出口退税国产商品的，免予填报。

一份报关单只允许填报一个许可证号。

（十七）启运港

填报进口货物在运抵我国关境前的第一个境外装运港。

根据实际情况，按海关规定的《港口代码表》填报相应的港口名称及代码，未在《港口代码表》列明的，填报相应的国家名称及代码。货物从海关特殊监管区域或保税监管场所运至境内区外的，填报《港口代码表》中相应海关特殊监管区域或保税监管场所的名称及代码，未在《港口代码表》中列明的，填报"未列出的特殊监管区"及代码。

其他无实际进境的货物，填报"中国境内"及代码。

（十八）合同协议号

填报进出口货物合同（包括协议或订单）编号。未发生商业性交易的免予填报。

免税品经营单位经营出口退税国产商品的，免予填报。

（十九）贸易国（地区）

发生商业性交易的进口填报购自国（地区），出口填报售予国（地区）。未发生商业性交易的填报货物所有权拥有者所属的国家（地区）。

按海关规定的《国别（地区）代码表》选择填报相应的贸易国（地区）中文名称及代码。

（二十）启运国（地区）/运抵国（地区）

启运国（地区）填报进口货物起始发出直接运抵我国或者在运输中转国（地）未发生任何商业性交易的情况下运抵我国的国家（地区）。

运抵国（地区）填报出口货物离开我国关境直接运抵或者在运输中转国（地区）未发生任何商业性交易的情况下最后运抵的国家（地区）。

不经过第三国（地区）转运的直接运输进出口货物，以进口货物的装货港所在国（地区）为启运国（地区），以出口货物的指运港所在国（地区）为运抵国（地区）。

经过第三国（地区）转运的进出口货物，如在中转国（地区）发生商业性交易，则以中转国（地区）作为启运/运抵国（地区）。

按海关规定的《国别（地区）代码表》选择填报相应的启运国（地区）或运抵国（地区）中文名称及代码。

无实际进出境的货物，填报"中国"及代码。

（二十一）经停港/指运港

经停港填报进口货物在运抵我国关境前的最后一个境外装运港。

指运港填报出口货物运往境外的最终目的港；最终目的港不可预知的，按尽可能预知的目的港填报。

根据实际情况，按海关规定的《港口代码表》选择填报相应的港口名称及代码。经停港/指运港在《港口代码表》中无港口名称及代码的，可选择填报相应的国家名称及代码。

无实际进出境的货物，填报"中国境内"及代码。

（二十二）入境口岸/离境口岸

入境口岸填报进境货物从跨境运输工具卸离的第一个境内口岸的中文名称及代码；采取多式联运跨境运输的，填报多式联运货物最终卸离的境内口岸中文名称及代码；过境货物填报货物进入境内的第一个口岸的中文名称及代码；从海关特殊监管区域或保税监管场所进境的，填报海关特殊监管区域或保税监管场所的中文名称及代码。其他无实际进境的货物，填报货物所在地的城市名称及代码。

离境口岸填报装运出境货物的跨境运输工具离境的第一个境内口岸的中文名称及代码；采取多式联运跨境运输的，填报多式联运货物最初离境的境内口岸中文名称及代码；过境货物填报货物离境的第一个境内口岸的中文名称及代码；从海关特殊监管区域或保税监管场所离境的，填报海关特殊监管区域或保税监管场所的中文名称及代码。其他无实际出境的货物，填报货物所在地的城市名称及代码。

入境口岸/离境口岸类型包括港口、码头、机场、机场货运通道、边境口岸、火车站、车辆装卸点、车检场、陆路港、坐落在口岸的海关特殊监管区域等。按海关规定的《国内口岸编码表》选择填报相应的境内口岸名称及代码。

（二十三）包装种类

填报进出口货物的所有包装材料，包括运输包装和其他包装，按海关规定的《包装种类代码表》选择填报相应的包装种类名称及代码。运输包装指提运单所列货物件数单位对应的包装，其他包装包括货物的各类包装，以及植物性铺垫材料等。

（二十四）件数

填报进出口货物运输包装的件数（按运输包装计）。特殊情况填报要求如下：

1. 舱单件数为集装箱的，填报集装箱个数。
2. 舱单件数为托盘的，填报托盘数。

不得填报为零，裸装货物填报为"1"。

（二十五）毛重（千克）

填报进出口货物及其包装材料的重量之和，计量单位为千克，不足一千克的填报为"1"。

（二十六）净重（千克）

填报进出口货物的毛重减去外包装材料后的重量，即货物本身的实际重量，计量单位为千克，不足一千克的填报为"1"。

（二十七）成交方式

根据进出口货物实际成交价格条款，按海关规定的《成交方式代码表》选择填报相应的成交方式代码。

无实际进出境的货物，进口填报 CIF，出口填报 FOB。

（二十八）运费

填报进口货物运抵我国境内输入地点起卸前的运输费用，出口货物运至我国境内输出地点装载后的运输费用。

运费可按运费单价、总价或运费率三种方式之一填报，注明运费标记（运费标记"1"表示运费率，"2"表示每吨货物的运费单价，"3"表示运费总价），并按海关规定的《货币代码表》选择填报相应的币种代码。

免税品经营单位经营出口退税国产商品的，免予填报。

（二十九）保费

填报进口货物运抵我国境内输入地点起卸前的保险费用，出口货物运至我国境内输出地点装载后的保险费用。

保费可按保险费总价或保险费率两种方式之一填报，注明保险费标记（保险费标记"1"表示保险费率，"3"表示保险费总价），并按海关规定的《货币代码表》选择填报相应的币种代码。

免税品经营单位经营出口退税国产商品的，免予填报。

（三十）杂费

填报成交价格以外的、按照《中华人民共和国进出口关税条例》相关规定应计入完税价格或应从完税价格中扣除的费用。可按杂费总价或杂费率两种方式之一填报，注明杂费标记（杂费标记"1"表示杂费率，"3"表示杂费总价），并按海关规定的《货币代码表》选择填报相应的币种代码。

应计入完税价格的杂费填报为正值或正率，应从完税价格中扣除的杂费填报为负值或负率。

免税品经营单位经营出口退税国产商品的，免予填报。

（三十一）随附单证及编号

根据海关规定的《监管证件代码表》和《随附单据代码表》选择填报除《中华人民共和国海关进出口货物报关单填制规范》第十六条规定的许可证件以外的其他进出口许可证件或监管证件、随附单据代码及编号。

本栏分为随附单证代码和随附单证编号两栏，其中代码栏按海关规定的《监管证件代码表》和《随附单据代码表》选择填报相应证件代码；随附单证编号栏填报证件编号。

（1）加工贸易内销征税报关单（使用金关二期加贸管理系统的除外），随附单证代码栏填报"c"，随附单证编号栏填报海关审核通过的内销征税联系单号。

（2）一般贸易进出口货物，只能使用原产地证书申请享受协定税率或者特惠税率（以下统称优惠税率）的（无原产地声明模式），"随附单证代码"栏填报原产地证书代码"Y"，在"随附单证编号"栏填报"〈优惠贸易协定代码〉"和"原产地证书编号"。可以使用原产地证书或者原产地声明申请享受优惠税率的（有原产地声明模式），"随附单证代码"栏填写"Y"，"随附单证编号"栏填报"〈优惠贸易协定代码〉"、"C"（凭原产地证书申报）或"D"（凭原产地声明申报），以及"原产地证书编号（或者原产地声明序列号）"。一份报关单对应一份原产地证书或原产地声明。各优惠贸易协定代码如下：

"01"为"亚太贸易协定"；

"02"为"中国—东盟自贸协定"；

"03"为"内地与香港紧密经贸关系安排"（香港CEPA）；

"04"为"内地与澳门紧密经贸关系安排"（澳门CEPA）；

"06"为"台湾农产品零关税措施"；

"07"为"中国—巴基斯坦自贸协定"；

"08"为"中国—智利自贸协定"；

"10"为"中国—新西兰自贸协定"；

"11"为"中国—新加坡自贸协定"；

"12"为"中国—秘鲁自贸协定"；

"13"为"最不发达国家特别优惠关税待遇"；

"14"为"海峡两岸经济合作框架协议（ECFA）"；

"15"为"中国—哥斯达黎加自贸协定"；

"16"为"中国—冰岛自贸协定"；

"17"为"中国—瑞士自贸协定"；

"18"为"中国—澳大利亚自贸协定"；

"19"为"中国—韩国自贸协定"；

"20"为"中国—格鲁吉亚自贸协定"。

海关特殊监管区域和保税监管场所内销货物申请适用优惠税率的，有关货物进出海关特殊监管区域和保税监管场所以及内销时，已通过原产地电子信息交换系统实现电子联网的优惠贸易协定项下货物报关单，按照上述一般贸易要求填报；未实现电子联网的优惠贸易协定项下货物报关单，"随附单证代码"栏填报"Y"，"随附单证编号"栏填报"〈优惠贸易协定代码〉"和"原产地证据文件备案号"。"原产地证据文件备案号"为进出口货物的收发货人或者其代理人录入原产地证据文件电子信息后，系统自动生成的号码。

向香港或者澳门特别行政区出口用于生产香港 CEPA 或者澳门 CEPA 项下货物的原材料时，按照上述一般贸易填报要求填制报关单，香港或澳门生产厂商在香港工贸署或者澳门经济局登记备案的有关备案号填报在"关联备案"栏。

"单证对应关系表"中填报报关单上的申报商品项与原产地证书（原产地声明）上的商品项之间的对应关系。报关单上的商品序号与原产地证书（原产地声明）上的项目编号应——对应，不要求顺序对应。同一批次进口货物可以在同一报关单中申报，不享受优惠税率的货物序号不填报在"单证对应关系表"中。

（3）各优惠贸易协定项下，免提交原产地证据文件的小金额进口货物"随附单证代码"栏填报"Y"，"随附单证编号"栏填报"〈优惠贸易协定代码〉XJE00000"，"单证对应关系表"享惠报关单项号按实际填报，对应单证项号与享惠报关单项号相同。

（三十二）标记唛码及备注

填报要求如下。

（1）标记唛码中除图形以外的文字、数字，无标记唛码的填报 N/M。

（2）受外商投资企业委托代理其进口投资设备、物品的进出口企业名称。

（3）与本报关单有关联关系的，同时在业务管理规范方面又要求填报的备案号，填报在电子数据报关单中"关联备案"栏。

保税间流转货物、加工贸易结转货物及凭《征免税证明》转内销货物，其对应的备案号填报在"关联备案"栏。

减免税货物结转进口（转入），"关联备案"栏填报本次减免税货物结转所申请的《中华人民共和国海关进口减免税货物结转联系函》的编号。

减免税货物结转出口（转出），"关联备案"栏填报与其相对应的进口（转入）报关单"备案号"栏中《征免税证明》的编号。

（4）与本报关单有关联关系的，同时在业务管理规范方面又要求填报的报关单号，填报在电子数据报关单中"关联报关单"栏。

保税间流转、加工贸易结转类的报关单，应先办理进口报关，并将进口报关单号填入出口报关单的"关联报关单"栏。

办理进口货物直接退运手续的，除另有规定外，应先填制出口报关单，再填制进口报关单，并将出口报关单号填报在进口报关单的"关联报关单"栏。

减免税货物结转出口（转出），应先办理进口报关，并将进口（转入）报关单号填入出口（转出）报关单的"关联报关单"栏。

（5）办理进口货物直接退运手续的，填报"〈ZT〉"+"海关审核联系单号或者海关责令进口货物直接退运通知书编号"+"〉"。办理固体废物直接退运手续的，填报"固体废物，直接退运表××号/责令直接退运通知书××号"。

（6）保税监管场所进出货物，在"保税/监管场所"栏填报本保税监管场所编码（保税物流中心（B 型）填报本中心的国内地区代码），其中涉及货物在保税监管场所间流转的，在本栏填报对方保税监管场所代码。

（7）涉及加工贸易货物销毁处置的，填报海关加工贸易货物销毁处置申报表编号。

（8）当监管方式为"暂时进出货物"（代码 2600）和"展览品"（代码 2700）时，填报要求如下。

①根据《中华人民共和国海关暂时进出境货物管理办法》（海关总署令第 233 号，以下简称《管理办法》）第三条第一款所列项目，填报暂时进出境货物类别，如：暂进六，暂出九。

②根据《管理办法》第十条规定，填报复运出境或者复运进境日期，期限应在货物进出境之日起 6 个月内，如：20180815 前复运进境，20181020 前复运出境。

③根据《管理办法》第七条，向海关申请对有关货物是否属于暂时进出境货物进行审核确认的，填报《中华人民共和国××海关暂时进出境货物审核确认书》编号，如：〈ZS 海关审核确认书编号〉其中英文为大写字母；无此项目的，无须填报。

上述内容依次填报，项目间用"/"分隔，前后均不加空格。

④收发货人或其代理人申报货物复运进境或者复运出境的：

货物办理过延期的，根据《管理办法》填报《货物暂时进/出境延期办理单》的海关回执编号，如：〈ZS 海关回执编号〉其中英文为大写字母；无此项目的，无须填报。

（9）跨境电子商务进出口货物，填报"跨境电子商务"。

（10）加工贸易副产品内销，填报"加工贸易副产品内销"。

（11）服务外包货物进口，填报"国际服务外包进口货物"。

（12）公式定价进口货物填报公式定价备案号，格式为："公式定价" + 备案编号 + "@"。对于同一报关单下有多项商品的，如某项或某几项商品为公式定价备案的，则备注栏内填报为："公式定价" + 备案编号 + "#" + 商品序号 + "@"。

（13）进出口与《预裁定决定书》列明情形相同的货物时，按照《预裁定决定书》填报，格式为："预裁定 +《预裁定决定书》编号"（例如：某份预裁定决定书编号为 R－2－0100－2018－0001，则填报为"预裁定 R－2－0100－2018－0001"）。

（14）含归类行政裁定报关单，填报归类行政裁定编号，格式为："c" + 四位数字编号，例如 c0001。

（15）已经在进入特殊监管区时完成检验的货物，在出区入境申报时，填报"预检验"字样，同时在"关联报检单"栏填报实施预检验的报关单号。

（16）进口直接退运的货物，填报"直接退运"字样。

（17）企业提供 ATA 单证册的货物，填报"ATA 单证册"字样。

（18）不含动物源性低风险生物制品，填报"不含动物源性"字样。

（19）货物自境外进入境内特殊监管区或者保税仓库的，填报"保税入库"或者"境外入区"字样。

（20）海关特殊监管区域与境内区外之间采用分送集报方式进出的货物，填报"分送集报"字样。

（21）军事装备出入境的，填报"军品"或"军事装备"字样。

（22）申报 HS 为 3821000000、3002300000 的，属于下列情况的，填报要求为：属于培养基的，填报"培养基"字样；属于化学试剂的，填报"化学试剂"字样；不含动物源性成分的，填报"不含动物源性"字样。

（23）属于修理物品的，填报"修理物品"字样。

（24）属于下列情况的，填报"压力容器""成套设备""食品添加剂""成品退换""旧机电产品"等字样。

（25）申报 HS 为 2903890020（入境六溴环十二烷），用途为"其他（99）"的，填报具体用途。

（26）集装箱体信息填报集装箱号（在集装箱箱体上标示的全球唯一编号）、集装箱规格、集装箱商品项号关系（单个集装箱对应的商品项号，半角逗号分隔）、集装箱货重（集装箱箱体自重＋装载货物重量，千克）。

（27）申报 HS 为 3006300000、3504009000、3507909010、3507909090、3822001000、3822009000，不属于"特殊物品"的，填报"非特殊物品"字样。"特殊物品"定义见《出入境特殊物品卫生检疫管理规定》（国家质量监督检验检疫总局令第 160 号公布，根据国家质量监督检验检疫总局令第 184 号、海关总署令第 238 号、第 240 号、第 243 号修改）。

（28）进出口列入目录的进出口商品及法律、行政法规规定须经出入境检验检疫机构检验的其他进出口商品实施检验的，填报"应检商品"字样。

（29）申报时其他必须说明的事项。

（三十三）项号

分两行填报。第一行填报报关单中的商品顺序编号；第二行填报备案序号，专用于加工贸易及保税、减免税等已备案、审批的货物，填报该项货物在《加工贸易手册》或《征免税证明》等备案、审批单证中的顺序编号。有关优惠贸易协定项下报关单填制要求按照海关总署相关规定执行。其中第二行特殊情况填报要求如下。

（1）深加工结转货物，分别按照《加工贸易手册》中的进口料件项号和出口成品项号填报。

（2）料件结转货物（包括料件、制成品和未完成品折料），出口报关单按照转出《加工贸易手册》中进口料件的项号填报；进口报关单按照转进《加工贸易手册》中进口料件的项号填报。

（3）料件复出货物（包括料件、边角料），出口报关单按照《加工贸易手册》中进口料件的项号填报；如边角料对应一个以上料件项号时，填报主要料件项号。料件退换货物（包括料件、不包括未完成品），进出口报关单按照《加工贸易手册》中进口料件的项号填报。

（4）成品退换货物，退运进境报关单和复运出境报关单按照《加工贸易手册》原出口成品的项号填报。

（5）加工贸易料件转内销货物（以及按料件办理进口手续的转内销制成品、残次品、未完成品）填制进口报关单，填报《加工贸易手册》进口料件的项号；加工贸易边角料、副产品内销，填报《加工贸易手册》中对应的进口料件项号。如边角料或副产品对应一个以上料件项号时，填报主要料件项号。

（6）加工贸易成品凭《征免税证明》转为减免税货物进口的，应先办理进口报关手续。进口报关单填报《征免税证明》中的项号，出口报关单填报《加工贸易手册》原出口成品项号，进、出口报关单货物数量应一致。

（7）加工贸易货物销毁，填报《加工贸易手册》中相应的进口料件项号。

（8）加工贸易副产品退运出口、结转出口，填报《加工贸易手册》中新增成品的出口项号。

（9）经海关批准实行加工贸易联网监管的企业，按海关联网监管要求，企业需申报报关清单的，应在向海关申报进出口（包括形式进出口）报关单前，向海关申报"清单"。一份报关清单对应一份报关单，报关单上的商品由报关清单归并而得。加工贸易电子账册报关单中项号、品名、规格等栏目的填制规范比照《加工贸易手册》。

（三十四）商品编号

填报由 10 位数字组成的商品编号。前 8 位为《中华人民共和国进出口税则》和《中华人民共和国海关统计商品目录》确定的编码；9、10 位为监管附加编号。

（三十五）商品名称及规格型号

分两行填报。第一行填报进出口货物规范的中文商品名称，第二行填报规格型号。具体填报要求如下。

（1）商品名称及规格型号应据实填报，并与进出口货物收发货人或受委托的报关企业所提交的合同、发票等相关单证相符。

（2）商品名称应当规范，规格型号应当足够详细，以能满足海关归类、审价及许可证件管理要求为准，可参照《中华人民共和国海关进出口商品规范申报目录》中对商品名称、规格型号的要求进行填报。

（3）已备案的加工贸易及保税货物，填报的内容必须与备案登记中同项号下货物的商品名称一致。

（4）对需要海关签发《货物进口证明书》的车辆，商品名称栏填报"车辆品牌 + 排气量（注明 cc）+ 车型（如越野车、小轿车等）"。进口汽车底盘不填报排气量。车辆品牌按照《进口机动车辆制造厂名称和车辆品牌中英文对照表》中"签注名称"一栏的要求填报。规格型号栏可填报"汽油型"等。

（5）由同一运输工具同时运抵同一口岸并且属于同一收货人、使用同一提单的多种进口货物，按照商品归类规则应当归入同一商品编号的，应当将有关商品一并归入该商品编号。商品名称填报一并归类后的商品名称；规格型号填报一并归类后商品的规格型号。

（6）加工贸易边角料和副产品内销，边角料复出口，填报其报验状态的名称和规格型号。

（7）进口货物收货人以一般贸易方式申报进口属于《需要详细列名申报的汽车零部件清单》（海关总署 2006 年第 64 号公告）范围内的汽车生产件的，按以下要求填报。

①商品名称填报进口汽车零部件的详细中文商品名称和品牌，中文商品名称与品牌之间用"／"相隔，必要时加注英文商业名称；进口的成套散件或者毛坯件应在品牌后加注"成套散件""毛坯"等字样，并与品牌之间用"／"相隔。

②规格型号填报汽车零部件的完整编号。在零部件编号前应当加注"S"字样，并与零部件编号之间用"／"相隔，零部件编号之后应当依次加注该零部件适用的汽车品牌和车型。汽车零部件属于可以适用于多种汽车车型的通用零部件的，零部件编号后应当加注"TY"字样，并用"／"与零部件编号相隔。与进口汽车零部件规格型号相关的其他需要申报的要素，或者海关规定的其他需要申报的要素，如"功率""排气量"等，应当在车型或"TY"之后填报，并用"／"与之相隔。汽车零部件报验状态是成套散件的，应当在"标记唛码及备注"栏内填报该成套散件装配后的最终完整品的零部件编号。

（8）进口货物收货人以一般贸易方式申报进口属于《需要详细列名申报的汽车零部件清单》（海关总署 2006 年第 64 号公告）范围内的汽车维修件的，填报规格型号时，应当在零部件编号前加注"W"，并与零部件编号之间用"／"相隔；进口维修件的品牌与该零部件适用的整车厂牌不一致的，应当在零部件编号前加注"WF"，并与零部件编号之间用"／"相隔。其余申报要求同上条执行。

（9）品牌类型。品牌类型为必填项目。可选择"无品牌"（代码 0）、"境内自主品牌"（代码1）、"境内收购品牌"（代码2）、"境外品牌（贴牌生产）"（代码3）、"境外品牌（其他）"（代码4）如实填报。其中，"境内自主品牌"是指由境内企业自主开发、拥有自主知识产权的品牌；"境内收购品牌"是指境内企业收购的原境外品牌；"境外品牌（贴牌生产）"是指境内企业代工贴牌生产中使用的境外品牌；"境外品牌（其他）"是指除代工贴牌生产以外使用的境外品牌。上述品牌类型中，除"境外品牌（贴牌生产）"仅用于出口外，其他类型均可用于进口和出口。

（10）出口享惠情况。出口享惠情况为出口报关单必填项目。可选择"出口货物在最终目的国（地区）不享受优惠关税""出口货物在最终目的国（地区）享受优惠关税""出口货物不能确定在最终目的国（地区）享受优惠关税"如实填报。进口货物报关单不填报该申报项。

（11）申报进口已获3C认证的机动车辆时，填报以下信息。

①提运单日期。填报该项货物的提运单签发日期。

②质量保质期。填报机动车的质量保证期。

③发动机号或电机号。填报机动车的发动机号或电机号，应与机动车上打刻的发动机号或电机号相符。纯电动汽车、插电式混合动力汽车、燃料电池汽车为电机号，其他机动车为发动机号。

④车辆识别代码（VIN）。填报机动车车辆识别代码，须符合国家强制性标准《道路车辆 车辆识别代号（VIN）》（GB 16735）的要求。该项目一般与机动车的底盘（车架号）相同。

⑤发票所列数量。填报对应发票中所列进口机动车的数量。

⑥品名（中文名称）。填报机动车中文品名，按《进口机动车辆制造厂名称和车辆品牌中英文对照表》（原质检总局2004年52号公告）的要求填报。

⑦品名（英文名称）。填报机动车英文品名，按《进口机动车辆制造厂名称和车辆品牌中英文对照表》（原质检总局2004年52号公告）的要求填报。

⑧型号（英文）。填报机动车型号，与机动车产品标牌上整车型号一栏相符。

（12）进口货物收货人申报进口属于实施反倾销反补贴措施货物的，填报"原厂商中文名称""原厂商英文名称""反倾销税率""反补贴税率""是否符合价格承诺"等计税必要信息。

格式要求为："｜〈〉〈〉〈〉〈〉〈〉"。"｜""〈""〉"均为英文半角符号。第一个"｜"为在规格型号栏目中已填报的最后一个申报要素后系统自动生成或人工录入的分割符（若相关商品税号无规范申报填报要求，则需要手工录入"｜"），"｜"后面5个"〈〉"内容依次为"原厂商中文名称""原厂商英文名称（如无原厂商英文名称，可填报以原厂商所在国或地区文字标注的名称，具体可参照商务部实施贸易救济措施相关公告中对有关原厂商的外文名称写法）""反倾销税率""反补贴税率""是否符合价格承诺"。其中，"反倾销税率"和"反补贴税率"填写实际值，例如，税率为30%，填写"0.3"。"是否符合价格承诺"填写"1"或者"0"，"1"代表"是"，"0"代表"否"。填报时，5个"〈〉"不可缺项，如第3.4.5项"〈〉"中无申报事项，相应的"〈〉"中内容可以为空，但"〈〉"需要保留。

（三十六）数量及单位

分三行填报。

（1）第一行按进出口货物的法定第一计量单位填报数量及单位，法定计量单位以

《中华人民共和国海关统计商品目录》中的计量单位为准。

（2）凡列明有法定第二计量单位的，在第二行按照法定第二计量单位填报数量及单位。无法定第二计量单位的，第二行为空。

（3）成交计量单位及数量填报在第三行。

（4）法定计量单位为"千克"的数量填报，特殊情况下填报要求如下。

①装入可重复使用的包装容器的货物，按货物扣除包装容器后的重量填报，如罐装同位素、罐装氧气及类似品等。

②使用不可分割包装材料和包装容器的货物，按货物的净重填报（即包括内层直接包装的净重重量），如采用供零售包装的罐头、药品及类似品等。

③按照商业惯例以公量重计价的商品，按公量重填报，如未脱脂羊毛、羊毛条等。

④采用以毛重作为净重计价的货物，可按毛重填报，如粮食、饲料等大宗散装货物。

⑤采用零售包装的酒类、饮料、化妆品，按照液体/乳状/膏状/粉状部分的重量填报。

（5）成套设备、减免税货物如需分批进口，货物实际进口时，按照实际报验状态确定数量。

（6）具有完整品或制成品基本特征的不完整品、未制成品，根据《商品名称及编码协调制度》归类规则按完整品归类的，按照构成完整品的实际数量填报。

（7）已备案的加工贸易及保税货物，成交计量单位必须与《加工贸易手册》中同项号下货物的计量单位一致，加工贸易边角料和副产品内销、边角料复出口，填报其报验状态的计量单位。

（8）优惠贸易协定项下进出口商品的成交计量单位必须与原产地证书上对应商品的计量单位一致。

（9）法定计量单位为立方米的气体货物，折算成标准状况（即摄氏零度及1个标准大气压）下的体积进行填报。

（三十七）单价

填报同一项号下进出口货物实际成交的商品单位价格。无实际成交价格的，填报单位货值。

（三十八）总价

填报同一项号下进出口货物实际成交的商品总价格。无实际成交价格的，填报货值。

（三十九）币制

按海关规定的《货币代码表》选择相应的货币名称及代码填报，如《货币代码表》中无实际成交币种，需将实际成交货币按申报日外汇折算率折算成《货币代码表》列明的货币填报。

（四十）原产国（地区）

原产国（地区）依据《中华人民共和国进出口货物原产地条例》《中华人民共和国海关关于执行〈非优惠原产地规则中实质性改变标准〉的规定》以及海关总署关于各项优惠贸易协定原产地管理规章规定的原产地确定标准填报。同一批进出口货物的原产地不同的，分别填报原产国（地区）。进出口货物原产国（地区）无法确定的，填报"国别不详"。

按海关规定的《国别（地区）代码表》选择填报相应的国家（地区）名称及代码。

（四十一）最终目的国（地区）

最终目的国（地区）填报已知的进出口货物的最终实际消费、使用或进一步加工制造国家（地区）。不经过第三国（地区）转运的直接运输货物，以运抵国（地区）为最终目的国（地区）；经过第三国（地区）转运的货物，以最后运往国（地区）为最终目的国（地区）。同一批进出口货物的最终目的国（地区）不同的，分别填报最终目的国（地区）。进出口货物不能确定最终目的国（地区）时，以尽可能预知的最后运往国（地区）为最终目的国（地区）。

按海关规定的《国别（地区）代码表》选择填报相应的国家（地区）名称及代码。

（四十二）境内目的地/境内货源地

境内目的地填报已知的进口货物在国内的消费、使用地或最终运抵地，其中最终运抵地为最终使用单位所在的地区。最终使用单位难以确定的，填报货物进口时预知的最终收货单位所在地。

境内货源地填报出口货物在国内的产地或原始发货地。出口货物产地难以确定的，填报最早发运该出口货物的单位所在地。

海关特殊监管区域、保税物流中心（B型）与境外之间的进出境货物，境内目的地/境内货源地填报本海关特殊监管区域、保税物流中心（B型）所对应的国内地区。

按海关规定的《国内地区代码表》选择填报相应的国内地区名称及代码。境内目的地还需根据《中华人民共和国行政区划代码表》选择填报其对应的县级行政区名称及代码。无下属区县级行政区的，可选择填报地市级行政区。

（四十三）征免

按照海关核发的《征免税证明》或有关政策规定，对报关单所列每项商品选择海关规定的《征减免税方式代码表》中相应的征减免税方式填报。

加工贸易货物报关单根据《加工贸易手册》中备案的征免规定填报；《加工贸易手册》中备案的征免规定为"保金"或"保函"的，填报"全免"。

（四十四）特殊关系确认

根据《中华人民共和国海关审定进出口货物完税价格办法》（以下简称《审价办法》）第十六条，填报确认进出口行为中买卖双方是否存在特殊关系，有下列情形之一的，应当认为买卖双方存在特殊关系，应填报"是"，反之则填报"否"。

（1）买卖双方为同一家族成员的。
（2）买卖双方互为商业上的高级职员或者董事的。
（3）一方直接或者间接地受另一方控制的。
（4）买卖双方都直接或者间接地受第三方控制的。
（5）买卖双方共同直接或者间接地控制第三方的。
（6）一方直接或者间接地拥有、控制或者持有对方5%以上（含5%）公开发行的有表决权的股票或者股份的。
（7）一方是另一方的雇员、高级职员或者董事的。
（8）买卖双方是同一合伙的成员的。

买卖双方在经营上相互有联系，一方是另一方的独家代理、独家经销或者独家受让人，如果符合前款的规定，也应当视为存在特殊关系。

出口货物免予填报，加工贸易及保税监管货物（内销保税货物除外）免予填报。

（四十五）价格影响确认

根据《审价办法》第十七条，填报确认纳税义务人是否可以证明特殊关系未对进口货物的成交价格产生影响，纳税义务人能证明其成交价格与同时或者大约同时发生的下列任何一款价格相近的，应视为特殊关系未对成交价格产生影响，填报"否"，反之则填报"是"。

（1）向境内无特殊关系的买方出售的相同或者类似进口货物的成交价格。

（2）按照《审价办法》第二十三条的规定所确定的相同或者类似进口货物的完税价格。

（3）按照《审价办法》第二十五条的规定所确定的相同或者类似进口货物的完税价格。

出口货物免予填报，加工贸易及保税监管货物（内销保税货物除外）免予填报。

（四十六）支付特许权使用费确认

根据《审价办法》第十一条和第十三条，填报确认买方是否存在向卖方或者有关方直接或者间接支付与进口货物有关的特许权使用费，且未包括在进口货物的实付、应付价格中。

买方存在需向卖方或者有关方直接或者间接支付特许权使用费，且未包含在进口货物实付、应付价格中，并且符合《审价办法》第十三条的，在"支付特许权使用费确认"栏目填报"是"。

买方存在需向卖方或者有关方直接或者间接支付特许权使用费，且未包含在进口货物实付、应付价格中，但纳税义务人无法确认是否符合《审价办法》第十三条的，填报"是"。

买方存在需向卖方或者有关方直接或者间接支付特许权使用费且未包含在实付、应付价格中，纳税义务人根据《审价办法》第十三条，可以确认需支付的特许权使用费与进口货物无关的，填报"否"。

买方不存在向卖方或者有关方直接或者间接支付特许权使用费的，或者特许权使用费已经包含在进口货物实付、应付价格中的，填报"否"。

出口货物免予填报，加工贸易及保税监管货物（内销保税货物除外）免予填报。

（四十七）自报自缴

进出口企业、单位采用"自主申报、自行缴税"（自报自缴）模式向海关申报时，填报"是"；反之则填报"否"。

（四十八）申报单位

自理报关的，填报进出口企业的名称及编码；委托代理报关的，填报报关企业名称及编码。编码填报 18 位法人和其他组织统一社会信用代码。

报关人员填报在海关备案的姓名、编码、电话，并加盖申报单位印章。

（四十九）海关批注及签章

供海关作业时签注。

随堂讨论

根据所学的申报的相关规定和要求，你认为货运代理企业代理报关时，委托人需要提供哪些商业单证？

同步测试

拓展资料

同步测试项目四任务二

拓展任务

申报小贴士

请浏览下方的货物详细信息并为其制作一份出口报关单，报关单如图 4 - 2 所示。本任务旨在通过模拟海关审查了解出口报关单的格式和要求，熟悉相关的海关法规和规定。

货物详细信息

单位名称：上海对外贸易公司

单位海关编码：9132058368831746X0

出口口岸：2208 宝山海关

商品海关编号：2003101100

贸易方式：一般贸易，代码（0110）

运输方式：江海运输

船名：JENNY/03

征免性质：一般征税，代码（101）

目的国：泰国，代码（THA）

指运港：曼谷，代码（THA003）

运费：502/160/3

境内货源地：（31129 宝山/310113 上海市宝山区/）

包装种类：桶装

商品名称和规格：异烟肼 BP98，每桶 50 千克

商品毛重：2200KGS

币制：美元，代码（502）

征免方式：照章征税

批准文号：2999456

预录入号：2250866

2023 年 11 月 29 日出口，2023 年 11 月 27 日向宝山海关申报。

中华人民共和国海关出口货物报关单

预录入编号：　　　　　　　　　　海关编号：　　　　　　　　　　页码/页数：

境内发货人	出境关别	出口日期	申报日期	备案号
境外收货人	运输方式	运输工具名称及航次号	提运单号	
生产销售单位	监管方式	征免性质	许可证号	
合同协议号	贸易国（地区）	运抵国（地区）	指运港	

包装种类	件数	毛重（千克）	净重（千克）	成交方式	运费	保费	杂费

随附单证
随附单证 1：　　　　　　随附单证 2：
标记唛码及备注

项号	商品编号	商品名称及规格型号	数量及单位	单价/总价/币制	原产国（地区）	最终目的国（地区）	境内货源地	征免
1								
2								
3								
4								
5								
6								

特殊关系确认：	价格影响确认：	支付特许权使用费确认：	自报自缴：
申报人员　申报人员证号　　电话	兹申明以上内容承担如实申报、依法纳税之法律责任	海关批注及签章	
申报单位	申报单位（签章）		

图 4-2　中华人民共和国海关出口货物报关单

项目评价

项目四学习评价量表

评价项目	评价内容	评价标准					评价方式		
		优 （90~100）	良 （80~89）	中 （70~79）	及格 （60~69）	不及格 （0~59）	自评	互评	师评
学习态度	1. 学习目标明确，重视学习过程的反思，积极优化学习方法； 2. 具备持之以恒的学习习惯； 3. 保质保量按时完成作业	积极、热情、主动	积极、热情、但欠主动	学习态度一般	学习态度较差	学习态度很差			
学习方式	1. 学生个体的自主学习能力强，会倾听、思考、表达和质疑； 2. 学生普遍有浓厚的学习兴趣，学习参与度高； 3. 学生之间能够合作学习，并在合作中分工明确地进行有序和有效地探究； 4. 学生在学习中能自主反思，发挥求异、求新的创新精神，积极地提出问题和讨论问题	自主学习能力强，会倾听、思考、表达和质疑	自主学习能力较强，会倾听、思考、表达	自主学习能力一般，会倾听	自主学习能力较差，不会思考	自主学习能力很差，不会思考			

续表

评价项目	评价内容	评价标准					评价方式		
		优 (90~100)	良 (80~89)	中 (70~79)	及格 (60~69)	不及格 (0~59)	自评	互评	师评
参与程度	1. 认真参加课程的线上学习活动，积极思考，善于发现问题，勇于解决问题； 2. 积极参加头脑风暴、主题讨论、提问等活动； 3. 积极参加线下实践活动等	积极思考，善于发现问题，勇于解决问题，表达能力强	积极思考，善于发现问题，勇于解决问题	能发现问题，解决问题能力一般	参与意识较差，不够积极主动	缺乏参与意识，不积极主动			
合作意识	1. 积极参加合作学习，勇于接受任务、敢于承担责任； 2. 有小组合作意识，能够在学习中取长补短，共同提高； 3. 乐于助人，积极帮助学习有困难的同学	合作意识强，组织能力好，能与他人共同提高，有学习效果	能与他人合作，并积极帮助有困难的同学	有合作意识，但总结能力不强	不能很好地与他人合作学习	完全不能与他人合作学习			
知识和技能的应用	1. 掌握出口报关流程与法规，掌握报关单的填写规范； 2. 熟练运用所学知识完成实训模拟任务； 3. 提高根据实际情况处理国际货运中可能出现的问题的综合能力	能很灵活地运用知识解决问题	能较灵活地运用知识解决问题	应用知识解决问题的能力一般	解决实际问题的能力较差	解决实际问题的能力很差			
其他	1. 情感、态度、价值观的转变； 2. 综合素养水平的发展	学习态度、综合素养水平有很大提高	学习态度、综合素养水平有较大提高	学习态度、综合素养有所提高	无明显发展	无任何发展			
合计									
平均分									
综合得分（自评10% + 互评30% + 师评60%）									

学习笔记

项目五　办理保险

引思明理

中国法院国际公信力日益彰显

中国香港某汽车公司委托挪威某汽车船运输公司从天津港运输 27 辆客车至墨西哥。到达目的港后，却发现客车不同程度受损，中国某保险公司对 27 辆客车货损进行了先行赔偿，并依法取得了代位求偿权，但挪威汽车船运输公司称此前已与中国香港汽车公司就运输约定了仲裁条款，也向英国伦敦高等法院申请了全球禁诉令，禁止中国某保险公司在英国领域外进行诉讼。而中国某保险公司则认为中国法院具有管辖权，因此呈诉至天津海事法院，要求挪威汽车船运输公司赔偿损失。

中国天津海事法院审判认为，案件管辖权是国家司法主权的核心组成部分，中国香港汽车公司和挪威汽车船运输公司在保险事故发生前达成的仲裁协议具有相对独立性，当事人不能利用全球禁诉令擅自扩大受约束主体。经释法明理，挪威汽车船运输公司认可中国法院具有管辖权，双方就海运索赔事项达成和解，并同时在中国法院、英国法院、英国仲裁庭申请撤诉。这是中国天津海事法院于 2023 年 5 月妥善化解的天津首例涉他国禁诉令的国际海运索赔纠纷案件，依法裁定排除涉他国禁诉令，有效维护了中国法院司法管辖权，通过能动司法促成两国企业达成和解，彰显了中国法院的国际公信力。

资料来源：天津海事法院妥善处理天津首例涉他国禁诉令纠纷案 [EB/OL].（2023 - 05 - 18）. http://society. people. com. cn/n1/2023/0518/c1008 - 32688795. html.

党的二十大报告指出："努力让人民群众在每一个司法案件中感受到公平正义。"随着中国对外开放的不断扩大，涉外的相关纠纷案件难以避免，中国相关部门以公正、高效的司法妥善审理有关案件，不断提升政府公信力。

项目情境

　　杨帆根据相关法律法规，向海关进行了代理产品的申报，每一份报关单都是家乡亲人们的嘱托。国际货运路途漫长，运输途中存在各类风险，需要在出运前为货物办理保险。

　　杨帆的客户希望他能够为其推荐合适的保险险别，并代理填制保险单，杨帆也希望能够通过学习，选择合适的保险，为将来可能出现的货损货差等问题做好准备。因此，杨帆对国际货运保险的险别、货物保险损赔条件进行了系统学习。假如你是杨帆，你如何看待货运保险的意义？如何根据实际情况进行保险推荐，又应如何规范地填写保险单，并专业应对好各类索赔？

项目目标

知识目标
1. 了解国际货物运输保险的基本概念。
2. 理解国际货物运输保险的作用、原则和险别。
3. 熟悉国际货物运输保险的投保流程。
4. 学习国际货物运输保险的索赔。

技能目标
1. 掌握办理保险业务的流程。
2. 掌握不同险别的选择方法。
3. 掌握保险的投保和计算流程。
4. 掌握保险的索赔流程。

素质目标
1. 培养学生的风险管理意识。
2. 增强学生自我保护的能力。

任务一 认知货运保险

任务挑战

海运保险，是指针对海上货物运输过程中可能发生的各种风险，由保险公司向货主提供的一种经济补偿制度。这些风险包括但不限于自然灾害、意外事故、海盗袭击、战争风险等。通过购买海运保险，货主可以在货物遭受损失时获得经济上的补偿，从而减轻因风险带来的损失。请你了解海运保险有哪些，并作简要介绍，完成表5-1。

表5-1 海运保险介绍

序号	海运保险	具体介绍
例	平安险	平安险负责赔偿被保险货物在运输途中因恶劣气候、雷电、海啸、地震、洪水等自然灾害，或因运输工具搁浅、触礁、沉没、互撞、失火、爆炸等意外事故导致的全部损失或推定全损
1		
2		
3		
4		

知识正文

在国际货物运输中，自然灾害和意外事故都可能给货方带来风险和损失，为降低风险和损失，货主可根据货物性质、运输方式及线路等具体情况，选择合适的保险险别，向保险公司投保。中国保险条款包括海运基本险（平安险、水渍险、一切险）、陆运基本险、空运基本险、邮包险，以及战争险、罢工险等附加险别。

保险条款是国际买卖合同的重要组成部分，其内容包括：选择投保险别、办理保险手续、确定保险金额、支付保险费、保险人和被保险人的义务等。

国际货物运输的主要方式是海洋运输、航空运输、陆地运输和邮政运输，所以，国际货物运输保险的种类为海洋运输货物保险、航空运输货物保险、陆上运输货物保险和邮包运输货物保险。本项目重点介绍海洋货物运输保险。

一、国际货物运输保险的含义

《中华人民共和国保险法》规定：保险（Insurance）是指投保人根据合同约定，向保险人支付保险费，保险人对于合同约定的可能发生的事故所造成的财产损失承担赔偿保险金责任。

国际货物运输保险是将贸易货物运输过程中的各种货物作为保险标的的保险，即投保人对某一特定的运输货物，按一定的险别和规定的费率，向保险公司办理投保手续，并缴纳保险费，保险公司依约承保并发给投保人保险单作为凭证。保险公司对所承保的风险损失承担赔偿责任。

二、国际货物运输保险的作用

建立保险基金，补偿经济损失，是保险的基本职能，也是国际货物运输保险的基本职能。保险的作用是其职能在实际业务中发挥出来的具体效果。在国际货物运输中，保险的作用主要表现在以下几个方面。

（一）转移风险

买保险就是把自己的风险转移出去，而接受风险的机构就是保险公司（保险人）。国际货物运输保险为众多有危险顾虑的公司提供保险保障。

（二）均摊损失

转移风险并非使灾害事故真正离开投保人，而是保险人借助众人的财力，给遭受损失的投保人补偿经济损失。具体而言，海运过程中，自然灾害、意外事故造成的经济损失一般都是巨大的，是受灾公司难以应付和承受的，而保险人以收取保险费用和支付赔款的形式，将少数人的巨额损失分散给众多的投保人，从而使个体难以承受的损失，变成多数人可以承担的损失，这实际上是把损失均摊给所有有相同风险的投保人。

（三）实施补偿

实施补偿要以双方当事人签订的合同为依据，其补偿的范围如下。
（1）投保人因灾害事故所遭受的财产损失。
（2）投保人因灾害事故依法对他人应付的经济赔偿。
（3）灾害事故发生后，投保人因施救保险标的所发生的一切费用。

三、国际货物运输保险的基本原则

（一）最大诚信原则

最大诚信原则是指国际货物运输保险合同（以下简称保险合同）当事人应当基于诚实信用履行保险合同。一方面，这要求一方当事人应把合同内容的所有信息充分披露给另一方当事人，这样双方可以根据情况决定是否签订保险合同。另一方面，双方应该友善且全面地履行各自的义务和享受各自的权利，否则遭受损失的一方有权终止保险合同，且有权向另一方索要由此产生的经济损失。

最大诚信原则要求投保人和保险人在签订保险合同时及在保险合同有效期内，双方都信守承诺，互不欺骗隐瞒，主要内容如表5-2所示。

表5-2　最大诚信原则内涵

序号	具体介绍
1	保险人应当向投保人说明保险合同的条款内容，并可以就保险标的或被保险人的有关情况提出询问，投保人应如实告之
2	重要事实的申报。《中华人民共和国海商法》规定，如被保险人故意未将重要情况告之保险人的，保险人有权解除保险合同、并不退还保险费
3	对有关事项进行保证，即被保险人在保险合同中做出要做或不做某种事情的保证，如运输不用三年以上船龄的旧船、货物必须合法等

（二）可保利益原则

可保利益又称保险权益，即投保人对保险标的具有法律上承认的利益。投保人应该对保险标的具有保险利益，如投保人对保险标的不具有保险利益的，则保险合同无效，这就是保险利益原则。保险利益原则是保险的基本原则，其本质内容是要求投保人对保险标的物必须具有保险利益，如果投保人没有保险利益，保险人可单方面宣布保险合同是无效的。保险利益原则是通过法律来防止保险活动成为一些人获取不当利益的手段，确保保险活动可以起到分散风险的作用。

国际货物运输保险反映在运输货物上的利益，主要是货物本身的价值，但也包括与此相关的费用，如运费、保险费、关税和预期利润等，当保险标的未能安全到达时，被保险人就会受到损害或负有经济责任。

但国际货物运输保险不同于有的保险（如人寿保险）要求被保险人在投保时便具有保险利益，它仅要求在保险标的发生损失的时候必须具有保险利益。如以 FCA、FOB、CFR、CPT 等条件交易，货物风险的转移以在装运港越过船舷或在出口国发货地或装运地货交承运人为界。显然，货物在越过船舷或货交承运人风险转移之前，仅卖方有保险利益，而买方并无保险利益，如硬性规定被保险人在投保时就必须有保险利益，则按这些条件达成买卖合同，买方便无法在货物装船或货交承运人之前及时对该货物办理保险，所以在实际业务中，保险人可视为买方具有预期保险利益而允许承保。

（三）补偿原则

补偿原则是指当保险标的遭受保险责任范围内的损失时，保险人应当依照保险合同约定履行赔偿义务，即被保险人遭受保险事故损失时，保险人必须赔偿责任范围内被保险人遭受的实际损失。

国际货物运输保险合同属于财产保险合同的补偿，因此，如果出现超额保险时，保险人只支付实际损失，因为保险的目的是赔偿，而不是通过保险获得额外利益。

按照补偿原则，如果发生重复投保行为，即被保险人将同一标的就同一风险在两个或两个以上保险公司多次投保，在保险期限相同的情况下，如保险金额之和超过保险标的的价值，则应该由几个保险公司分摊赔偿，保险公司按比例分摊或按顺序分摊，赔偿总金额不超过保险标的的损失。

（四）近因原则

近因原则指保险人只对承保风险与保险标的的损失之间有直接因果关系的损失负赔偿责任，而对保险责任范围外的风险造成的保险标的的损失不承担赔偿责任。近因原则通常被用来确定在保险标的遭遇损失时，保险公司应承担的保险责任。

如某包装食品投保水渍险，在运输途中遭海水浸泡，外包装受潮后该食品发生霉变损失。这种情况下，食品受损有两个原因，一个是承保范围内的海水浸泡，另一个是承保范围外的霉变。因为前者直接导致了后者，所以前者是食品损失的近因，因前者在承保责任范围内，故保险公司应该给予赔偿。

如战争期间，某企业将投保一切险的出口商品运至码头仓库待运，适逢敌机轰炸，引起仓库着火，该批货物受损，当被保险人要求保险公司赔偿时，保险公司予以拒绝，理由是造成货物损失的原因有两个，投弹和火灾，而投弹是造成损失的直接原因，即投弹为近因，由于造成损失的近因不在保险公司的责任范围，保险公司可以拒赔。

（五）代位追偿原则

代位追偿原则是指当保险标的发生了保险责任范围内的由第三者责任方造成的损失，保险人履行了损失赔偿责任后，有权在其已赔付的金额的限度内取得被保险人在该项损失中的向第三者责任方要求索赔的权利，保险人取得该项权利后，即可在被保险人的地位上向第三者责任方进行追偿。

如茶叶与樟脑配载在相邻货位上，茶叶投保了一切险。发货人提货时发现茶叶严重串味，无法饮用而退货。茶叶串味损失属于一切险范围内的损失，但属于船方责任。该损失就满足了代位追偿的条件。

在国际贸易合同中对买卖的商品订立保险条款，对于买卖双方都是一种责任的规避，如果运输过程中发生了承保范围内的风险，就能从保险公司得到赔偿。海运货物保险可以由货主自行办理，也可以委托货运代理公司代办。本项目主要介绍目前主流的保险办理模式，即货运代理公司直接向保险公司递交保险单，申请海运货物保险。

国际货运代理企业作为国际贸易货物从卖方到买方转移中不可缺少的一个角色，承担着大量的业务操作任务，也承担着较大的风险，由国际货运代理公司投保的国际货运代理责任保险不仅具有国际货运代理业所投保险种的特色，也是国际货运代理业务健康发展的保障。

四、海洋运输货物风险、损失和费用

货物在海上运输及在海陆交接的过程中，可能遭遇各种风险和损失。保险公司并不是对所有的风险都予以承保，也不是对一切损失都予以补偿。为了明确责任，各国保险公司将其承保的各类风险及风险造成的各种损失和所产生的费用的赔偿责任，在其承保的各种险别中都做了明确规定。

（一）海洋运输货物保险中风险的特定含义

（1）它并非包括所有发生在海上的风险。

（2）它并不局限于海上发生的灾害和事故，那些与海上航行有关的、发生在海陆、海河或与驳船相连接之处的灾害和事故，如地震、海轮与驳船或码头碰撞也属于海上风险。

（二）海洋运输货物保险保障的风险

海洋运输货物保险所保障的风险主要包括两大类：海上风险和外来风险。

1. 海上风险

海上风险又称基本风险或海难，是运输过程中发生的海上自然灾害和意外事故。

（1）海上自然灾害。

海上自然灾害指不以人的意志为转移的自然力量所引起的灾害，如恶劣气候、雷电、海啸、洪水等。

（2）意外事故。

意外事故指由于偶然的、难以预料的原因造成的事故，如火灾、爆炸、碰撞、触礁、沉没等。

2. 外来风险

外来风险是指海上风险以外的各种风险。海洋运输过程中的外来风险必须是意外的、

事先难以预料的，而不是必然发生的。外来风险包括一般外来风险和特殊外来风险。

（1）一般外来风险。

一般外来风险指偷窃、破碎、雨淋、短量、提货不着等外来原因引起的风险。

（2）特殊外来风险。

特殊外来风险主要是指军事、政治及行政法令等原因造成货物损失的风险，如战争、罢工、交货不到等。

（三）海洋运输货物损失

1. 全部损失

全部损失又称全损，指整批或不可分割的一批被保险货物在运输途中全部受到损失。根据情况不同，全部损失又可以分为实际全损和推定全损。

（1）实际全损。

实际全损是指被保险货物在运输过程中全部灭失或等同于全部灭失。构成实际全损的情况包括：保险标的物完全灭失（如沉入海底）；虽未遭损毁，但被保险人已无法得到（如被海盗劫走、被敌方扣押等）；已丧失商业价值或失去原有用途（如茶叶或水泥经水浸泡）；船舶失踪达半年以上仍无音信等。

（2）推定全损。

推定全损是指被保险货物遭遇保险事故后，认为实际全损已不可避免，或者为避免发生实际全损所需支付的费用与继续将货物运抵目的地的费用之和超过保险价值的损失。构成推定全损的情况有以下几种。

①保险货物受损后，修理费用已超过货物修复后的价值。

②保险货物受损后，整理和续运到目的地的费用超过货物到达目的地的价值。

③为避免实际全损需要花费的施救费用将超过获救后保险货物的价值。

④被保险人失去所保货物的所有权，而收回这一所有权花费的代价将超过收回后保险货物的价值。

要注意，被保险货物发生推定全损时，被保险人可要求保险人按部分损失赔偿，也可要求按全部损失赔偿。如要求按全部损失赔偿，被保险人必须向保险人发出委付通知。委付指被保险人表示愿意将保险标的的一切权利和义务转移给保险人，并要求保险人按全部损失赔偿的一种行为。委付必须经保险人同意后才生效，但是保险人应当在合理的时间内将接受委付或不接受委付的决定告知被保险人。委付一旦经被保险人接受不得撤回。

国际上对全损掌握的界限如表5-3所示。

表5-3 全损掌握的界限

序号	界限
1	一张保险单所保全部货物的完全损失
2	一张保险单上分类货物的全部损失
3	装卸时整件货物的全部损失
4	保险货物以驳船驳运时，每条驳船全部货物的完全损失

2. 部分损失

部分损失是指不属于实际全损和推定全损的损失。

按照造成损失的原因，部分损失可分为共同海损和单独海损。

（1）共同海损。

共同海损是指载货的船舶在海运途中遭遇自然灾害或意外事故，船长为解除船与货的共同危险使航程得以继续，有意而合理地做出特殊牺牲；或采取合理救难措施而引起的特殊损失和合理的额外费用。

构成共同海损必须具备的条件如表5-4所示。

表5-4　构成共同海损必须具备的条件

序号	条件
1	危险是真实存在的，而不是主观臆断的
2	危险威胁到船、货及其他各利益方的共同安全
3	所采取的措施必须是有意的、合理的
4	做出的牺牲必须是共同海损行为的直接结果、支付的费用必须是额外的

共同海损的损失和费用，应由受益的船方、货方和运费收入方按最后获救价值的多少，按比例进行分摊。这种分摊叫共同海损的分摊。

（2）单独海损。

单独海损是指运输过程中，由于保险范围内的风险所造成的货物的部分损失。由于单独海损只危害到某个或某些当事人的利益，而对他利益方不构成威胁，因此单独海损应由受损方或其保险人承担。

单独海损与共同海损的区别在于：单独海损是由海上风险直接造成的货物损失，没有人为因素在内，而共同海损则是因采取人为的、故意的措施而导致的损失；单独海损的损失由受损方自行承担，而共同海损的损失是由各受益方按获救财产价值的多少按比例共同分摊。

（四）海上运输货物保险费用

海上运输货物保险费用是指由海上风险造成的、由保险人承保的费用损失。海上运输货物保险费用包括施救费用和救助费用。

1. 施救费用

施救费用是指在被保险货物遇到保险范围内的风险时，被保险人或其代理人、雇佣人和受让人为避免或减少损失，采取抢救措施所支出的合理的、直接的、额外的费用。

2. 救助费用

救助费用是指运输过程中，保险标的遭遇保险责任范围内的灾害事故时，由保险人和被保险人以外的第三方实施救助行为并获成功，由被救方向救助方支付的劳务报酬。

五、货物保险险别

货物保险险别是确定保险人所承担责任大小和被保险人应缴保险费多少的依据。根据中国人民保险公司《海洋运输货物保险条款》（Ocean Marine Cargo Clauses），海洋运输货物保险险别包括基本险和附加险两大类。

（一）承保的责任范围

1. 基本险

基本险可以单独投保。被保险人投保时，必须选择一种基本险投保。海洋运输货物保险的基本险有平安险、水渍险、一切险。

（1）平安险（Free from Particular Average，FPA）。

平安险的承保范围包括除了由自然灾害造成的单独海损以外的海上风险所造成的一切损失和费用。平安险的承保范围如表5-5所示。

表5-5 平安险的承保范围

序号	平安险的承保范围
1	在运输途中，由于自然灾害造成的被保险货物的实际全损或推定全损
2	由于运输工具遭搁浅、触礁、沉没、互撞、与其他物体碰撞，以及失火、爆炸等意外事故造成的被保险货物的部分损失
3	运输工具已经发生搁浅、触礁、沉没、焚毁等意外事故，在此意外事故前后货物又在海上遭恶劣气候、雷电、海啸等自然灾害所造成的部分损失
4	在装卸转船过程中，被保险货物一件或数件落海所造成的全部损失或部分损失
5	发生了保险责任范围内的危险，被保险人对货物采取抢救、防止或减少损失措施所支付的合理费用，但不能超过这批被救货物的保险金额
6	发生共同海损所引起的牺牲、分摊费和救助费用
7	运输工具遭自然灾害或意外事故，需要在中途的港口或者在避难港口停靠，由此产生的卸货、装货、存仓及运送货物的特别费用
8	运输契约订有"船舶互撞责任"条款，按该条款规定应由货方偿还船方的损失

我国保险行业中使用"平安险"一词已很久，但其英文意思是指单独海损不负责赔偿。国际保险领域对单独海损的解释是部分损失，但在长期实践的过程中，平安险经补充和修订后，当前其赔偿范围可以赔偿全部损失。

（2）水渍险（With Particular Average，WPA）。

水渍险的承保范围包括海上风险所造成的一切费用和损失，即在平安险的基础上，加上自然灾害造成的单独海损。其责任范围除包括上述的"平安险"责任，还包括被保险货物由于恶劣天气、洪水、海啸、雷电、地震和其他自然灾害造成的部分损失。

（3）一切险（All Risks）。

一切险除包括平安险和水渍险的各项责任外，还包括货物在运输途中由于一般外来风险所造成的被保险货物的全部或部分损失。无论是全部损失或者部分损失，除对某些运输途耗的货物由保险公司与被保险人双方约定在保险单上载明的免赔率外，保险公司都要进行赔偿。

2. 附加险

附加险是只有在加保了基本险的基础上才能投保的附加险种，有一般附加险、特殊附加险和特别附加险三种。

（1）一般附加险。

一般附加险承保由一般外来风险造成的损失，主要有11种险别，如表5-6所示。

表 5－6　一般附加险险别

序号	险别	含义
1	交货不到险	保险有效期内，保险货物被偷走或窃走，以及货物运抵目的地以后，整件未交的损失，由保险公司负责赔偿
2	淡水雨淋险	主要承担由于淡水、雨水，以及雪融所造成的损失
3	短量险	负责保险货物数量短少和重量的损失。通常包装货物的短少，保险公司必须查清外包装是否发生异常现象，如破口、破袋、扯缝等。如属散装货物，往往以装船和卸船重量之间的差额作为计算短量的依据
4	混杂、沾污险	主要承担保险货物在运输过程中混进了杂质所造成的损失，如矿石等混进了泥土、草屑等使其质量受到影响
5	渗漏险	主要负责赔偿流质、半流质货物及用液体盛装运输的货物因容器损坏而造成的损失。如以液体装存的湿肠衣，因为液体渗漏而使肠衣发生腐烂、变质等损失，均由保险公司负责赔偿
6	碰损、破碎险	碰损主要是对金属、木质、陶瓷、玻璃器皿等货物来说的，本险别主要承担在运输途中，因为受到震动、颠簸、挤压而造成货物损失
7	串味险	例如，茶叶、香料等在运输途中受到一起堆储的皮革、樟脑等异味的影响使品质受到损失
8	受热、受潮险	主要承担船舶在航行途中，由于气温骤变，或者因为船上通风设备失灵等使舱内水汽凝结、发热而引起的货物的损失
9	钩损险	主要承担保险货物在装卸过程中因为使用手钩、吊钩等工具所造成的损失
10	包装破裂险	主要负责包装破裂造成物资的短少、沾污等损失，以及为了续运进行的安全修补、更换包装的费用
11	锈损险	主要负责保险货物在运输过程中因为生锈造成的损失。这种生锈必须在保险期内发生，如货物原装时就已生锈，保险公司不负责任

（2）特殊附加险（Special Additional Risks）。

特殊附加险包括战争险（War Risk）和罢工险（Strikes Risk）两种，它们不包括在一切险范围内。

（3）特别附加险。

特别附加险包括交货不到险（Failure to Delivery Risk）、进口关税险（Import Duty Risk）、舱面险（On Deck Risk）、拒收险（Rejection Risk）、黄曲霉素险（Aflatoxin Risk）、出口货物到香港（包括九龙在内）或澳门存仓火险责任扩展条款（Fire Risk Extension Clause for Storage of Cargo at Destination Hong Kong, Including Kowloon or Macao, FREC）。这6种险别不包括在一切险范围内。

各种险别的承保范围、承保费用各不相同，一切险是责任范围最广的一种，包括平安险、水渍险和11种一般附加险。被保险人必须注意不要重复使用它们，如选了一切险，则串味险就是不必要的，因为串味险属于一般外来风险，而一切险的保险范围已经包含了该风险。

（二）保险责任期限

1. 基本险责任期限

在正常运输的情况下，基本险责任期限通常采用国际保险业惯用的"仓至仓"条款（Warehouse to Warehouse Clause，W/W）。即保险责任自被保险货物运输保险单所载明的启运地发货人仓库开始，一直到达保险单所载明的目的地收货人仓库为止。但如果在卸货港货物卸离海轮，不进入收货人仓库，只要满 60 天，其责任也告终止。另外，如果被保险货物在运至保险单所载明的目的地或目的地前的某一仓库被分配分派，则保险责任在分配分派开始即终止。

2. 海运战争险责任期限

海运战争险的责任期限只限于水上危险或运输工具上的危险，其责任自货物在启运港装上海轮或驳船时开始，到目的港卸离海轮或驳船时为止。如不卸离，保险责任以海轮到达该港或卸货地点的当日午夜起算 15 天为止；如在中途港转船，则不论货物卸载与否，保险责任因以海轮到达该港或卸货地点的当日午夜起算满 15 天为止，待再装上海轮时保险责任恢复有效。

（三）除外责任

除外责任（Exclusions）是保险公司明确规定不予承保的损失和费用。除外责任中所列的各项致损原因，一般都是非意外的、偶然性的，或者是比较特殊的风险，由保险公司明确作为一种免责规定。除外责任还起到划清保险人、被保险人和发货人各自应负责任的作用。基本险规定了下列除外责任。

（1）被保险人的故意行为或过失所造成的损失。

（2）属于发货人责任所引起的损失。

（3）在保险责任开始前，由于被保险货物已存在的品质不良或数量短缺所造成的损失。

（4）由于被保险货物的自然损耗、本质缺陷、特性，以及市价跌落、运输延迟所引起的损失或费用。

（5）属于海洋运输货物战争险条款和罢工险条款规定的责任范围和除外责任。

六、选择保险险别

保险人承担的保险责任，是以保险险别为依据的。在不同保险险别情况下，保险人承担的责任范围不同，被保险货物在遭遇风险损失时获得的补偿不同，保险资率也不同，所以投保时应选择适当的保险险别，以保证货物得到充分的经济保障，并节省保险费用。选择保险险别（以下简称险别）时应考虑以下几个因素。

（一）货物的性质和特点

不同种类的货物，由于其性质和特点不同，即使在运输时遭遇同一风险事故，所致的损失后果往往也并不相同。因此，投保人在投保时应充分考虑货物的性质和特点，选择适当的险别。

例如，粮谷类商品（大米、豆类、玉米等）的特点是含有一定的水分，经过长途运输，可能会因水分蒸发导致短量损失；如果途中被水浸湿，或是船上通风设备不良，船舱中湿气过大，则可能霉烂。因此，对于这类商品，海运时一般需投保一切险，或在水渍险的基础上加保受潮受热险及短量险；陆运时则需投保陆运一切险，或在陆运险的基础上加保短量险。

又如服装等纺织品，容易受到水湿及沾污损失，所以海运需投保一切险，或在水渍险的基础上加保淡水雨淋险和混杂、沾污险；陆运同样应投保与海运相当责任的险别。

再如玻璃器皿、家具、大理石、水磨石的特点是容易碰损、破碎，因而可在投保平安险的基础上加保碰损、破碎险。

此外，对某些大宗货物（如散装桐油、原煤、天然橡胶）及某些特殊的货物（如冷藏货物），则需按不同货物的特点选择保险人提供的特定的或专门的保险条款进行投保，以得到充分保障。

（二）货物的包装

货物的包装方式会直接影响货物的完好情况。散装货物，如大宗的矿石、矿砂，在装卸时容易发生短量损失，散装的豆类等还可能因混入杂质而受损；裸装金物，容易因碰撞或挤擦而出现表面凹瘪、油漆掉落等损失；包装货物可能会因包装材料的不同而产生不同的损失，如袋装大米可能因装卸时使用吊钩使外包装破裂、大米漏出而致损。因此，投保人应根据不同包装方式的特点选择适当的险别。

（三）货物的用途与价值

货物的用途各有不同。一般而言，食品、化妆品及药品等与人的身体、生命息息相关的商品，由于其用途的特殊性，一旦发生污染或变质损失，就会全部丧失使用价值，因此在对这类货物进行投保时应尽量考虑如何得到最充分全面的保障。例如，茶叶在运输途中一旦被海水浸湿或吸收异味就无法饮用，失去使用价值，故应当投保一切险。

（四）运输方式、运输工具、运输路线、运输季节和港口（车站）

货物通过不同运输方式、采用不同的运输工具进行运输时，途中可能遭遇的风险不同，可供选择的险别也因运输方式而异。根据我国货物运输保险条款，货物采用的运输方式不同，其适用的险别也不同，如海运保险的主险为一切险、水渍险和平安险，陆运保险的主险则为陆运一切险和陆运险。所以货主或货运代理公司应根据适当的运输方式和运输工具等选择适当的险别。

常见的货物种类及险别选择如表5-7所示。

表5-7　常见货物种类及险别选择

货物种类	常见危险	险别选择
粮谷类	短量、霉烂、受热受潮	一切险； 水渍险+短量险+受热受潮险
粮食类	包装破碎、包装生锈、被盗	一切险； 平安险+盗窃、提货不着险+包装破裂险
酒、饮料	破碎、被盗	一切险； 平安险+盗窃、提货不着险+碰损、破裂险
玻璃、陶瓷制品、家电、工艺品、仪器仪表	破碎、被盗	一切险； 平安险+盗窃、提货不着险+碰损、破裂险

学习笔记

货物种类	常见危险	险别选择
毛绒类、纺织纤维类	水湿导致色变、霉烂	一切险； 水渍险 + 混杂、提货不着险
杂货类	水湿、被盗	水渍险 + 盗窃、提货不着险 + 淡水雨淋险
散装矿石类	散落、短量	平安险 + 短量险
木材、车辆（舱面险）	浪击落海或被抛弃	平安险 + 舱面险
活牲畜、家禽、活鱼	死亡	活牲畜、家禽海陆空运输保险条款
原糖	溶解短量、吸湿、被盗、可能发生爆炸、油渍沾污	一切险

随堂讨论

1. 在国际货运全过程中，有哪些环节需要购买保险？购买保险的作用有哪些？

2. 除了上文提到的中国人民保险公司相关保险外，国际上还有哪些公认的国际货运保险条款呢？

同步测试

拓展资料

同步测试项目五任务一

拓展任务

集装箱损坏怎么办？

请对目前常见的货运保险进行调研，并选择一种你感兴趣的产品，假设它将经海运出口到欧洲，你会根据产品特点和航线特点选择哪些保险，说明理由。

任务二 货物保险投保

任务挑战

为了减少和分散风险、预防和避免损失，货主需要对出口货物投保运输险。请你帮助杨帆搜集资料，了解海运保险单的要素，并对部分海运保险单的要素信息加以介绍，填在表5-8中。

表5-8 海运保险单要素信息

序号	要素	具体介绍
例	发票号码	此栏填写投保海运货物运输保险货物的商业发票号码
1		
2		
3		
4		
5		
6		
7		

知识正文

为了减少和分散风险、预防和避免损失，货主需要对出口货物投保运输险，有时，货主需要委托货运代理公司人员代为办理投保。因此，货运代理公司人员也要了解国际货物运输险的保险条款，明确保险合同的保险险别及其承保范围，从而清晰自己应承担的责任区间。

当投保人需要对海运货物进行投保时，首先要跟保险公司联系，通常要填制一张投保单，经保险公司接受后就开始生效。投保单没有固定的格式，不同公司会有所区别。保险公司出具的保险单以投保人的填报内容为准，也可以由保险人发送投保单中的相应信息给保险公司，由保险公司操作人员填报投保单，再由投保人审核确认。

一、海运保险单的填制

（1）发票号码（Invoice No.）。此栏填写投保海运货物运输保险货物的商业发票号码。

（2）保险单号（No.）。此栏填写保险单号码。

（3）被保险人（Insured）。如L/C和合同无特别规定，此栏一般填信用证的受益人，即出口公司名称。如L/C无特殊要求，或要求"Endorsed in Blank"，一般也应填L/C受益人名称，可不填写详细地址，但出口公司应在保险单背面背书。

（4）标记&唛头（Marks & Nos.）。按信用证规定，保险单上的标记应与发票、提单上一致。可单独填写，若来证无特殊规定，一般可简单填成"AS PER INV. NO. ×××"。

（5）包装及数量（Quantity）。此栏填制大包装件数，并应与提单上同一栏目的内容相同。有包装的填写最大包装件数；有包装但以重量计价的，应把包装重量与计价重量都注明；裸装货物要注明本身件数；煤炭、石油等散装货应注明"IN BULK"再填净重；以单位包装件数计价者，可只填总件数。

（6）保险物资项目（Description of Goods）。又称货物名称或保险货物项目。根据投保单填写，要与提单此栏目的内容一致。一般允许使用统称，但不同类别的多种货物应注明其各自的总称。

（7）保险金额（Amount Insured）。保险金额应严格按照信用证和合同的要求填制，保险金额应为发票金额加上投保加成后的总金额，如信用证和合同无明确规定，一般都以发票金额加一成（即110%的发票金额）填写。也可按含佣价加成投保，但须按扣除折扣后的价格加成投保。信用证支付方式下，应严格按信用证规定。

（8）保险费及保险费率（Premium and Rate）。此栏一般由保险公司填制或已印好"AS ARRANGED"。除非信用证另有规定，如"INSURANCE POLICY ENDORSED IN BLANK FULL INVOICE VALUE PLUS 10% MARKED PREMIUM PAID"，此栏就填入"PAID"或把已印好的"AS ARRANGED"删去并加盖校对章后填"PAID"。

（9）装载运输工具（Per Conveyance S. S.）。要与运输单据一致，并应按照实际情况填写。

（10）开航日期（Slg. on or Abt.）：此栏应按B/L中的签发日期填写，或填写签发日期前5天内的任何一天，或可简单填"AS PER B/L"。

（11）起讫地点（From. . . to. . .）。此栏填制货物实际装运的启运港口和目的港口名称，如货物需转船，也应把转船地点填上。如：FROM WUHAN, CHINA TO NEWYORK, USA VIA HONGKONG（OR W/T HONGKONG）。

（12）承保险别（Conditions）。本栏系保险单的核心内容，填写时应注意保险险别及文句与信用证必须一致，投保的险别除注明险别名称外，还应注明险别适用的文本及日期。

（13）赔款偿付地点（Claim Payable at）。此栏应严格按照信用证或合同规定填制地点和币种两项内容，地点按信用证或投保单填写，币种应与保险金额一致。

（14）日期（Date）。此栏填制保险单的日期。由于保险公司提供仓至仓服务，所以保险手续要求在货物离开出口仓库前办理，保险单的签发日期应为货物离开仓库的日期或至少填写早于提单签发的日期、发运日或接受监管日。

（15）投保地点（Place）。此栏一般填制装运港口名称。

（16）签字（Signature）。此栏盖与第一栏相同的保险公司印章及其负责人的签字。实际操作中，其签章一般已经印刷在保险单上。保险单需经保险公司签章后方生效。

（17）特殊条款（Special Conditions）。如信用证和合同中对保险单据有特殊要求，就将要求填在此栏中。如来证要求"L/C NO. ××× MUST BE INDICATED IN ALL DOCU-MENTS"，即在此栏中填上"L/C NO. ×××"。

常用的运输投保申请单和货物运输险投保单的模板如图5-1和图5-2所示。

运输投保申请单

Application for Transportation Insurance

（1）被保险人： Assured's Name			（2）保单号： Policy No. （3）发票号： Invoice No. （4）合同号： Contract No. （5）信用证号： L/C No.
兹有下列物品向中国人民保险公司投保： Insurance is required on the following commodities			
（6）标记： Marks & Nos.	（7）包装及数量： Quantity	（8）保险货物项目： Description of Goods	（9）发票金额： Amount Invoice （10）加成（%）： Value Plus about （11）保险金额 Amount Insured（以人民币填写） （12）费率： Rate （13）保险费： Premium
（14）装载工具（请以 by air、by sea、by car 字样填写）： Per Conveyance			
（15）开航日期（以出港日期为准）： Sig. on Abt.	（16）提单号（真实的运单号）： B/L No.		（17）赔付地点（详细地址）： Claims Payable at
（18）自： From	（19）经： Via		（20）到： To
（21）承保险别： Conditions &/or Special Coverage（需要何种保险，请在此注明）			
（22）备注： Remarks			
（23）正本份数： Original		（24）投保人盖章： Applicant's Signature	
地址 Address		日期 Date	

图 5-1 运输投保申请单

货物运输险投保单
PROPOSAL FORM FOR CARGO TRANSPORTATION INSURANCE

被保险人： the Insured：			
标记 Marks&Nos.	包装与数量 Quantity	保险货物项目 Description of Goods	保险金额 Amount Insured

装载运输工具： Per Coveyance S. S：	开航日期： Sig. on Abt. ：
发票或提单号： Invoice No. or B/L No. ：	赔款偿付地点： Claim Payable at：

自 From	经 Via	至 To

投保险别：
Condition：

保险费率： Premium Rate：	保费： Premium：

风险情况：
Risk Condition：

货物种类 Goods	
集装箱种类 Container	
装运工具 By Transit	

船舶资料 Particulars of ship	船籍：	船龄：	登记总吨位：	制造地点：

投保人声明：本投保单及所填各项内容均属事实，同意以本投保单作为保险人签发保险单的依据及保险合同的组成部分。投保人确认在填写本投保单时，保险人已就货物运输条款及附加条款（包括责任免除部分）的内容向投保人做了明确说明。

投保人签字（盖章）：		日期：
经办人： 日期：	核保人： 日期：	日期：

图 5-2　货物运输险投保单

二、保险金额的确定

在我国的外贸实践中，目前采用 FOB、CFR、CIF、FCA、CPT 与 CIP 这 6 种贸易术语的买卖合同居多，而在国际货运保险中，保险金额一般是以 CIF 或 CIP 的发票价格为基础加成确定的，除应包括商品的价值、运费和保险费外，还应包括被保险人在贸易过程中支付的经营费用，如开证费、电报费、借款利息、税款和分摊到本笔交易中的日常管理费用等，还应包括在正常情况下可以获得的预期利润。如果出口合同采用 CIF 和 CIP 条件时，保险由我方办理，出口企业在向当地的保险公司办理投保时，应根据买卖合同的规定和信用证的规定，在备妥货物并确定装运日期和运输工具后，按规定格式逐笔填制投保单，具体列明被保险人名称、被保险货物名称、数量、包装及标志、保险金额、起讫地点、运输工具名称、起航日期、投保险别等，送交保险公司投保，并交付保险费，保险公司凭此出具保险单或保险凭证。

保险金额一般由买卖双方商订。关于保险加成率，在《跟单信用证统一惯例》（《UCP600》）和《2010 年国际贸易术语解释通则》（《INCOTERMS2010》）中均规定，最低保险金额应为货物的 CIF 或 CIP 价格加 10%，如果以其他 4 种贸易术语成交，则应先折算成 CIF 或 CIP 再加成。根据惯例，通常按照 CIF 值的 110% 投保，如果买方要求以较高的投保加成率计算投保金额，在保险公司同意的情况下我方可以接受，但是超出部分的保险金额应由买方负担。投保金额是保险公司所承担的最高赔偿金额，也是计算保险费的基础，其计算公式为：

$$保险金额 = CIF（CIP）价 × （1 + 投保加成率）$$

如果以 CFR 或 CPT 成交，保险金额的计算公式为：

$$CIF（CIP）价 = CFR（CPT）价/（1 - 投保加成率 × 保险费率）$$

$$保险金额 = CIF（CIP）价 × （1 + 投保加成率）$$

$$保险费 = 保险金额 × 保险费率$$

【例 5 - 1】北京某货运公司出口一批货物到日本，原报 CFR 日本大阪，总金额为 80 000 美元，现进口商来电要求改报 CIF 价格，目的地不变，并按 CIF 价加成 10% 投保海运一切险，假设运至日本大阪的该项货物的海运一切险的保险费率为 0.5%。请计算其保险金额。

解：

$$CIF 价 = 80 000/[1 - （1 + 10%）× 0.5%] = 80 442.43（美元）$$

$$保险金额 = 80 442.43 × （1 + 10%）= 88 486.67（美元）$$

【例 5 - 2】某批出口至新加坡的货物，CIF 发票总金额为 45 万元人民币，如按发票总金额的 110% 投保一切险和战争险，应付多少保险费？

（注：一切险的保险费率为 0.3%，战争险的保险费率为 0.04%）

解：

$$保险费 = CIF（CIP）价 × （1 + 投保加成率）× 保险费率$$

$$= 450 000 × 110% × （0.3% + 0.04%）$$

$$= 1 683（元）$$

即应付 1 683 元保险费。

随堂讨论

请简述保险合同的基本特征。

同步测试

拓展资料

同步测试项目五任务二

拓展任务

货运险与物流责任险的区别

请选择一个产品，为其填制一份海运保险单。

任务三　货物保险索赔

任务挑战

　　假设杨帆现在需要处理一个货物运输损失事件，请你代为设计一份完整的货物保险索赔方案。方案应包括调查到的货物损失的原因和损失金额及相关的证据和文件，如何与保险公司进行协商等。

知 识 正 文

　　当被保险人保险的货物遭受损失时，索赔问题就产生了。

　　保险索赔是指当进出口货物遭受承保责任范围内的损失时，具有保险利益的人应在分清责任的基础上确定索赔对象，准备好索赔单证，并在索赔时效内（一般为两年）向相关保险公司提出赔偿要求。被保险人应按照保单的规定办理索赔手续，同时还应以收货人的身份向承运人办妥必要的手续，以维护自己的索赔权利。

一、索赔的原则

　　索赔应坚持实事求是、有根有据、合情合理、注重实效的原则。

　　（1）实事求是是双方沟通的基础，也是解决纠纷的关键。实事求是就是根据所发生的实际情况，分析损失原因，确定损失的程度或准确数量。

　　（2）有根有据就是要进行深入细致的调查研究，掌握货损货差的有效证据。索赔要根据运输契约的规定，尊重有关的国际惯例，做到有根有据。

　　（3）合情合理就是根据事故发生的事实，准确地确定损失程度和金额，合理地确定责任方应承担的责任。根据不同情况，采用不同的解决方式、方法，使事故合理、尽早得以处理。

　　（4）注重实效就是要在货损、货差索赔中注重实际效益。如果已不可能得到赔偿，但仍然长期纠缠在法律诉讼中，则只是浪费时间和财力。如果能收回一部分损失，切不可因等全额赔偿而放弃。

二、索赔的条件

　　一项合理的索赔必须具备下列条件。

（一）索赔人要有索赔权

　　提出货物索赔的人原则上是货物所有人，或提单上记载的收货人，或合法的提单持有人。但是，根据收货人提出的"权益转让证书"，也可以由有代位求偿权的货运代理人或其他有关当事人提出索赔。货物的保险人也可以是货运事故的索赔人。

（二）责任方必须有实际赔偿责任

　　收货人作为索赔方提出的索赔应是属于承运人免责范围之外的，或属保险人承保责任内的，或买卖合同规定由卖方承担的货损、货差。

（三）索赔的金额必须是合理的

合理的索赔金额应以实际货损程度为基础。要注意，在实际中，责任人经常会受到赔偿责任限额的保护。

（四）在规定的期限内提出索赔

索赔必须在规定的期限，即"索赔时效"内提出，否则，在索赔时效过后，索赔人很难得到赔偿。

三、索赔的对象

如被保的出口货物遭受保险责任范围内的损失，应由被保险人向保单上所载明的国外理赔代理提出索赔。中国人民保险公司现已在 100 多个国家设立 300 多个检验理赔代理人。

四、索赔的单证

海运货损索赔中使用的主要单证如下。

（一）提单正本

提单既是承运人接受货物的收据，也是交付货物给收货人时的凭证，还是确定承运人与收货人之间责任的证明，是收货人提出索赔依据的主要单证。提单条款规定了承运人的权利、义务、赔偿责任和免责项目，是处理承运人和货主之间争议的主要依据。

（二）卸货港理货单或货物溢短单、残损单等卸货单证

这些单证是证明货损或货差发生在船舶运输过程中的重要单证。如果这些卸货单证上批注了货损或货差情况，并经船舶大副签字，而收货单上未作出同样的批注，就证明了这些货损或货差是发生在运输途中的。

（三）重理单

船方对所卸货物件数有疑问时，一般会要求复查或重新理货，并在证明货物溢短的单证上作出复查或重理的批注。这种情况下，索赔时必须同时提供复查结果的证明文件或理货人签发的重理单，并以此为依据证明货物有无短缺。

（四）货物残损检验报告

在货物受损的原因不明显或不易区别，或无法判定货物的受损程度时，可以申请具有公证资格的检验人对货物进行检验。在这种情况下，索赔时必须提供检验人检验后出具的"货物残损检验证书"。

（五）商业发票

商业发票是贸易中由卖方开出的一种商业票据，它是计算索赔金额的主要依据。

（六）装箱单

装箱单也是一种商业票据，其中列明了每箱内所装货物的名称、件数、规格等，用以

确定货物损失程度。

（七）修理单

用来表明修理被损坏的仪器设备、机械等货物所花费的费用。

（八）权益转让证书

除了以上所述单证外，其他能够证明货物受损的事故原因、损失程度、索赔金额、责任所在的单证都应一并提供。提供何种索赔单证没有统一规定。索赔案件的性质、内容不同，所需要的索赔单证和资料也就不同。总之，索赔单证必须齐全、准确、一致，不能自相矛盾。

五、索赔注意事项

（一）损失通知与残损检验

货物运抵目的港后，被保险人或其代理人应及时查看，发现属于保险责任范围内的损失时，应立即通知保险人在卸货港的检验人或其理赔代理人。这种通知是向保险人请求损失赔偿的必备手续。遭受损失的货物应尽可能保留现状，以便保险人及有关各方进行检验，确定责任。残损检验报告是被保险人向保险公司索赔的重要证件。

（二）向承运人等有关方提出索赔

被保险人或其代理人在提货时发现货物明显受损或整件短少，除向保险公司报损外，还应立即向承运人、受托人以及海关、港务局等索取货损货差证明。当这些损失涉及承运人、受托人或其他有关方面如码头、装卸公司时，应立即以书面形式向他们提出索赔，并保留追偿权利，必要时还要申请延长索赔时效。

（三）采取合理的施救、整理措施

保险货物受损后，作为被保险人的货方和保险人均应对受损货物采取措施，防止损失扩大。特别是对受损货物，被保险人仍须协助保险人进行转售、修理和改变用途等工作。

（四）备全必要的索赔证据

索赔证据是指被保险人除以书面提出索赔申请、列明索赔清单外，还需提供残损检验报告，保险单或保险凭证，发票、提单、装箱单或重量单和运输单据，海事报告，施救费用及检验费用的开支清单，向承运人或其他第三者索赔的有关文件和来往函电等文件。

（五）索赔证据及时效

索赔时效一般为2年，但被保险人一旦获悉或发现货物遭受损失就应立即通知保险公司，只要提出索赔，就说明索赔已经开始。

（六）代位追偿

在保险业务中，为防止被保险人双重获益，保险人在履行全损赔偿或部分损失赔偿后，在其赔付金额内，要求被保险人转让其对造成损失的第三者责任方要求全赔或相应部分赔偿的权利。这种权利称代位追偿权（Right of Subrogation）或代位权。

在实际业务中，保险人需首先向被保险人进行赔付，才能取得代位追偿权，具体做法为：被保险人在获得赔偿的同时签署一份权益转让书，作为保险人取得代位追偿权的证明，保险人凭权益转让书向第三者责任方追偿。

【例5-3】某货代公司接受货主委托，安排一批茶叶的海运出口业务。货代公司在提取了船公司提供的集装箱并装箱后，将整箱货交给船公司。同时，货主自行办理了货物运输保险。货物运达后，收货人在目的港拆箱提货时发现集装箱内异味浓重，经查明，该集装箱前一航次所载货物为精茶，致使茶叶受精茶污染。

请问：（1）收货人可以向谁索赔？为什么？

（2）最终应由谁对茶叶受污染事故承担赔偿责任？

分析：

（1）可向保险人或承运人索赔。

根据保险合同，在保险人承保期间和责任范围内，保险人应承担赔付责任，故可以向保险人索赔。

根据运输合同，承运人应提供"适载"的自备集装箱，由于集装箱存在问题，故承运人应承担赔偿责任。

（2）在本例中，由于承运人没有提供"适载"的集装箱，而货代公司在提取空箱时没有履行其义务，即检查箱子的义务，并且在目的港拆箱时异味还很浓重，因此承运人和货代公司应按各自过失比例承担赔偿责任，如承运人承担60%、货代公司承担40%的责任。

随堂讨论

如货物保险需要索赔，需要哪些证明材料？

同步测试

拓展资料

同步测试项目五任务三

拓展任务

如何判断货损状况

某公司计划向欧洲出口一批精密仪器，总价值为500 000美元（CIF价格），客户要求投保一切险。已知该一切险的保险费率为0.5%。请计算该批精密仪器的保险金额和应支付的保险费。保险金额按照CIF价格的110%计算，即加成10%。

学习笔记

项目评价

项目五学习评价量表

评价项目	评价内容	评价标准					评价方式		
		优 (90~100)	良 (80~89)	中 (70~79)	及格 (60~69)	不及格 (0~59)	自评	互评	师评
学习态度	1. 学习目标明确，重视学习过程的反思，积极优化学习方法； 2. 具备持之以恒的学习习惯； 3. 保质保量按时完成作业	积极、热情、主动	积极、热情，但欠主动	学习态度一般	学习态度较差	学习态度很差			
学习方式	1. 学生个体的自主学习能力强，会倾听、思考、表达和质疑； 2. 学生普遍有浓厚的学习兴趣，学习参与度高； 3. 学生之间能够合作学习，并在合作中分工明确地进行有序和有效的探究； 4. 学生在学习中能自主反思，发挥求异、求新的创新精神，积极地提出问题和讨论问题	自主学习能力强，会倾听、思考、表达和质疑	自主学习能力较强，会倾听、思考、表达	自主学习能力一般，会倾听	自主学习能力较差，不会思考	自主学习能力很差，不会思考			
参与程度	1. 认真参加课程的线上学习活动，积极思考，善于发现问题，勇于解决问题； 2. 积极参加头脑风暴、主题讨论、提问等活动； 3. 积极参加线下实践活动等	积极思考，善于发现问题，勇于解决问题，表达能力强	积极思考，善于发现问题，勇于解决问题	能发现问题，但解决问题能力一般	参与意识较差，不够积极主动	缺乏参与意识，不积极主动			
合作意识	1. 积极参加合作学习，勇于接受任务、敢于承担责任； 2. 有小组合作意识，能够在合作中取长补短，共同提高； 3. 乐于助人，积极帮助学习有困难的同学	合作意识强，组织能力好，能与他人共同提高，有学习效果	能与他人合作，并积极帮助有困难的同学	有合作意识，但总结能力不强	不能很好地与他人学习	完全不能与他人合作学习			
知识和技能的应用	1. 掌握进口申报、保险费计算的核心知识； 2. 熟练运用所学知识完成实训模拟任务； 3. 提高根据实际情况处理国际货运中可能出现的问题的综合能力	能很灵活地运用知识解决问题	能较灵活地运用知识解决问题	应用知识解决问题的能力一般	解决实际问题的能力较差	解决实际问题的能力很差			
其他	1. 情感、态度、价值观的转变； 2. 综合素养水平的发展	学习态度、综合素养水平有很大提高	学习态度、综合素养水平有较大提高	学习态度、综合素养水平有些提高	无明显发展	无任何发展			
合计									
平均分									
综合得分（自评10%＋互评30%＋师评60%）									

项目六　装箱集港

引思明理

区域协同释放长江黄金效能

2023年11月，有着"川鄂咽喉"之称的湖北宜昌江水澄碧。葛洲坝下游的白洋港桥吊起落不停，一边是一艘艘满载货物的巨轮有序靠泊，一边是堆场内集装箱整齐排列。得益于经济快速复苏，三季度宜昌白洋港主要指标进一步回暖，港口吞吐量达78万吨，同比增长3.69%，尤其是集装箱吞吐量呈现快速增长态势，同比增长23.88%。

在重庆两江新区果园港，集装箱货轮缓缓驶入港口依次停泊，10多台橙色桥吊不停作业，集装箱卡车来回穿梭。2023年前三季度，果园港国家物流枢纽区各项运行指标持续向好，货物吞吐量达2 044万吨，同比增长9.8%；集装箱量76万标箱，同比增长8%。

随着智慧港口的建设推进，数字化手段、创新型协同进一步提升港口作业效率，释放运输潜能。作为长江内河最大的港口之一，南京港正打造安全、高效、经济的新能源产品运输通道。南京港联合上下游企业共同开创"国内集装箱＋海运服务＋国外拆箱配送"的新能源汽车零配件集装箱全程物流解决方案，帮助企业拓展海外市场。

资料来源：区域发展新亮点｜同比增长7% 前三季度长江干线集装箱吞吐量稳中有进 [EB/OL].（2023－11－23）. http://ah. news. cn/20231113/e657283e2bb34f7781314f134a4df956/c.html. 有删改

党的二十大报告指出："加快推动产业结构、能源结构、交通运输结构等调整优化。"通过数字化手段、协同合作以及智慧港口等多方面的提升，不断形成江海联运绿色示范，实现交通运输数据增长，促进产业发展。

项目情境

　　杨帆根据国际货运的实际情况，结合产品特征，为客户选择了合适的保险类型，客户和家乡亲人都对这次国际货运充满信心。根据客户的要求，杨帆要对装货的形式、时间和地点进行再次确认，然后调取集装箱，制订集港计划，进行装箱返港。但是，集装箱的交接、检查、安全管理和拖车安排等工作较为繁复，对杨帆科学合理规划的能力提出了更高要求。因此他准备系统学习装箱集港相关知识。如果你是杨帆，你将如何根据提箱单据进行集装箱交接呢？你又需要特别注意哪些装箱要求，怎样进行装箱安全管理，最终通过集港计划顺利实现家乡产品运输呢？

项目目标

知识目标
1. 了解提箱单据及集装箱交接流程。
2. 了解拖车安排与集港计划制订。
3. 熟悉装箱前的检查与装箱要求。
4. 理解集装箱装箱安全管理。
5. 掌握集装箱装箱操作流程。

技能目标
1. 能够处理提箱单据和集装箱交接。
2. 能够遵守装箱安全管理规范。
3. 能够操作集装箱装箱及流程管理。
4. 能够安排拖车运输及制订集港计划。

素质目标
1. 培养学生的团队合作能力与职业操守。
2. 培养学生的安全环保意识与规范意识。

任务一 集装箱调运

任务挑战

杨帆负责从扬州港口运输一批货物到澳大利亚悉尼。以下是需要处理的货物的具体信息。

1. 货物类型：电子产品、纺织品和家具。

2. 总体积：30 立方米。

3. 总重量：25 吨。

4. 包装情况：所有货物已经打包并装箱，每个箱子都有明确的标签和手册。

5. 特殊要求：

（1）电子产品需要防潮防震处理。

（2）纺织品不能受潮或压重。

（3）家具体积大、重量重，需要固定在集装箱内。

请你基于以上信息，帮助杨帆设计一个合理的集装箱调度计划，填在表 6－1 中。计划要包括提箱单据的准备、集装箱交接和装箱前检查等环节。

表 6－1　集装箱调度计划表

序号	集装箱号	尺寸类型	提箱地点	装货地点	卸货地点	预计到达时间	运输公司	货物描述	特殊要求	负责人
1										
2										
3										

知识正文

一、提箱单据

提箱单据是集装箱调运过程中的重要文件，它记录了集装箱的运输信息和相关数据，涉及货物的运输、交付和费用结算等各个方面。所以，必须正确填写并核对提箱单据。

在集装箱调运过程中，提箱单据不仅仅是一纸简单的文件，更是整个运输过程的"导航图"和"时间表"。提箱单据中的每一个信息、每一个数字，都直接关系到货物的安全、准时到达以及费用结算的准确性。

提箱单据主要包括以下内容。

（一）提单

提单是整个提箱单据的核心，可以说是货物的"身份证"。它详细列出了发货人、收货人、货物种类、数量、重量、体积等关键信息。这就如同给货物做了一个详细的"简历"，让承运人、货运代理公司以及海关等相关部门都能一目了然地了解货物的属性。提单上还注明了货物的运输路线、启运地和目的地，为货物的顺利运输提供了明确的指引。

（二）装箱清单

装箱清单则更像是货物的"明细账"，它详细记录了每个集装箱所装货物的种类、数量和重量。这份清单在装箱时由工作人员仔细核对，确保每一个集装箱都按照要求装载货物。一旦发现有任何问题或误差，装箱清单就是及时纠正的依据，从而确保货物能够按照预定的计划进行运输。

（三）装船通知

装船通知是承运人或货运代理公司发给收货人的重要通知。它不仅告知收货人货物已安全装船，还提供了预计的到达时间。这对于收货人来说是至关重要的信息，因为这可以帮助收货人提前做好接货准备，为货物能准时送达目的地奠定基础。有了这份通知，收货人可以更加从容地安排后续的仓储和销售计划。

（四）运费清单

运费清单详细列出了集装箱运输的所有费用，如运费、装卸费等。这不仅为承运人和货运代理公司提供了清晰的费用结算依据，也使货主能够明确了解整个运输过程中的费用构成。这有助于减少因费用不明确而产生的纠纷，让整个运输过程更加顺畅。

除了上述内容，提箱单据还可能包括与货物保险、海关申报等相关的重要信息。这些附加信息进一步丰富了提箱单据的内容，使其更加完整和详尽。正是由于这些信息，使提箱单据成为集装箱调运过程中不可或缺的文件。

二、签发单据

在集装箱调运过程中，签发单据是一个重要环节，这一环节确保了货物运输和交付的顺利进行。以下是集装箱调运过程中主要需要签发的单据。

（一）订舱单

订舱单是船公司或其他承运人在接受发货人（或托运人）的订舱时，根据发货人的口头或书面申请，记录货物托运的情况，用以安排集装箱货物运输而制作的单证。订舱单包括货名、货物件数、包装式样、标记、重量、尺码、目的港、结汇期限、转运期限、能否分批运输、是否转船运输等内容。

（二）订舱清单

订舱清单是船公司或其代理根据订舱单所记载的内容绘制的不同货物的交接地、装卸地一览表。

（三）装箱单

装箱单主要用于证明货物已经被装箱，并详细记录了货物的名称、数量、包装方式、毛重、净重等信息。装箱单是发票的补充文件，便于国外买方在货物到达目的港时，由海关进行查验和核对。

（四）设备交接单

这是记录集装箱进出状态的单据，由承运人的代理人或托运人签发。

（五）场站收据

场站收据也称为码头收据，是承运人或其代理人在接收货物时签发给托运人的凭证。

视频：
签发单据

（六）交接记录

交接记录记录了集装箱在运输过程中的交接情况，包括时间、地点、参与人员等信息。

（七）货运单

货运单是海上货物运输合同和货物由承运人接管或装船的证明，用于保证承运人将货物交付给单证所载明的收货人。

（八）集装箱提单

集装箱提单指为装运集装箱所签发的提单，是集装箱货物运输的主要货运单据。集装箱提单是由负责集装箱运输的经营人或其代理人，在收到集装箱货物后签发给托运人的提单。

（九）货物预申报单

对于出口到日本的货物，需要在预计离港时间前 24 小时内进行预申报。

（十）核载重量申报单

核载重量申报单是强制性声明集装箱的总重量的单据，以确保船舶的安全和稳定性。

（十一）出口清关文件

集装箱调运过程中，完成必要的出口清关手续的，获取相应的清关文件。

总的来说，在签发这些单据时，需要确保所有信息的准确性和完整性，因为这些单据是货物运输和交付的法律依据。此外，不同的国家和地区可能对单据签发有不同的规定和要求，因此在进行国际运输时，还需要了解并遵守相关国家的法律法规。

三、集装箱交接

集装箱交接是确保货物正确无误地从发货方转移到收货方手中的实质性步骤。它涉及一系列标准化的作业流程，这些流程旨在确保货物的安全、完整，并防止货物在运输过程中发生丢失或损坏。提单单据在此环节中发挥着至关重要的作用，因为它提供了必要的信息，如货物描述、集装箱号码、收发货人信息等，这些都是进行有效交接的基础。提单的准确性直接影响着集装箱交接的顺利进行，提单上的任何差错都可能导致交接时的延误或错误。集装箱交接的顺利完成也是对提单信息准确性的最终验证。

集装箱交接的具体操作包括交接前的准备、实际交接时的标准程序以及交接完成后的文档处理和信息反馈，具体的交接流程如图 6-1 所示。

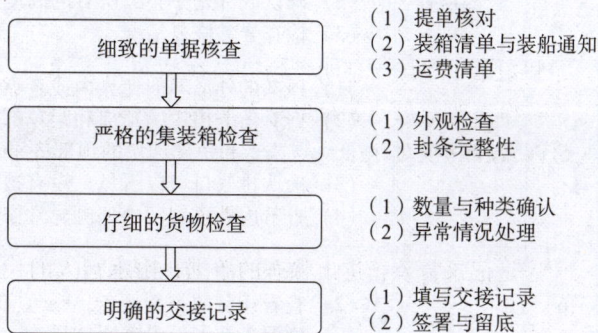

细致的单据核查 →（1）提单核对（2）装箱清单与装船通知（3）运费清单

严格的集装箱检查 →（1）外观检查（2）封条完整性

仔细的货物检查 →（1）数量与种类确认（2）异常情况处理

明确的交接记录 →（1）填写交接记录（2）签署与留底

图 6-1　集装箱交接流程

（一）细致的单据核查

1. 提单核对

在集装箱交接前，双方应仔细核对提单信息，包括集装箱号码、封条号码、货物描述、启运地和目的地等，确保所有信息与实际货物和集装箱相符，避免因信息错误导致运输延误或货物丢失。

2. 装箱清单与装船通知

除了提单，双方还需核查装箱清单，确认货物的数量、种类和实际装箱情况。同时，要检查装船通知是否已发出，并确保货物的运输符合相关规定和要求。

3. 运费清单

核对运费清单是为了避免因费用问题产生纠纷。托运人和承运人方应仔细核对运费金额、支付方式等条款，确保相关内容符合双方的约定。

（二）严格的集装箱检查

1. 实施"七点检查法"

根据《海关高级认证企业标准》要求，在装货前实施"七点检查法"，确保集装箱结构的物理完整性和可靠性。具体检查内容如表6-2所示。

视频：集装箱的检查

表6-2 "七点检查法"检查内容

序号	检查位置	检查要求
1	前壁检查	（1）确定内部各角挡块可见且无误，前壁是由折皱材料构成的。 （2）用40′的尺子测量集装箱的内部尺寸，柜前至后门内测的距离应该是12.01 m，20尺柜的为5.89 m。 （3）确认排气口可以看见，没有被异物堵住。 （4）用小锤子敲打它，确认有空的回声
2	左壁检查	（1）查看横梁的异常修复。 （2）查看侧壁都可见的内外部的修复情况。 （3）用小锤子敲打它，确认有空的回声
3	右壁检查	（1）查看横梁的异常修复。 （2）查看侧壁都可见的内外部的修复情况。 （3）用小锤子敲打它，确认有空的回声
4	底部检查	（1）测量底部至顶部的高度，40尺柜和20尺柜的高度应该为2.38 m。 （2）确认底部是平整，所有的高度是一样的，不能有不同的高度。 （3）检查异常修复情况
5	顶部检查	（1）顶部的外形不能使靠内或者靠外，确保是一致的。 （2）查看角上挡块的顶部和距顶部距离。例如，正常情况下，那顶部应稍微低一点或者角部挡块的顶部齐平。 （3）确认排气口可以看见，没有被异物堵住。 （4）查看内外顶端、内外侧异常修复
6	内/外门检查	（1）确保门的锁闭系统的可靠性、安全性。 （2）查看铆钉的类型颜色，颜色应该都是一致的且钉子周围没有油污。 （3）确保各孔洞处没有固体异物

续表

序号	检查位置	检查要求
7	外部/起落架检查	（1）进厂装柜前，检查柜子的底盘和外观。 （2）检查底盘时要用一面镜子以确保所有的支撑横梁是可见的，且没有其他外部的东西固定在起落架上。 （3）在箱子的内部查看外部可见的修复。 （4）用小锤子敲打它，确认有空的回声

2. 封条完整性

集装箱的封条是确保货物安全的关键。托运人和承运人应检查封条是否完好无损，并确认封条号码与提单上的一致。如发现封条损坏或不一致，应及时查明原因并采取相应措施。

（三）仔细的货物确认

1. 数量与种类确认

在交接时，托运人和承运人应共同对货物的数量和种类进行核对，包括检查货物的标签、包装和标识，确保相关信息与装箱清单和提单上的信息相符。

2. 异常情况处理

如发现货物数量、种类与单据不符，或货物存在明显的损坏，托运人和承运人应及时查明原因并采取相应措施。这可能涉及货物的重新整理、记录损坏情况或联系保险公司处理。

（四）明确的交接记录

1. 填写交接记录

在集装箱交接过程中，托运人和承运人应详细填写交接记录表。记录应包括交接时间、地点、双方代表姓名、货物数量、种类、集装箱状态等信息。这有助于明确双方的权益和责任，并为后续的纠纷解决提供依据。

2. 签署与留底

交接记录填写完毕后，交接记录表应由双方代表签字确认，并由双方各执一份留底。这确保了交接过程的透明性和公正性，避免了可能出现的纠纷。

通过以上步骤的严格实施，可以确保集装箱交接过程的顺利进行，并最大程度地减少运输过程中可能出现的问题和损失。无论是承运人还是托运人或收货人，都应认真对待这一环节，以确保货物的安全运输，维护双方的利益。

四、装箱检查

集装箱装箱检查是确保装载在集装箱内的货物完好无损、数量正确且按规定条件运输的一个关键步骤。这一过程不仅关乎货物本身的安全，也直接影响着货物在运输途中的安全性和可追踪性。正确的装箱可以降低货物在运输过程中遭受损害的风险，同时，它也为后续的物流环节打下了坚实的基础。

因此，我们将细致探讨如何进行有效的集装箱装箱检查，包括检查的内容、方法、注意事项及可能出现的问题的处理。通过了解并掌握这些知识，我们能够进一步优化集装箱调运的整体流程，确保每一环节都能达到最高的效率和安全标准。现在，让我们继续深入

学习笔记

视频：集装箱的交接

学习集装箱装箱检查的相关流程，从而完善我们对集装箱调运全过程的理解和管理。

（一）细致地审查包装

1. 包装完整性

首先，要仔细检查货物的包装是否完整，有无破损或裂缝。任何包装上的缺陷都可能导致货物在运输过程中受损，因此，一旦发现包装问题，必须立即处理或更换包装。

2. 预防泄漏

要特别注意检查货物的密封性，确保没有泄漏的迹象。对于液体、气体或粉末状的货物，这一点尤为重要。如有泄漏，应立即采取措施，防止造成货物损失或对其他货物造成损害。

3. 防水与防潮

在装箱前，还要检查货物的防水和防潮措施是否到位。对于可能受潮或被水浸湿的货物，必须采取适当的保护措施，如使用防水性好的包装材料。同时，要确保集装箱的密封性良好，以防止雨水或其他水源侵入。

（二）准确地核实重量

1. 符合运输标准

货物重量符合运输要求是一个重要的因素。超重或不足重的货物都可能成为运输工具和人员的安全隐患。因此，必须仔细核实货物的重量，确保其符合运输公司的规定和限制。

2. 合理配载

如发现重量问题，应及时调整或重新配载货物。这可能涉及货物的重新打包、拆分或是添加填充物以使货物达到合适的重量。合理配载不仅能确保运输安全，还能有效降低运输成本。

除了上述内容，装箱检查还可能涉及其他多个方面，如检查货物的尺寸、性质、敏感性等。这些因素都可能影响货物的运输安全和完整性。因此，进行装箱检查时，务必全面、细致，确保每一个细节都得到妥善处理。只有这样，才能提高货物在运输过程中的安全性，降低事故和损失的风险。

随堂讨论

你认为在调运前对集装箱进行检查的必要性有哪些？

同步测试

拓展资料

同步测试项目六任务一

拓展任务

国际货运代理行业发展趋势

假设你是一名货运代理公司的调度员，负责规划和管理从上海港到洛杉矶港的集装箱运输。现在，你需要为客户制定一个高效、经济的调运方案。

1. 任务要求

（1）市场调研。调查当前市场从上海到洛杉矶的海运费用、不同船公司的优势和劣势、港口操作费用等。

（2）客户需求分析。收集并分析客户的货物信息，包括货物种类、重量、体积、交货期限等。

（3）路线规划。基于市场调研和客户需求，规划至少两条不同的运输路线，并说明每条路线的优势和潜在风险。

（4）成本预算。为每条运输路线编制详细的成本预算，包括海运费、港口操作费、保险费、陆运衔接费等。

（5）风险管理。识别可能影响运输的风险因素，如天气、政治稳定性、海关政策等，并提出相应的风险管理措施。

（6）方案评估。对比各路线的成本效益，选择最优的调运方案，并说明理由。

（7）报告撰写。编写一份详细的报告，阐述你的调研结果、路线规划、成本预算、风险管理措施以及最终的方案选择。

2. 提交内容

（1）完整的调运方案设计报告。

（2）相关数据的支持材料，如调研数据、成本计算表格等。

（3）方案演示 PPT。

学习笔记

任务二　集装箱装箱

任务挑战

　　杨帆负责安排和监督从扬州港口发往澳大利亚悉尼的货物的装箱工作。该批货物包括电子产品、纺织品和家具，需要使用多个不同类型的集装箱进行装载。请你帮助杨帆制定一个详细的装箱操作流程，以确保货物安全、高效地装载到集装箱中，并最终顺利抵达目的地。

　　任务要求：

　　（1）根据货物类型和体积，选择合适的集装箱类型和数量。

　　（2）描述每种货物的装箱方法和固定方式。

　　（3）列出装箱前的准备工作和检查事项。

　　（4）说明如何优化集装箱空间利用和货物分布。

　　（5）描述封箱过程，准备所需文档。

　　（6）概述运输过程中的货物追踪和沟通机制。

　　期望结果：

　　制定的装箱操作流程应该能够清晰、具体地指导每一步装箱工作，确保所有货物都按照最佳实践和安全标准进行装载，并兼顾成本效益和运输效率。

知识正文

一、集装箱装载方法

　　集装箱装载货物的方法多种多样，具体选择哪种方法取决于货物的类型、体积、重量和运输的需求。一些典型的装载方法如表 6-3 所示。

表 6-3　典型的集装箱装载方法

序号	装载方法	适用情境	优点	缺点
1	人力装箱	小批量或轻泡货，尤其是没有特殊设备可以到达的地方	灵活，不需要特殊设备	劳动强度大，效率低，成本相对较高
2	机械装载	重货或大批量货物，尤其是需要快速装卸的情况	效率高，减少人工劳动	需要专业设备和技术，对于某些脆弱或敏感货物可能不适用
3	托盘装载	标准化包装的货物，适合快速装卸和转运	提高装卸速度，降低货物损失风险	需要提前准备托盘，增加了一部分成本
4	拼箱装载	货量不足一个整箱时，与其他货主共享集装箱	提高集装箱利用率，节约成本	货物处理过程复杂，可能需要额外的文档和手续

视频：集装箱装载的一般要求

续表

序号	装载方法	适用情境	优点	缺点
5	整箱装载	足够填满整个集装箱的大宗货物	货物运输安全，减少中转环节，降低货损	对于非大批量货物可能造成空间浪费
6	特殊货物装载	特殊货物，如卷钢、兽皮等，需要特殊处理	确保特殊货物的安全和完整	需要特殊的装载方案和技术，可能增加成本

　　总的来说，每种装载方法都有其特定的应用场景，选择合适的装载方法可以有效提高运输效率、降低成本，确保货物安全。随着技术的发展，未来集装箱运输可能会更加注重智能化和自动化，以提高运输的效率和安全性。

（一）散装装载

（1）需要使用特殊设计的集装箱，通常有专门的装入和卸出系统。

（2）货物在运输过程中的晃动或沉降可能导致集装箱失衡，要注意预防。

（3）适用于均匀、无包装的散货，如粮食、煤炭、矿石或盐。

（二）箱装货

（1）箱子应具有足够的强度以承受堆叠的重量，且符合集装箱尺寸以提高空间利用率。

（2）需要按照重量分布合理堆叠，较重的箱子放在下面，较轻的箱子放在上面。

（3）要针对货物特性进行隔离，如易燃易爆物品需单独装箱。

（三）纸箱货

（1）纸箱应统一标准尺寸，便于计算装载数量和堆叠。

（2）防止纸箱在湿气影响下破损，可在箱内增加干燥剂。

（3）重物置底，轻物置顶，避免过高的堆叠造成下方纸箱破裂。

（四）捆包货

（1）需使用适当材料捆绑，保证货物不会在运输中松散。

（2）要考虑货物的耐压性和受力点，避免捆包在中间部分被挤压变形。

（五）袋装货

（1）袋子应具备足够的承载力，避免内容物因压力而破损。

（2）需要合理堆放并适当加固，防止货物在移动过程中滑动或倾倒。

（六）鼓桶类货物

（1）必须确保桶盖牢固封闭，防止泄漏。

（2）可能需要使用绳索或其他固定设备来防止滚动。

（七）滚筒货和卷盘货

（1）使用特制支架或框架固定，避免滚动或移位。

视频：集装箱典型货物装载方法

（2）应考虑货物的直径和长度，合理规划货物在集装箱内的摆放位置。

（八）通风集装箱

（1）适用于需要良好空气流通的货物，如农产品、食品等。
（2）确保集装箱的通风设施正常工作，避免货物受潮发霉。

（九）冷藏集装箱

（1）适用于对温度敏感的货物，如冷冻肉类、海鲜、水果等。
（2）需要定期监控集装箱内的温度，确保货物在整个运输过程中保持在适宜的温度范围内。

（十）敞顶集装箱、台架式集装箱、平台集装箱

（1）适用于超长、超宽、超高的大型货物，如机械设备、大型钢材等。
（2）需要精确的计划和专业的装卸工具来进行固定和运输。

（十一）货板（托盘）货

（1）适用于已预先码放在托盘上的标准化货物。
（2）应使用合适尺寸的托盘，以便有效地利用集装箱空间。
（3）需要考虑货板间的空气流通和货物稳定性。

（十二）人力装箱

（1）适用于体积较小、重量较轻的货物，依靠人力进行搬运和堆垛。
（2）工作人员应接受适当的培训，了解安全操作规程。
（3）需要注意劳逸结合，避免过度疲劳导致安全事故。

（十三）机械装箱

（1）适用于重量大、体积大的货物，需要使用叉车或其他装卸设备。
（2）操作人员必须具备相应资格证书，熟练操作装卸机械。
（3）需要确保集装箱和货物的尺寸、重量与机械的承载能力相匹配。

在任何情况下，都应遵循国际包装和运输规则（如 ISO 标准）、港口规定以及货运公司的要求。正确的装载不但能保护货物，还能提高集装箱的载货效率，降低运输成本，也有助于降低货物运输过程中可能发生的意外风险。

二、装箱要求

集装箱装箱要求在物流运输中具有极其重要的地位。这些要求涵盖货物保护、运输效率、法规遵循、物流效率和公司形象等多个方面。严格遵守装箱要求不仅可以减少货物损坏和避免运输延误，提高运输效率，而且能够确保货物顺利清关，提升企业形象。装箱要求包括以下内容。

（一）货物适箱性评估

1. 重量与尺寸
根据集装箱的承重能力和内部尺寸，评估货物的重量和尺寸是否适合该集装箱。

2. 货物形状与硬度

考虑货物的形状是否能在集装箱内平稳放置，评估货物的硬度是否会对集装箱内部造成损害。

3. 货物适应性

某些货物可能对温度、湿度、压力等有特殊要求，需要特别注意。

（二）货物预处理与包装

1. 防震包装

使用气泡膜、泡沫或其他减震材料对易碎物品进行包装，确保货物在运输过程中不会受到剧烈震动的影响，避免碰撞。

2. 防水包装

对于可能受潮的货物，要使用防水材料进行包装，并确保集装箱的密封性良好。

3. 标记与识别

在货物上标记清楚货物的名称、数量、重量等信息，以便识别和清点。

（三）货物堆码与固定技术

1. 合理堆放

根据货物的重量和稳定性，设计合理的堆放方式，确保货物在集装箱内不会发生移位或倾倒。

2. 使用固定装置

利用集装箱内提供的固定装置，如绳索、木条等，对货物进行固定。

3. 特殊加固措施

超重或体积较大的货物可能需要额外的支撑和加固措施，如使用支撑木、钢板等进行加固。

（四）集装箱内空间优化利用

1. 合理布局

根据货物的体积、重量和形状，合理安排货物的摆放位置，使集装箱内的空间得到充分利用。

2. 填充空隙

利用货物之间的空隙和集装箱角落，填充适当的衬垫材料，如气泡膜、泡沫等，减少空间的浪费。

3. 灵活调整

根据实际需要，灵活调整货物的摆放方式，以便更有效地利用集装箱内的空间。

集装箱货物装载是一个需要精密计划和执行的过程，以确保货物安全、高效地到达目的地。各种典型装载方法的特点和注意事项如下。

三、集装箱安全管理

满足装箱要求是实现装箱安全的基础，而装箱安全管理则是对这些要求执行情况的监督和保障。没有良好的安全措施，即使装箱符合所有技术要求，也可能存在安全隐患。反之，高效的安全管理能够确保装箱要求得到严格遵守，从而降低风险并提高装箱效率。

因此，我们将深入探讨装箱安全管理的各个方面，包括但不限于工作人员的安全培训、现场安全检查、应急准备以及事故预防与响应。通过这些措施，我们可以构建一个全面的安全管理体系，确保装箱过程的安全性和货物的完整性。现在，让我们继续深入学习集装箱安全管理，从而完善我们对集装箱装箱全过程的理解和控制。

装箱安全管理能够最大限度地减少货物在运输过程中发生意外事故的可能性，如火灾、盗窃或破损等。科学的装箱方案和严格的安全措施，可以确保货物在运输过程中的安全性，降低货主的经济损失。良好的装箱安全管理也有助于维护企业的声誉。作为一个负责任的承运人，提供安全的运输服务可以赢得客户的信任，提高客户忠诚度，进而增加业务量。

遵守相关法律法规和国际公约是装箱安全管理的另一重要方面。不合规的运输可能导致罚款、货物扣留甚至更严重的法律后果。通过加强安全管理，可以减少这些不必要的开支，从而降低运输成本。

所以，装箱安全管理对于保障货物和人身安全、维护企业声誉、确保合规运输以及降低运输成本等方面都具有重要意义。因此，企业应该重视装箱安全管理工作，加强安全培训和演练，增强员工的安全意识和应对突发事件的能力，以确保运输过程的安全和顺畅。

（一）货物安全检查与限制

1. 违禁品检查

确保没有违禁品，如毒品、武器等。

2. 危险品识别

识别并确保不装载危险品，如易燃、易爆、腐蚀性物品等。

3. 动物与植物检疫

对于涉及动物或植物的货物，需要进行相应的检疫。

（二）危险品货物装箱的特殊要求

1. 专业培训

操作危险品包装箱需要有专业知识和相关培训。

2. 特殊标识

使用专门的颜色和标识来标记危险品。

3. 隔离措施

将不同种类的危险品进行隔离，避免混合装载。

（三）货物运输途中损坏的预防措施

1. 防震保护

对于易碎或贵重物品，使用防震包装并进行额外加固。

2. 湿度控制

对于某些对湿度敏感的货物，需要控制集装箱内的湿度水平。

3. 温度控制

对于需要特定温度条件的货物，要确保整个运输过程中集装箱内的温度保持稳定。

（四）货物保险与索赔处理

1. 了解保险条款

在运输前了解货物的保险条款，确保保险覆盖范围符合需求。

2. 索赔流程

了解索赔流程和索赔所需文件，以便在发生问题时能够迅速采取行动。

四、装箱操作流程

装箱操作流程是将安全管理措施具体化和规范化的实际操作步骤。它涉及从准备阶段到完成装载的每一个细节，在这一过程中，要确保每一步骤都按照既定的安全标准和操作规程进行。这个流程不仅需要严格遵守安全要求，而且要高效地运用这些要求来保障装箱工作的顺利进行。良好的安全管理为操作流程提供了必要的支持和框架，而规范的操作流程则是将安全管理落到实处的体现。没有严格周到的操作流程，即使最好的安全措施也可能无法得到有效实施。反之，如果操作流程得当，那么安全管理就能够在这一流程中得到充分的体现和应用。

因此，我们将细致探讨装箱操作流程的每一个环节，包括场地准备、设备选择、货物检查、装箱方法、固定与加固等关键步骤。通过对这些流程的深入了解，我们能够确保装箱工作的安全性和效率，并最终实现货物运输过程的完整性和可靠性。现在，让我们继续学习装箱操作流程，将安全管理的理论转化为实践操作。

（一）准备阶段

1. 货物进场

确保所有货物都已安全、准时地运送至指定的装箱地点。对于大型或重型货物，如果需要特殊的装卸设备，应提前安排。

2. 核对清单

与货主或其代理人仔细核对货物的种类、数量、规格等信息，任何差异或遗漏都可能导致后续问题，因此要确保装载准备与预定的装载要求完全一致。

3. 检查集装箱状况

对集装箱进行全面检查，查看是否有损坏、锈蚀或非法改装，确保集装箱门可以正常关闭并上锁。

（二）装载阶段

1. 合理安排货物

根据货物的特性（如重量、体积、稳定性等）对货物进行分类，并规划其在集装箱内的布局。对于易碎或精密的货物，应采取适当的保护措施。

2. 保持箱内通风

确保集装箱在装载期间和封箱后都有适当的通风，防止货物因湿度过高或密闭而变质。可以考虑在集装箱内设置适当的通风口或孔。

3. 防止过度堆高

合理安排货物堆放的高度，避免超出集装箱的承重能力。使用合适的垫板和支撑物，确保货物稳固。

（三）封箱阶段

1. 确保封条完好

使用专用的封条和锁具，确保集装箱在运输过程中不被非法打开。定期检查封条的状态，如有破损或移位，应立即采取措施。

2. 完成相关文件填写

填写所有必要的货运单据，如装箱单、提单等，确保货物的描述、数量、重量、价值和目的地等信息准确无误。

3. 拍照和视频记录

为每个集装箱拍摄照片和视频，以便日后查看货物的状况和位置。特别是对于高价值货物或特殊货物，这样的记录非常有用。

（四）交付与运输

1. 交接确认

在将集装箱交给承运人之前，托运人要与承运人进行仔细的交接确认，确保所有信息准确无误。这些信息包括但不限于集装箱编号、封条号码、货物描述和目的地等。

2. 实时追踪

利用 GPS 或其他追踪技术，实时监控集装箱的位置和状态。如有异常情况（如温度过高、剧烈震动等），应立即通知相关方并采取措施。

3. 及时反馈

在整个运输过程中，要保持与货主的定期沟通，及时反馈货物的状态和预计到达时间。如有任何问题或延误，应立即通知货主并协助解决。

随堂讨论

请你说一说，集装箱装载有哪些要求？

同步测试

拓展资料

同步测试项目六任务二

拓展任务

装箱装货技巧

杨帆公司接到一批货物，货物统计如表 6-4 所示。操作员 Jacky 已经根据货物定制了 1 个 40 英尺干货箱和 1 个 20 英尺干货箱，请帮 Jacky 编制一个集装箱预配清单，完成货物装箱操作。

请注意查看货物中有无需要特殊处理的货物，如污货、重货、危险货、相互冲突的货物、需要防潮处理的货物等，并根据实际情况处理特殊货物。然后根据货物尺寸，将货物装入集装箱。

表 6-4　货物统计表

序号	进仓号	货物名称	货物数量	货物毛重/千克	货物体积/立方米
1	A001	潜水电机	6 托	2 880	$1.1 \times 0.8 \times 0.45 \times 6$（1.1 为托盘长度，0.8 为宽度，0.45 为高度，下同）

续表

序号	进仓号	货物名称	货物数量	货物毛重/千克	货物体积/立方米
2	A002	汽车音响	200 箱	1 460	$0.44 \times 0.41 \times 0.18 \times 200$
3	A003	拉手	4 托	1 390	$1.58 \times 1.10 \times 1.04 \times 1 + 1.21 \times 1.01 \times 1.08 \times 2 + 1.58 \times 1.1 \times 1.21 \times 1$
4	A004	水龙头配件	123 箱	2 071.18	$0.4 \times 0.4 \times 0.35 \times 123$
5	A005	不锈钢钢珠	15 箱	4 935	$0.96 \times 0.78 \times 0.42 \times 15$
6	A006	铰链	2 托	1 127.5	$1.12 \times 1.12 \times 0.71 \times 1 + 1.12 \times 1.12 \times 0.61 \times 1$
7	A007	五金	7 托	3 005	$1.13 \times 1.12 \times 1.92 \times 1 + 1.13 \times 1.12 \times 2.09 \times 6$
8	A008	五金	2 托	2 016.5	$1.03 \times 1.03 \times 1.52 \times 1 + 1.08 \times 1.08 \times 1.53 \times 1$
9	A009	门五金	2 托	839.27	$1.04 \times 0.96 \times 0.98 \times 2$
10	A010	玻璃马赛克	5 托	3 528	$1.11 \times 0.71 \times 0.85 \times 5$
11	A011	纽扣	44 箱	1 091.6	$0.3 \times 0.3 \times 0.3 \times 44$
12	A012	布	132 箱	2 729.9	$0.3 \times 0.2 \times 1.5 \times 132$
13	A013	辣椒酱	4 托	2 502	$1.31 \times 1.03 \times 1.11 \times 4$
14	A014	指甲钳	107 箱	1 427.6	$0.25 \times 0.25 \times 0.4 \times 107$
15	A015	U 盘	1 托	246.97	$1.58 \times 1.06 \times 1.31 \times 1$
16	A016	画笔	40 箱	179.2	$0.37 \times 0.17 \times 0.15 \times 40$

任务三　集装箱集港

任务挑战

杨帆现负责一批五金配件的集装箱装箱和集港工作。该批五金配件包括各种工具和机械设备的部件，已在工厂完成打包，现需要确保集装箱有效地从工厂运至港口，在港口集中、堆存并准备装船。请你帮助杨帆设计一份集装箱的集港流程图。流程包括集装箱在港口的集中、堆存和准备装船的过程，与港口当局和货运代理公司协调过程。你需要了解港口的操作流程和要求，并确保所有集装箱按时做好装船准备。

请根据以上信息和要求，设计详细的集港流程图，可以采用表格、图表或图形的形式呈现。

1. 具体数据

（1）五金配件重量：每个集装箱预计装载重量为 20 吨。

（2）集装箱类型：标准 20 英尺集装箱。

（3）总箱数：共 20 个集装箱。

（4）目的地：集装箱将由上海港发往汉堡港。

（5）预定船期：船舶预计在两周内到达上海港。

2. 流程图设计步骤

（1）从工厂到港口：集装箱装载→陆运到港口。

（2）港口接收与检查：集装箱到达→检查外观和数量→记录。

（3）堆存管理：分配堆放区域→根据装载顺序和船期进行堆放。

（4）装船准备：最终检查→确认装载清单→准备装载。

（5）装船与确认：集装箱装船→确认装载完成→文件处理。

知识正文

集装箱集港是现代物流链中至关重要的一环，它涉及将装满货物的集装箱从生产或仓储地运输到港口，以备装船出口的过程。这个过程需要精确地计划和协调，因为集装箱的高效集结直接关系到货物能否按时到达全球市场。通常，集装箱通过卡车、铁路或驳船等多式联运方式运往港口，在专门的堆场内按照目的地和航线分类堆放。港口会利用先进的管理系统来监控每个集装箱的状态，确保其能及时被吊上船舶。集装箱集港不仅体现了物流与供应链管理的智能化水平，也是国际贸易顺畅进行的基础保障。

一、拖车安排

在集装箱集港的过程中，安排拖车是一项至关重要的物流协调任务，它涉及复杂的物流管理技巧和精细的时间控制。确保集装箱高效集港的详细步骤和策略如下。

（一）提前规划

根据集装箱的规格、重量和预计的运输时间，提前与经验丰富的拖车服务供应商进行沟通并预订。这一步骤中，需要确保所选拖车的装备和承载能力与集装箱的要求相匹配。

（二）制定详尽时间表

即基于路程、预期交通状况以及港口作业的时间窗口，精心制定拖车的运输时间表。为了避开港口拥堵时段，可以考虑安排在非高峰时间段提箱。

（三）优化调度方案

结合堆场配置和集装箱的具体位置，规划拖车的最优路线和装卸顺序。这有助于最小化等待时间和空驶里程，提高整体物流效率。

（四）实时跟踪与监控

利用先进的 GPS 定位系统对拖车进行全程跟踪，实时监控运输状态，确保司机遵循预定线路行驶并及时到达目的地。这也便于在途中发生意外时迅速做出调整。

（五）维持流畅的通信链路

保持持续且有效的沟通流程，确保拖车司机、港口调度人员以及其他相关方都对集装箱集港进程保持同步了解，以实时响应任何变化或紧急情况。

（六）彻底的安全检查程序

在拖车启运之前要进行全面的安全审查，包括审查车辆的技术状况、安全设备的完备性以及集装箱的锁闭情况，以预防运输过程中的安全隐患。

（七）设计周密的应急预案

针对可能发生的各类意外事件，如交通事故、车辆技术故障或其他不可预见因素，准备相应的应急预案。这样做可以确保在遇到问题时，能够迅速采取行动，尽可能减少意外事件对集装箱集港进度造成的不利影响。

通过这些步骤和策略，可以大大提高集装箱集港的效率和可靠性，确保货物按计划顺利到达港口，为接下来的海上运输环节提供坚实的基础。良好的拖车安排和管理，是保障国际供应链畅通无阻的重要环节。

二、制订集港计划

制订集港计划是在拖车安排完成后进行的，它要求我们对即将到来的集装箱进行详细的规划和安排，使集装箱能够高效、有序地被送往船舶旁并装载上船。这个计划必须考虑一系列因素，包括船舶的到港时间、泊位分配、集装箱的装卸顺序以及可能出现的意外情况等。

一个合理的拖车安排是实现有效集港的前提，因为它直接影响集装箱到达集港区的时间和顺序。一个周密的集港计划能够为拖车调度提供反馈，使后续的拖车安排能够更好地适应船舶装卸的需求。

因此，我们将细致探讨如何根据拖车安排的结果来制订一个切实可行的集港计划，包括如何预测和平衡不同集装箱的到达时间，如何处理紧急情况，以及如何优化整体的物流效率。通过对这些内容的深入了解，我们能够确保集装箱集港过程的顺畅，从而提高港口作业的整体效率和效果。现在，让我们继续前进，学习如何制订一个有效的集港计划，以完成集装箱从起点到船舶的顺利转运。

视频：集装箱码头基本布局与功能

制订集港计划是确保集装箱高效、有序地运抵港口的关键步骤。以下是一些制订集港计划的详细步骤。

（一）货物准备与预配

首先明确待运货物的具体情况，包括货物类型、尺寸、重量、特殊运输要求等。根据这些信息进行初步的集装箱预配，合理安排货物装载。

（二）运输资源调查

调查可用的运输资源，包括拖车、铁路、驳船等；评估每种资源的运输能力、成本、时间效率，以及适用的运输路线。

（三）时间表编制

结合货物预备需要的时间、运输资源的调度情况以及港口的作业时间，编制详尽的集港时间表，确定集装箱装箱、提箱以及到达港口的具体时间节点。

（四）堆场预约与协调

与港口堆场联系，预约集装箱堆放位置，协调堆场作业，确保集装箱到港后能够迅速堆放或进行装船作业。

（五）路径优化

考虑各种可能的运输路线，分析路程距离、交通状况、过路费用等因素，选择最经济、最高效的运输路线。

（六）风险管理

识别可能影响集港计划执行的风险因素，如交通事故、恶劣天气、设备故障等，并制定相应的应对策略。例如，为防止因交通事故导致的运输延迟，可以选择在非高峰时段运输；为应对恶劣天气，可以预留足够的时间缓冲；对于设备故障，可以准备备用设备或与多家运输公司合作以备不时之需。

（七）沟通与确认

与所有相关方进行充分沟通，包括货运代理公司、拖车公司、船舶公司和港口操作人员，确认各方对集港计划的理解与接受，保证计划的顺利执行。这一步骤至关重要，因为充分的沟通可以确保所有参与方都明白自己的职责和任务，减少误解和混淆。

（八）实时监控与调整

在集港过程中，实时监控集装箱的运输状态和进度，对可能出现的偏差及时进行调整，以确保整个集港过程的顺利进行。这一步骤可以通过 GPS 跟踪系统来实现，该系统可以提供实时的位置信息和运输状态。

（九）备用计划

为可能发生的意外事件准备备用方案，比如备用的运输资源、额外的堆存空间和时间缓冲，以便在遇到不可预见的情况时迅速做出反应，立即调整计划，而不延误整个集港过程。

通过以上综合考量和精心策划的集港计划能够确保集装箱按时到达港口，提高装船效率，减少等待时间，从而降低整体物流成本，提高货物运输的效率和可靠性。

随堂讨论

请你谈谈，国家大力打造国际集装箱枢纽港的意义有哪些？

同步测试

拓展资料

同步测试项目六任务三

拓展任务

如何提高集港效率

你是一家国际货运代理公司的集港操作经理，负责组织和监督从不同工厂到出口港的集装箱集港流程。公司近期取得了一笔大订单，需要将大量的成品集装箱有效地集港以备装船，你需要制定一个高效且成本效益高的物流方案。

1. 任务要求

（1）货物与集装箱信息收集：列出所有待集港货物的详细信息，包括货物种类、重量、体积、包装类型以及货物所在的工厂位置。

（2）运输资源调研：调研可用的运输资源，包括卡车、铁路、内河运输等方式及其相关的频率、成本和载量信息。

（3）时间表编排：结合货物生产完成时间、出口船期等信息，编制合理的集装箱集港时间表。

（4）成本分析：计算不同集港方案的总成本，评估运输费用、仓储费用以及可能的延误风险成本。

（5）风险管理：分析可能影响集港进程的风险因素，如交通状况、天气条件、供应商可靠性等，并提出相应的预防和应对措施。

（6）环境与安全考虑：确保集港过程符合环境保护和工作场所安全的相关法规。

2. 提交内容

（1）完整的集港操作与管理方案报告。

（2）相关数据支持材料，如货物清单、运输资源调研结果、成本计算表格等。

（3）方案呈现 PPT 或其他可视化展示材料。

学习笔记

项目评价

项目六学习评价量表

评价项目	评价内容	评价标准					评价方式		
		优 (90~100)	良 (80~89)	中 (70~79)	及格 (60~69)	不及格 (0~59)	自评	互评	师评
学习态度	1. 学习目标明确，重视学习过程的反思，积极优化学习方法； 2. 具备持之以恒的学习习惯； 3. 保质保量按时完成作业	积极、热情、主动	积极、热情、但欠主动	学习态度一般	学习态度较差	学习态度很差			
学习方式	1. 学生个体的自主学习能力强，会倾听、思考、表达和质疑； 2. 学生普遍有浓厚的学习兴趣，学习参与度高； 3. 学生之间能够合作学习，并在合作中分工明确地进行有序和有效的探究； 4. 学生在学习中能自主反思，发挥求异、求新的创新精神，积极地提出问题和讨论问题	自主学习能力强，会倾听、思考、表达和质疑	自主学习能力较强，会倾听、思考、表达	自主学习能力一般，会倾听	自主学习能力较差，不会思考	自主学习能力很差，不会思考			
参与程度	1. 认真参加课程的线上学习活动，积极思考，善于发现问题，勇于解决问题； 2. 积极参加头脑风暴、主题讨论、提问等活动； 3. 积极参加线下实践活动等	积极思考，善于发现问题，勇于解决问题，表达能力强	积极思考，善于发现问题，勇于解决问题	能发现问题，解决问题能力一般	参与意识较差，不够积极主动	缺乏参与意识，不积极主动			
合作意识	1. 积极参加合作学习，勇于接受任务、敢于承担责任； 2. 有小组合作意识，能够在合作中取长补短，共同提高； 3. 乐于助人，积极帮助学习有困难的同学	合作意识强，组织能力好，能与他人共同提高，有学习效果	能与他人合作，并积极帮助有困难的同学	有合作意识，但总结能力不强	不能很好地与他人合作学习	完全不能与他人合作学习			

续表

评价项目	评价内容	评价标准					评价方式		
		优 （90~100）	良 （80~89）	中 （70~79）	及格 （60~69）	不及格 （0~59）	自评	互评	师评
知识和技能的应用	1. 掌握装箱操作的核心知识； 2. 熟练运用所学知识完成实训模拟任务； 3. 提高根据实际情况处理国际货运中可能出现的问题的综合能力	能很灵活地运用知识解决问题	能较灵活运用地知识解决问题	应用知识解决问题的能力一般	解决实际问题的能力较差	解决实际问题的能力很差			
其他	1. 情感、态度、价值观的转变； 2. 综合素养水平的发展	学习态度、综合素养水平有很大提高	学习态度、综合素养水平有较大提高	学习态度、综合素养有些提高	无明显发展	无任何发展			
合计									
平均分									
综合得分（自评10%＋互评30%＋师评60%）									

项目七　通关离港

引思明理

"离港确认"助力提升通关时效

"离港确认"模式，是指进口水运转关货物在确认内河船名航次并完成理货后，准予在进口口岸离港申报，收到"可离港"回执后，货物即可离港启运至目的地。与传统转关模式相比，"离港确认"模式不需填报港口理货数据，也不需填报支线江船的船名、航次，在提升通关时效的同时，降低了企业人力成本。例如，一批经长江水运进口的 528 吨溶解木浆，在外高桥港区海关办理进口转关手续后，在"离港确认"模式下从上海外港顺利转关至江西九江，从企业开始申报、海关放行货物到码头公司放箱仅用时 2 小时，节约了 1 ~ 2 天的中转时间。

通江达海是上海外高桥港区最显著的区位优势。作为水运进口转关"离港确认"模式试点海运口岸之一，外港海关在总结前期试点经验的基础上，积极扩大试点范围，目前已完成与南京、合肥、长沙、武汉、南昌、成都等 8 个长江流域关区的结对作业，实现在长江流域的全覆盖，助力提升"黄金水道"的通关运输效率。

资料来源：惠及长江流域 8 个关区上海海关"离港确认"模式将货物通关时间压缩 50% 以上 [EB/OL].（2022 - 08 - 25）. https：//sh.cctv.com/2022/08/25/ARTIHuB5LpneZBj9ME9G8rL4220825.shtml.

党的二十大报告提出："加快发展物联网，建设高效顺畅的流通体系，降低物流成本。"上海海关是中国对外开放过程中无数个海关的缩影，海关实时监测货物流、信息流进度，畅通关企沟通渠道，在合规合法的基础上，不断提高通关速度，降低成本。

项目情境

　　杨帆所代理的家乡产品在完成相关手续后真正踏上了远行之路，在这些产品抵达对方港口之前，需要对已进港的货物进行缴税，进而完成放行；对已通关的货物，杨帆则需要根据结算方式，以及签订的代理合同，核算货运费用。如果海关需要查验，杨帆也需要同客户积极配合海关完成查验工作，并更新货运信息。但是，杨帆对于缴纳税款的细则、计算方式以及国际贸易结算方式并不娴熟，对配合查验的流程也有些生疏，因此他迫切需要深入学习通关离港的相关流程和相关费用的计算方法。如果你是杨帆，你应如何学习国际贸易结算方式，熟练计算税款和海运运费，并配合海关进行查验，实现货物的放行呢？

项目目标

知识目标

1. 了解进出口税费的基本概念。

2. 了解国际结算方式。

3. 熟悉货物查验基本流程。

4. 理解进出口货物完税价格的确定。

5. 掌握通关放行业务规范。

技能目标

1. 能准确计算进出口商品应该缴纳的各项税费。

2. 能熟练掌握缴纳海关税费的各种方式。

3. 能够配合海关进行查验工作。

4. 能完成国际运费的支付。

素质目标

1. 增强学生的安全意识和质量意识。

2. 提高学生的责任感。

任务一 缴纳税款

任务挑战

　　杨帆需要计算一批出口货物的关税，并完成相关的税款缴纳手续。为此，他需要了解相关的贸易法规和税率，准备正确的申报文件并提交，还需支付关税和其他相关费用。为了帮助杨帆正确办理相关业务，请你搜集资料，完成税费缴纳流程，如图7-1所示。

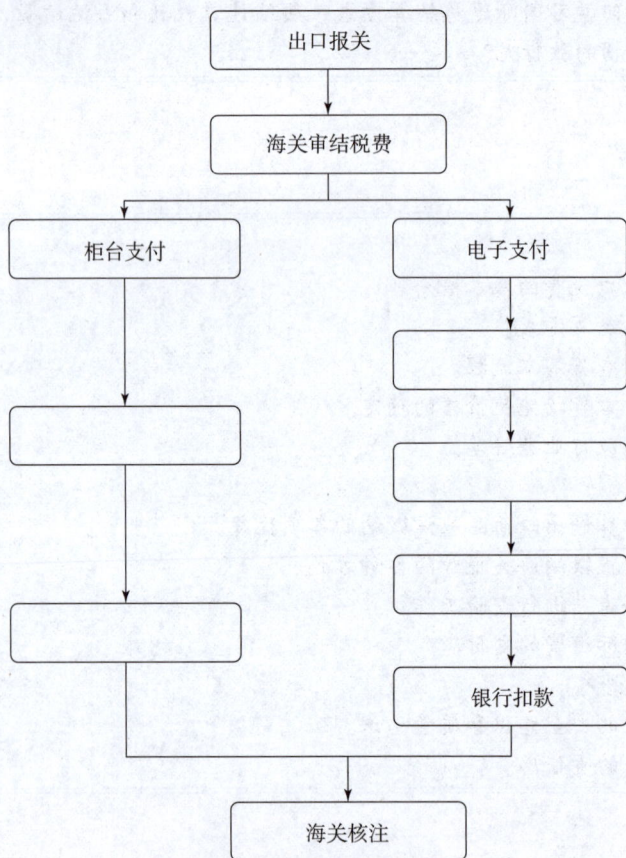

```
                    ┌──────────┐
                    │  出口报关  │
                    └────┬─────┘
                         ↓
                    ┌──────────┐
                    │ 海关审结税费 │
                    └────┬─────┘
              ┌──────────┴──────────┐
              ↓                     ↓
         ┌────────┐            ┌────────┐
         │ 柜台支付 │            │ 电子支付 │
         └───┬────┘            └───┬────┘
             ↓                     ↓
         ┌────────┐            ┌────────┐
         │        │            │        │
         └───┬────┘            └───┬────┘
             │                     ↓
             │                ┌────────┐
             │                │        │
             │                └───┬────┘
             ↓                     ↓
         ┌────────┐            ┌────────┐
         │        │            │        │
         └───┬────┘            └───┬────┘
             │                     ↓
             │                ┌────────┐
             │                │ 银行扣款 │
             │                └───┬────┘
             └──────────┬──────────┘
                        ↓
                   ┌────────┐
                   │ 海关核注 │
                   └────────┘
```

图7-1　税费缴纳流程

知识正文

　　进出口税费是指在进出口环节中由海关依法征收的关税、增值税、消费税、船舶吨税及海关监管手续费等税费。我国进出口环节税费征收的法律依据主要有《中华人民共和国海关法》《中华人民共和国进出口关税条例》以及国务院制定的有关法律法规等。依法缴纳税费是纳税义务人的基本义务，掌握缴纳进出口税费的相关技能是从事报关工作的人员具备的基本工作素质之一。

一、进出口税费概述

（一）关税

1. 关税的含义

关税是由海关代表国家按照国家制定的关税政策和公布实施的税法及进出口税则，对进出关境的货物和物品征收的一种流转税。海关征收关税的依据是国家制定的相关法律和行政法规。关税是国家税收的重要组成部分，是国家中央财政收入的重要来源，也是世界贸易组织允许缔约方保护其境内经济的一种手段。关税的基本作用在于体现国家主权，推动国家的经济建设。关税的起征点为人民币 50 元。低于 50 元的免征关税。

2. 关税的分类

（1）按照征收的方法分类。

①从价关税：依照进出口货物的价格作为标准征收关税。

从价关税的计算公式为：从价税额 = 商品总价 × 从价税率

②从量关税：依照进出口货物数量的计量单位（如"吨""箱""百个"等）征收定量关税。

从量关税的计算公式为：从量税额 = 商品数量 × 每单位从量税

③复合关税：依各种需要对进出口货物进行从价、从量的复合征税。

④选择关税：指对同一种货物在税则中规定有从量、从价两种关税税率的，在征税时选择其中征税额较多的一种关税或税额较少的一种关税作为计税标准计征。

⑤滑动关税：也被称为滑准关税，是指关税税率随着进口商品价格由高到低而由低到高设置的税，可以起到稳定进口商品价格的作用。

（2）按商品流向分类。

①进口税：是进口国家的海关在外国商品输入时，对本国进口商品征收的正常关税。

②出口税：是对本国出口的货物在运出国境时征收的一种关税。征收出口关税会增加出口货物的成本，不利于本国货物在国际市场的竞争。

③过境税：过境税，是一国对于通过其关境的外国商品征收的关税。

（3）按差别待遇和特定情况分类。

①普通关税：适用于没有与该国签订贸易协定的国家或地区所进口的商品。

②优惠关税：是指某个国家或经济集团对某些国家的所有进口商品给予特别优惠的低关税或免税待遇。

（4）按是否根据《中华人民共和国进出口税则》征收分类。

①正税：正税是按照税则中的进口税率征收的关税，征税具有规范性和相对稳定性的特点。从价税、从量税、复合税、滑准税等都属于正税。

②附加税：附加税指国家由于特定需要对货物除征收关税之外另行征收的税。附加税一般具有临时性特点，包括反倾销税、反补贴税保障措施、关税报复性关税等。世界贸易组织不准其成员在一般情况下随意征收附加税，只有符合世界贸易组织反倾销，反补贴等有关规定的，才可以征收附加税。

（5）按征收目的分类。

①财政关税：以增加国家财政收入为主，通常向外国生产、国内消费需求大的产品征收，税率适中。多为发展中国家采用，对工业发达国家已经不再重要。

②保护关税：为保护国内经济行业、农业等而征收的税。

视频：出口纳税与放行

学习笔记

（二）进口环节代征税

进口货物、物品在办理海关手续放行后，进入国内流通领域，与国内货物享有同等对待，所以应缴纳应征的国内税。但为了简化进口货物、物品国内税的再次申报手续，这部分税依法由海关在进口环节代为征收，这就是进口环节海关代征税。进口环节海关代征税（简称进口环节代征税）主要有增值税、消费税两种。

1. 进口环节增值税

（1）含义。

增值税是以商品的生产、流通和劳务服务各个环节所创造的新增价值为计税对象的一种流转税。进口环节增值税是在货物、物品进口时，由海关依法向进口货物的法人或自然人征收的一种增值税。

采用并全面推行国际通行的增值税制，有利于促进专业分工与协作，体现税负的公平合理，稳定国家财政收入，也有利于出口退税的规范操作。

（2）征纳。

进口环节增值税由海关依法向进口货物的法人或自然人征收，其他环节的增值税由税务机关征收。

进口环节增值税以组成价格作为计税价格，征税时不得抵扣任何税额。进口环节的增值税组成价格由关税完税价格加上关税税额计算得出，应征消费税的品种的增值税组成价格要另加上消费税税额。

进口环节增值税的征收管理，适用关税征收管理的规定。

（3）征收范围和税率。

在我国境内销售货物（销售不动产或免征的除外）或提供加工、修理修配劳务以及进口货物的单位和个人，都要依法缴纳增值税。在我国境内销售货物，是指所销售的货物的启运地和所在地都在我国境内。

进口环节增值税税率的调整以及增值税的免税、减税项目由国务院规定，任何地区、部门均不得规定免税、减税项目。进口环节增值税的起征点为人民币50元，低于50元的免征。

2. 进口环节消费税

（1）含义。

消费税是以消费品或消费行为的流转额作为课税对象而征收的一种流转税。我国开征消费税的目的是调节我国的消费结构，引导消费方向，确保国家财政收入，它是在对货物普遍征收增值税的基础上，选择少数消费品再予征收的税。

（2）征纳。

在中华人民共和国境内生产、委托加工和进口《中华人民共和国消费税暂行条例》（以下简称《消费税暂行条例》）规定的消费品（以下简称应税消费品）的单位和个人，以及国务院确定的销售《消费税暂行条例》规定的消费品的其他单位和个人，为消费税的纳税义务人。我国的消费税由税务机关征收，进口的应税消费品的消费税由海关代征，由纳税义务人（进口人或者其代理人）在报关进口时向报关地海关申报纳税。

我国进口的应税消费品消费税采用从价、从量和复合计税的方法计征。消费税的税目、税率，依照《消费税暂行条例》所附的《消费税税目税率表》执行；消费税税目、税率的调整，由国务院决定。进口环节消费税的起征点为人民币50元，低于50元的免征。进口环节消费税的征收管理，适用关税征收管理的规定。

（3）征收范围。

消费税的征税范围，主要是根据我国经济社会发展现状和现行消费政策、人民群众的消费结构以及财政需要，并借鉴国外的通行做法确定的。

消费税的征收范围，仅限于少数消费品。应税消费品大体可分为以下四种类型。

①一些过度消费会对人的身体健康、社会秩序、生态环境等方面造成危害的特殊消费品，如烟、酒、酒精、鞭炮、焰火等。

②奢侈品、非生活必需品，如贵重首饰及珠宝玉石、化妆品等。

③高能耗的高档消费品，如小轿车、摩托车、汽车轮胎等。

④不可再生和替代的资源类消费品，如汽油、柴油等。

二、进出口货物完税价格的确定

我国海关税收征管主要使用从价税计税方式。准确认定进出口货物完税价格是贯彻关税政策的重要环节，也是海关依法行政的重要体现。进出口关税，进口环节代征税的完税价格以人民币计算，采用四舍五入法计算。

（一）进口货物完税价格的审定

按照货物交易形式的不同，《进出口货物审价办法》将进口货物主要划分为两大类，一类是特殊交易形式进口货物，另一类是特殊交易形式之外进口的其他货物，为便于理解此处分别称之为特殊进口货物和一般进口货物。《进出口货物审价办法》对一般进口货物规定了六种完税价格的审核方法，对特殊进口货物的完税价格审核方法区分不同交易形式分别做出了规定。

1. 一般进口货物完税价格的审定

《进出口货物审价办法》规定，进口货物的完税价格由海关以该货物的成交价格为基础审查确定，并应包括货物运抵中华人民共和国境内输入地点起卸前的运输及相关费用、保险费等。"相关费用"主要是指与运输有关的费用，如装卸费、搬运费等属于广义运费范围内的费用。

海关确定进口货物完税价格的方法有进口货物成交价格估价方法、相同货物成交价格估价方法、类似货物成交价格估价方法、倒扣价格估价方法、计算价格估价方法、合理方法六种。

（1）成交价格估价方法。

成交价格，是指卖方向中华人民共和国境内销售该货物时买方为进口该货物向卖方支付、应付的，并且按照规定调整后的价款总额，包括直接支付的价款和间接支付的价款。

成交价格不符合规定或者不能确定的，海关经了解有关情况，并且与纳税义务人进行价格磋商后，依次以（2）~（6）的方法审查确定该货物的完税价格。

（2）相同货物成交价格估价方法。

海关以与进口货物同时或者大约同时向中华人民共和国境内销售的相同货物的成交价格为基础，审查确定进口货物完税价格的估价方法。

（3）类似货物成交价格估价方法。

海关以与进口货物同时或者大约同时向中华人民共和国境内销售的类似货物的成交价格为基础，审查确定进口货物的完税价格的估价方法。

（4）倒扣价格估价方法。

海关以进口货物、相同或者类似进口货物在境内的销售价格为基础，扣除境内发生的有关费用后，审查确定进口货物完税价格的估价方法。

（5）计算价格估价方法。

海关以规定各项费用的总和为基础，审查确定进口货物完税价格的估价方法。

纳税义务人向海关提供有关资料后，可以提出申请，颠倒（4）和（5）的适用次序。

（6）合理方法。

当海关不能根据成交价格估价方法、相同货物成交价格估价方法、类似货物成交价格估价方法、倒扣价格估价方法和计算价格估价方法确定完税价格时，海关以客观量化的数据资料为基础审查确定进口货物完税价格的估价方法。

海关进口完税价格的各种审核方法比较如表7-1所示。

表7-1 海关进口完税价格的审核方法比较

审核方法	特点	适用场景
进口货物成交价格法	直接反映市场交易价格	大多数常规进口货物
相同货物成交价格法	适用于有直接可比较的同类货物	存在直接竞争关系的同类货物
类似货物成交价格法	适用于没有直接可比较但具有相似特征的货物	缺乏完全相同货物的情况
倒扣价格法	适用于已知国内销售价格的货物	已知国内市场销售价格的货物
计算价格法	适用于没有明确市场交易价格的货物	定制、非标准化或特殊用途货物
合理方法	适用于无法通过前五种方法确定价格的复杂情况	特殊交易形式或复杂定价结构的货物

2. 特殊进口货物完税价格的审定

（1）出境修理复运进境货物的估价方法。

运往境外修理的机械器具、运输工具或者其他货物，出境时已向海关报明，并在海关规定的期限内复运进境的，海关以境外修理费和料件费审查确定完税价格。需注意，此时确定完税价格无须计入运输及相关费用、保险费。

出境修理货物复运进境超过海关规定期限的，由海关按照审定一般进口货物完税价格的规定审查确定完税价格。

（2）出境加工复运进境货物的估价方法。

运往境外加工的货物，出境时已向海关报明，并在海关规定期限内复运进境的，海关以境外加工费和料件费，以及该货物复运进境的运输及其相关费用、保险费审查确定完税价格。

出境加工货物复运进境超过海关规定期限的，由海关按照审定一般进口货物完税价格的规定审查确定完税价格。

（3）暂时进境货物的估价方法。

经海关批准的暂时进境货物，应当缴纳税款的，由海关按照本任务审定一般进口货物完税价格的规定审查确定完税价格。

经海关批准留购的暂时进境货物，以海关审查确定的留购价格作为完税价格。

（4）租赁进口货物的估价方法。

①以租金方式对外支付的租赁货物，在租赁期间以海关审定的该货物的租金作为完税价格，利息予以计入。

②留购的租赁货物以海关审定的留购价格作为完税价格。

③纳税义务人申请一次性缴纳税款的，可以选择申请按照规定估价方法确定完税价格，或者按照海关审查确定的租金总额作为完税价格。

（5）减免税货物的估价方法。

特定减免税货物在监管年限内不能擅自出售、转让，如果有特殊情况，经过海关批准可以出售、转让，须向海关办理纳税手续。减税或免税进口的货物需予征税时，海关以审定的该货物原进口时的价格，扣除折旧部分价值作为完税价格。

（6）无成交价格货物的估价方法。

以易货贸易、寄售、捐赠、赠送等不存在成交价格的方式进口的货物，总体而言都不适用成交价格估价方法，海关与纳税义务人进行价格磋商后，依照《进出口货物审价办法》第六条列明的相同货物成交价格估价法、类似货物成交价格估价法、倒扣价格估价法、计算价格估价法及合理方法审查确定完税价格。

（7）软件介质的估价方法。

进口载有专供数据处理设备用软件的介质，具有下列情形之一的，以介质本身的价值或者成本为基础审查确定完税价格：

①介质本身的价值或者成本与所载软件的价值分列；

②介质本身的价值或者成本与所载软件的价值虽未分列，但是纳税义务人能够提供介质本身的价值或者成本的证明文件，或者能提供所载软件价值的证明文件。

含有美术、摄影、声音、录像、影视、游戏、电子出版物的介质不适用上述规定，该类货物完税价格应为介质与介质所载内容的总价值。

（8）跨境电子商务零售进口商品的估价方法。

跨境电子商务零售进口商品按照实际交易价格作为货物完税价格，实际交易价格包括货物零售价格、运费和保险费等。

（二）出口货物完税价格的审定

出口货物的完税价格由海关以该货物的成交价格为基础审查确定，包括货物运至中华人民共和国境内输出地点装载前的运输及相关费用、保险费等。

（1）出口货物的成交价格估价法，是指该货物出口销售时，卖方为出口该货物应当向买方直接收取和间接收取的价款总额。

成交价格不能确定的，海关经了解有关情况，并且与纳税义务人进行价格磋商后，依次以（2）~（5）项价格审查确定该货物的完税价格。

（2）同时或者大约同时向同一国家或者地区出口的相同货物的成交价格。

（3）同时或者大约同时向同一国家或者地区出口的类似货物的成交价格。

（4）根据境内生产相同或者类似货物的成本、利润和一般费用（包括直接费用和间接费用）、境内发生的运输及其相关费用、保险费计算所得的价格。

（5）按照合理方法估定的价格。

三、进出口税收缴纳

按照海关深化改革总体方案，全国海关通关作业一体化改革已全面铺开。按照改革方案，货物通关作业已实现由进出口企业自行确定涉税要素向海关申报，由海关分析验证货物品名、数量、禁限等准入属性，通过安全准入风险排查后，企业按照自行申报的税款缴税或提供有效担保后海关放行货物。海关在放行前对安全、准入等风险进行排查，通关环节原则上不对涉税要素进行审核，进出口企业的货物物流将基本不受海关行政审核的影响。货物放行后，再由海关分析验证货物归类价格、原产地等税收属性，通过批量抽核与事后评估、核查、稽查等手段完成货物放行后的税收征管作业，海关的管理模式已由逐票审定企业申报要素是否准确，变为企业自主按照规则申报归类、价格、原产地等涉税要素，并自行完成应缴纳税款的核算及自行办理税款支付的作业流程。因为作业流程的调整，进出口企业通关成本大大降低，通关时效得以提高。

（一）税费征收方式

税费征收方式是指海关确定关税纳税义务具体内容的方式。2017 年 7 月 1 日后，海关税费征收方式由海关审核方式全面向自报自缴方式转变，仅存个别类型单据实施海关审核纳税方式。

1. 自报自缴方式

企业"自报自缴"是指进出口企业、单位向海关申报报关单及随附单证、税费电子数据，并自行缴纳税费的行为。

"自报自缴"改变了原有的"先审核后放行"的作业模式，实现了货物先放行，税收要素审核后置，缩短了货物通关时间，降低了企业贸易成本。

2. 审核纳税方式

审核纳税方式是指海关在货物放行前对纳税义务人申报的价格归类、原产地等税收要素进行审核并进行相应的查验（如需要），确定货物的完税价格后核定应缴税额，纳税义务人缴纳税款后货物方予放行。

（二）税费缴纳方式

根据不同角度，缴纳海关税费有不同分类方式。

1. 按支付方式区分

按支付方式区分，可分为电子支付方式、柜台支付方式。电子支付方式是目前税费支付的主要方式，通过联网操作，便捷、高效等优势明显。

（1）电子支付方式。

电子支付系统通过财、关、库、银横向联网，实现海关税费信息在海关、国库、商业银行等部门之间的电子流转和税款电子入库。使用电子支付方式缴纳税款，需要具备一定的条件，并通过"单一窗口""互联网＋海关"与海关和经批准的商业银行签订电子支付三方合作协议，在报关前事先进行资格备案，进出口环节通过电子支付税费后货物即可放行。

电子支付以税单为单位，对同一份报关单所发生的税费，报关人员可全部选择电子支付，也可部分选择电子支付。目前，通过电子支付方式可以缴纳进出口关税、反倾销税、反补贴税、进口环节代征税、废弃电器电子产品处理基金、缓税利息、滞纳金、船舶吨税、税款类保证金、滞报金等。

（2）柜台支付方式。

海关税款传统的缴纳方式为柜台支付。海关做出征税决定后，填发税款缴款书，纳税义务人或其代理报关人员办理签收手续。海关税款缴款书一式六联：第一联为收据联，由银行收款签章后交缴款单位或者纳税义务人；第二联为付款凭证联，由缴款单位开户银行作为付出凭证；第三联为收款凭证联，由收款国库作为收入凭证；第四联为回执联，由国库盖章后退回海关财务部门；第五联为报查联，由国库收款后，关税专用缴款书退回海关，海关代征税专用缴款书送当地税务机关；第六联为存根联，由填发单位存查。

签收后，纳税义务人或其代理报关人应在规定的时限内前往指定银行，在指定银行缴纳税款后，相关人员应当及时将盖有证明银行已收讫税款业务印章的税款缴款书第一联原件送交填发海关验核，海关据此办理核注及货物放行等后续手续。

2. 按缴纳频度区分

按缴纳频度区分，可分为逐票缴纳方式、汇总征税缴纳方式。

（1）逐票缴纳方式。

逐票缴纳方式即海关以纳税义务人纳税申报行为为单元，针对每一次申报应纳税款单独计征。逐票缴纳税费，可以选择柜台方式支付，也可以选择电子支付方式。

（2）汇总征税缴纳方式。

除海关企业信用管理中"失信企业"外，所有在海关注册登记的进出口报关单上的收发货人均可申请适用汇总征税模式，即对在一定的时限内多次进出口产生的税款集中进行汇总计征，以满足进出口企业对通关时效的需要。有汇总征税需求的企业需要在进出口货物通关前向属地直属海关提交税款总担保，总担保应当依法以担保机构提交的保函等海关认可的形式，申请通过后即可在申请的多个直属海关范围内通用。应税企业采用无纸化申报时选择汇总征税模式的，无布控查验等海关要求事项的汇总征税，报关单担保额度扣减成功，海关即放行。应税企业采用有纸申报时，选择汇总征税模式的，同无纸化申报流程一致，在担保额度扣减成功后货物即放行。适用汇总征税的企业需在每月第五个工作日结束前，完成上月应缴税款的汇总电子支付。

汇总征税是海关对进出口税收征缴的一种新型作业模式，其支付方式本质上也属于电子支付。海关对符合条件的进出口纳税义务人某一段时间内多次进出口产生的税款集中进行汇总计征，这与电子支付及柜台支付下的逐票征缴税方式明显不同。

随堂讨论

进出口缴纳税款的目的和意义是什么？

学习笔记

同步测试

拓展资料

拓展任务

同步测试项目七任务一

2024 年进出口关税新变化

现有一批出口货物，相关信息如下：

某公司以 CIF 吉隆坡 10 250 美元人民币出口一批货物。其中货价为人民币 10 000 元，境内发生的运费及保险费为人民币 100 元，境外发生的运费和保险费分别为 150 美元和 50 美元，外币折算价为 1 美元 = 人民币 7.16 元，出口关税税率为 10%。

请按照以下步骤计算出口关税。

计算步骤：

①确定出口货物税率：

②确定出口货物完税价格：

③根据汇率使用原则，将外币折算成人民币：

④按照计算公式计算关税：

任务二 查验放行

任务挑战

请你帮助杨帆模拟一批出口货物在海关的查验过程，设计一份配合海关的查验方案，以确保货物和文件符合放行条件。你需要了解不同的海关查验程序和标准，并与海关工作人员合作，进行货物查验和核实。请将出口查验步骤和具体要求填在表7-2中。

表7-2 出口查验步骤

序号	步骤	具体要求
1	打印《查验通知单》	海关确定查验后，由现场接单关员打印《查验通知单》，必要时制作查验关封交报关员
2		
3		
4		
5		
6		

知识正文

在现场通关作业时，海关会通过系统或人工下达布控查验和实货验估指令，海关查验关员会在区别查验指令属性后，按照细化的查验要求实施查验。

为深入贯彻国务院"双随机、一公开"的监管工作要求，防止执法腐败和杜绝监管风险，部分海关开始试行"双随机、全隔离"的创新查验方式，这一方式具有随机查验、随机派员、移动屏幕对照查验、高清全方位监控、专业仪器执法记录、人员隔离等特点。该查验方式将于试点后普及全国海关，为企业创造一个更为公平公正、廉洁高效的营商与进出境通关环境。

一、海关查验

按照《全国通关一体化关检业务全面融合框架方案》的要求，推动实施"查检合一"，将原检验检疫现场施检部门的检验、检疫、查验（核对单证）、鉴定、初筛鉴定、抽样送检、合格评定、检疫处理监管、拟证等，并入现场海关查验部门实施，通过联合作业、委托授权、职责调整等步骤，逐步实现将海关查验作业与上述列明的部分检验检疫外勤作业合并成为新的海关现场监管作业。

（一）海关检查的含义

1. 海关检查（查验）的含义

海关检查是海关为确定当事人向海关申报的内容是否与进出口货物的真实情况相符，或者为确定商品的归类、价格、原产地，以及为实施卫生检疫、动植物检疫、食品检验和商品检验，依法对进出口货物进行实际核查的执法行为。

海关并非对每一票查验货物都要实施检查，海关对存在禁限管制，侵权，品名、规格、数量伪瞒报等风险，以及情报反映存在走私违规嫌疑的货物依法进行准入查验；海关对存在归类、价格、原产地等税收风险的货物依法进行验估查验；对列入卫生检疫、动植物检疫、食品检验和商品检验范围的货物实施检验或检疫。

2. 海关检查含义变化的原因

关检融合前，海关的查验与原检验检疫部门的检验、检疫，虽然在对象、时空、方式上有相似之处，但是在执法目的和手段上存在明显区别。关检融合后，海关现场监管作业范围扩大、单证增加、链条延伸，海关检查的项目也随之增加。因此，《全国通关一体化关检业务全面融合框架方案》将检疫、查验、检验"查检合一"，统称海关检查，以此规范和统筹相关表述。

3. 检查（查验）等词语的使用

"查检合一"主要是对执行主体、作业环节和执法动作合并"同类项"，检查权是行政权力的法律标准表述，内涵和外延明确，具有充分的法律依据，故可以统称为"海关检查"。但同时，原检验检疫作业中不能与海关查验互为代替的相关作业内容、技术规范仍维持不变。考虑到检验、检疫、查验之间仍存在一定差异，且有不同的法律法规为依据和支撑，在不同领域发挥作用，不能片面地用其中一个词语涵盖全部，因而，可以继续使检疫、查验、检验等词语在各自的法律范畴内发挥作用，但要避免此类术语的扩大解释，防止混淆。

（二）海关检查的一般规定

1. 海关实施检查的地点

海关检查应当在海关监管区内实施。因货物易受温度、静电、粉尘等自然因素影响，不宜在海关监管区内实施海关检查或者因其他特殊原因、需要在海关监管区外海关检查的，经进出口货物收发货人或者其代理人书面申请，海关可以派负责人员到海关监管区外实施海关检查。

2. 口岸检查和目的地检查

在进境环节对货物依法实施两段准入监管时，分阶段实施口岸检查和目的地检查。

（1）口岸检查。

口岸检查是指针对禁限管制（核生化爆产品，毒制品等）、重大疫情、高风险商品安全等重大紧急或收行后难以管控的风险，以及法律、法规有明确要求须在口岸放行前实施的检查、包括检疫、查验及高风险商品的检验。口岸检查可分以下几种情况。

①口岸检查由进境地主管海关在进境地口岸实施。

进境地口岸海关按照口岸检查指令要求实施检疫、查验、检验作业，并将查验情况在系统中反馈。

②口岸检查的涉检货物可附条件提离。

市控指令要求为检验或检疫目的取样送实验室检测且指令类型为"口岸检查"的进口货物、除《附条件提离商品禁限清单》中货物外，均可以实施检查结果确定前不准销售或使用附条件提离措施，以减少企业口岸仓储费用及物流时间。

③口岸检查的涉检货物可转场实施。

对口岸监管区内因检查设施设备不能满足检查需求等不具备检查条件的，由进境地口岸海关受理企业转场检查申请。对在《允许转场检查商品清单》内的商品，可转至指定地实施检查。

（2）目的地检查。

非高风险商品检验和低风险商品检疫可在口岸放行后由目的地海关实施检查。目的地海关指收货人或其代理人申报的进口货物境内销售或使用所在地的主管海关。

（3）口岸检查＋目的地检查。

进口货物既有口岸检查指令，又有目的地检查指令的，如企业在申报环节申请合并在口岸海关实施检查，口岸海关则根据货物情况分别实施口岸检查、附条件提离、转场检查等方式的检查作业。如企业未申请合并检查，则由口岸海关和目的地海关分别实施口岸检查及目的地检查。

3. 海关检查的方法

查验应当由两名以上着海关制式服装的人员共同实施，对货物进行检查时可以彻底查验，也可以抽查。按照操作方式，可以分为人工查验和机检查验。海关可以根据货物情况及实际执法需要、确定具体的查验方式。

其中，人工查验包括外形查验、开箱查验等方式。机检查验则是使用设备对货物进行查验。目前，海关采用 H986 大型集装箱检查系统对进出口货物进行机检查验。其工作原理与大型 X 光机类似，以辐射成像技术为核心，借助 X 射线的强大穿透力，关员不经过开箱，而是通过分析系统机检图像发现集装箱、车辆等运输设备内的货物、暗格以及违禁品。海关对机检查结果实施集中审像作业，全国各海关均建立了集中审像中心，机检查验正常的可通过计算机系统直接放行货物，货物放行速度大幅提升。机检查验与集中审核作业相结合的措施使通关速度更快、布控更精准、效率更高，大幅提升了海关智慧监管水平。

4. 复验与径行开验

（1）复验。

这是指海关对已经查验过的进出口货物实施的再次查验，适用于海关对经初次查验未能查明货物的真实属性，需要对已查验货物的某些性状做进一步确认的；或货物涉嫌走私违规，需要重新查验的；或进出口货物收发货人对海关查验结论有异议，提出复验要求并经海关同意而再次进行查验的。已经参加过查验的查验人员不参加对同一票货物的复验。

（2）径行开验。

这是指当海关认为必要时，即使收发货人或其代理人没有在场，海关也可以对进出口货物进行查验、复验或者提取货样。

（三）海关检查的作业实施

检查作业环节分为前置检查作业、口岸通关现场检查作业和处置作业 3 个方面，分别承担安全准入拦截、实货验核、查验后处理等工作。

1. 前置检查作业

对涉及安全准入等需进行拦截处置的进境货物（含公路口岸承运货物的运输工具，下同），海关在其抵达进境口岸后实施前置预防性检疫处理（含检疫处理监管）、前置辐射探测、先期机检等顺势及非侵入的探测和处置。

前置预防性检疫处理、前置辐射探测、先期机检作业主要根据布控指令或结合货物物流顺势实施。

（1）前置预防性检疫处理。

即改变以往报检后做卫生处理的检疫监管模式，根据船舶代理提供的舱单信息，提前筛选出需要做检疫处理的货物，在辖区口岸实施前置检疫处理。

（2）前置辐射探测。

进入口岸海关监管区的出口集装箱需接受辐射探测监管。当集装箱车辆驶入卡口时，位于通道两侧的第一道门户式辐射检测设备即开始自动探测集装箱的放射性，若发生报警，由中央控制室对报警信息进行即时分析判断，对确有嫌疑的集装箱，下达二次检查指令，并下达即决式布控指令。

（3）先期机检作业。

充分发挥大型集装箱检查设备的优势，通过应用智能查验设备和人工智能技术，以尽量少干预、不中断物流为原则，对适宜非侵入式查验的货物，优先实施机检查验，尽可能将查验作业嵌入物流运转过程开展"顺势监管"，积极探索开展"先期机检"作业，逐步加大非侵入检查比例，在货物运抵尚未进行报关申报，或集装箱从船舶上吊装离场、车辆进场等环节时开展机检，切实提升监管查验效能。

2. 口岸通关现场检查作业

通关现场检查是指在口岸内实施的外勤查验作业，包括单货、货证核对，卫生检疫、动植物检疫、商品检验，抽样送检，现场即决式鉴定（含现场实验室初筛鉴定），H986过机检查，现场技术整改，合格评定、拟证等。

（1）海关安全准入与验估查验。

①安全准入查验。

这是指在进出口货物报关单申报后放行前，对进出口货物中可能存在的禁限管制、侵权、品名规格数量伪瞒报等风险，以及情报反映存在走私违规嫌疑的货物依法进行实际核查。报关单申报后，涉及货物安全准入评估和需要通过实地查验货物以便确定归类、价格、原产地等进行验估的，海关风险防控中心下达查验处置指令。

②验估查验。

这是指海关对存在归类、价格、原产地等税收征管风险的货物依法进行实际核查的执法行为。验估查验的目的是通过实地查验货物以验证进出口货物的商品归类、价格和货物原产地等关键涉税要素。此环节的实货验估指令由口岸海关实施。

（2）商品检验检疫。

海关对受理申报的货物，根据对应的检验检疫类别，以及业务信息化管理系统（原主干系统）规则运算的指令，采取相应的施检方式，包括现场感官检验、临床检疫、抽样检测、核查货证等实施监管。符合要求的货物予以合格判定，允许进、出口；不符合要求的货物，具备条件的进行技术处理，无法及时处理的予以不合格判定，并视情况退货、销毁，或不允许出口。

（3）商品抽样送检。

这是海关现场查验部门依法组织的对目录以外的进出口商品进行有计划随机抽样、检验，并对抽查结果公布和处理的活动，是国家对进出口商品实施质量监督管理的一种重要方式。商品抽查重点抽查涉及安全、卫生、环保，国内外消费者投诉较多，退货数量较大，发生过较大质量事故及国内外有新的特殊要求的进出口商品。对检验不合格的，海关将依法实施技术整改、不准出口、退运、销毁、通报市场监管等有关部门等措施。

（4）合格评定。

合格评定是借鉴国际通行规则使用的概念，与世界贸易组织《技术性贸易壁垒协定》的规则相同，有利于规范进出口商品检验采取的各种技术措施。在对货物风险、企业信用实施分类管理的基础上，依据合格评定的有关程序对出入境货物实施检验检疫监管，并适用相应的作业流程。合格评定的程序包括：抽样、检验（检疫）和检查；评估、验证和合格保证；注册、认可和批准以及各项的组合。

3. 口岸通关现场处置作业

处置作业是指现场查验发现异常或查验后需进一步处置的作业，包括以下内容。

（1）单证处置：报关单修撤、补证补税、签证。

（2）货物处置：退运、销毁、罚没、口岸隔离检疫、技术整改（不具备现场整改条件的）。

（3）移交处置：移送通关、法规、缉私等处置部门按手续办理。对于其中涉嫌走私违法犯罪，案件线索移交缉私部门处理的，涉案货物应当随案移送。

二、接受并配合海关检查

进出口货物应当接受海关检查。海关检查货物时，报关人应当到场，并负责搬移货物、开拆和重封货物的包装。

（一）配合海关检查的意义

海关检查是法律赋予海关的一项重要的执法权力，海关行使权力需要收发货人或其代理人履行义务作为保障。收发货人或其代理人在进出口货物前，经过与境外卖方或买方协商、签订合同的过程，对货物的有关情况最为了解，因此，收发货人或其代理人配海关实施查验有利于提高海关检查效率，防止因海关检查发生不必要的争议。

（二）配合海关检查的作业要求

1. 配合海关检查的准备

海关实施检查时，进出口货物收发货人或其代理人应当抵达海关查验现场，为海关检查做好相关准备工作。

在实际查验中，海关会根据情况对卸货有不同的要求。比如，彻底查验是对货物全部卸开，逐件开箱；抽查是卸下部分货物，有选择地开箱。因此，收发货人或其代理人应根据海关的卸货要求，自行或委托口岸、码头或者仓库的搬运公司搬移、开拆和重封货物，并负责由此产生的相关装卸费用。

作为扶持贸易便利化措施之一，近年来海关积极推行查验时收发货人或其代理人免于到场的做法。收发货人或其代理人免于到场的，需要委托监管作业场所经营人代为履行配合查验的相关手续。

2. 及时到场，协助海关检查

海关在确定对货物进行查验后，收发货人或其代理人应及时派员到达指定的查验作业区配合、协助海关查验，协助查验人员时应出示有效证件，并于查验时负责搬移货物、拆开和重封货物；当海关对相关单证或货物有疑问时，应负责解释说明，回答询问。

3. 配合海关取样送检

海关并非对每一票检查货物都要送检化验。如果海关对货物的性质有怀疑，在实施检查时需要提取货物的样品进行化验，以进一步确定或者鉴别货物的品名、规格等属性的，收发货人或其代理人有配合海关取样送检的义务。海关化验工作制度规定，海关对进出口货物要求取样送检时，收发货人或其代理人应及时到场，在海关查验人员的监督下按照取样要求进行取样（特殊样品应由相关专业技术人员提取样品），并提供有关单证和技术资料，如产品说明书、生产工艺流程等，协助海关做好取样、化验工作。

4. 配合海关随机抽查检验

被抽查单位对抽查检验应当予以配合，不得阻挠，并提供必要的工作条件。无正当理由拒绝抽查检验的单位，其产品将被视为不合格，海关将根据相关规定对拒绝接受抽查检验的企业予以公开曝光。此外，被抽查单位应当妥善保管有关被抽查的证明。

5. 配合海关现场实货验估

进出口货物收发货人或其代理人首先应认真准备相关的单证材料并尽快到通关现场验估岗位递交有关书面材料，出示有关工作证件、委托书等。如接到海关验估人员现场验货通知，应到查验现场配合海关查验。

6. 核对海关径行开验并签字确认

《海关法》规定，当海关认为必要时，即使收发货人或其代理人没有在场，海关也可以径行开验、复验或者提取货样。比如，收发货人或其代理人超过规定时间不到又没有合理的理由时，海关将对货物进行开拆查验，由此可能引起的相关损失由收发货人或其代理人负担。

对海关在查验完毕后制作的查验记录，收发货人或其代理人应当在核对后签字确认。

（三）海关损坏货物的索赔

1. 向海关索赔的范围

对于查验过程中由于海关工作人员责任造成的货物损失，报关人可以要求海关就货物损坏的实际情况进行赔偿。根据规定，海关赔偿的范围为进出口货物直接的经济损失，间接的经济损失不包括在海关赔偿的范围之内。

以下情况不属于海关赔偿的范围：

（1）报关人搬移、开拆、重新包装或保管不善等自身原因造成的损失。

（2）易腐、易失效货物在海关正常的工作时间内造成的变质或失效。

（3）海关正常查验所造成的不可避免的磨损。

（4）不可抗力造成的损失。

（5）在海关查验之前或之后发生的损失或损坏。

2. 向海关索赔的程序

（1）报关人发现货物在海关查验中被损坏的，可要求海关出具《中华人民共和国海关查验货物、物品损坏报告书》，以确认货物损坏情况。

（2）报关人持《中华人民共和国海关查验货物、物品损坏报告书》向海关提出赔偿的请求，并确定赔偿的金额。

（3）报关人应在规定的期限内向海关领取赔偿。

向海关索赔的具体程序如表 7-3 所示。

表 7-3　向海关索赔的具体程序

序号	步骤	描述
1	报关人发现货物损坏	报关人在查验现场或接收货物后发现损坏
2	立即通知海关	报关人立即向海关报告货物损坏的情况，并在查验记录中注明
3	提交索赔申请	报关人需填写《海关货物损失索赔申请表》，并附上相关证据材料，如照片、视频、检验报告等

序号	步骤	描述
4	海关受理申请	海关收到索赔申请后，会进行初步审核，确认是否受理
5	海关调查核实	海关将对货物损失情况进行详细调查，包括现场勘查、询问相关人员等
6	评估损失	海关或其指定的第三方机构会对货物损失进行评估，确定损失金额
7	决定赔偿	海关根据调查结果和损失评估，决定是否给予赔偿以及确定赔偿的具体金额
8	支付赔偿金	海关将赔偿金支付给报关人
9	结案	赔偿完成后，该索赔案件正式结案

三、货物获得放行

（一）货物获得放行的含义

货物获得放行是指海关接受进出口货物报关报税，对货物进出境安全准入与税收风险实施综合甄别，并结合相关风险参数与布控检查指令完成税费征收（或收取担保）及卡口提离（放行）前后所有检查项目后，由海关信息处理系统自动研判或实施人工系统放行的行为。

（二）货物获得放行适用的情形

（1）在"一次申报、分步处置"通关作业流程下，符合口岸提离条件（无布控指令或仅有口岸布控指令且已完成）的，卡口提离（放行）即为货物放行，货物可销售及使用。对在卡口提离（放行）后尚有其他后续检查项目（如附条件提离、目的地检查）的，须完成全部检查作业后方为货物放行，此时可销售及使用。

（2）在"两步申报"通关作业流程下，概要申报完成后，符合口岸提离条件（无布控指令或仅有口岸布控指令且已完成）的，货物准予卡口提离（放行），可以销售或使用（涉证或未完成合格评定的除外），并于规定日期之前完成完整申报。完整申报完成后，尚有其他后续检查项目（如附条件提离、目的地检查）的，须完成全部检查作业后方为货物放行，此时可销售及使用。未有后续检查项目的，完整申报系统放行即为货物放行。

针对不同货物，因国家管理要求不同，系统指令也不同，货物放行的具体时点亦各有差异。从全阶段而言，需要完成卡口提离（放行）后的全部检查作业方为货物放行，但针对未有检查要求及许可证件的部分货物而言，卡口提离（放行）即为货物放行。

对于出口货物，海关系统放行允许货物装载即为货物放行。

（三）货物获得放行的条件

货物获得口岸提离（放行），必须以对报关单数据的风险甄别完毕，根据相关信息能够直接排除安全准入和重大税收风险，或者口岸检查处置操作已完成，并且企业缴纳了进出口税费（或提供担保）作为前提条件。货物放行须完成提离后的相关检查手续，系统将自行对布控信息进行解控以完成最终的电子放行操作。

1. 货物放行的情形

货物符合放行条件的经海关信息处理系统自动研判符合放行条件的，通常包括但不限于以下情况：

（1）未被各类安全准入风险布控命中，或已解除布控。

（2）未被税收征管局事中参数（规则）、指令捕中，或税收征管局已处置完毕。

（3）无须缴纳有关税费，或已按规定完成缴纳，已提供"海关进出口货物征免税证明"，已提供相关担保等。

（4）无须提供有关监管证件，或已提供有效监管证件或电子数据。

（5）有关舱单、监管作业场所（场地）等物流底账核销无误。

（6）有关保税账册等数据核注核销无误。

（7）未进入异常处置程序，或已完成异常处置继续通关。

（8）口岸提离（放行）后续检查作业已完成。

（9）其他应满足的监管条件。

放行条件之间存在特定逻辑关系的，由放行调度模块进行综合研判。

2. 货物不予放行的情形

除经海关信息处理系统自动研判不符合上述放行条件的，以及有下列情况之一的，海关将不予放行进出口货物：

（1）违反海关和其他进出境管理的法律法规，非法进出境的。

（2）单证不齐或应税货物未办理纳税手续，且又未提供担保的。

（3）包装不良，继续运输足以造成海关监管货物丢失的。

（4）尚有其他未了手续尚待处理的，如口岸提离（放行）后续检查作业未完成、违规罚款未交的等。

学习笔记

随堂讨论

海关查验的意义是什么？

同步测试

拓展资料

同步测试项目七任务二

拓展任务

"海关查验"这些细节需要注意

某公司向口岸海关申报一批进口货物，申报品名是"无可锻性铸铁制接头"，在现场查验过程中，海关查验关员认为该货物的材质申报有误，该公司不认同查验结果，与海关产生争议。在遇到这种情况时，应如何向海关提出诉求来推进业务办理呢？

任务三　费用结算

任务挑战

请帮助杨帆计算一批货物的运输费用及所有附加服务费用并进行结算，货物信息见下。你需要了解运输费用的计算方法和标准，并确认所有的费用项目。

货物相关信息如下：

以 CIF 价格从某市出口到汉堡的一批服装，毛重为 12 吨，体积为 16 立方米。计算标准为 IM。航线为某市—香港—新加坡—汉堡，在新加坡转船。在运价表中查得该类货物的基本运费率为每运费公吨 250 元，燃油附加费为 20%，转船附加费 5%，港口附加费 15%。

计算步骤：

（1）确定运费计算标准及运费率；

（2）计算基本运费；

（3）计算附加服务费；

（4）计算总运费；

知识正文

国际货运代理业务繁多、环节复杂，在进行具体业务操作时，很容易出现意外情况。相应地，货运代理企业代收代付、应收应付费用的业务也非常烦琐，这就要求货运代理人必须清楚各项费用的来龙去脉，把费用清单完整告知客户。同时，货运代理人必须清楚各项费用如何计算、如何收取等问题。因此，对于货运代理而言，掌握国际结算的方式和结算的流转程序非常重要。而海运业务在国际贸易当中占据1/3，因此，把握海运费用结算、了解各城市港口航线的收费方式和各个国家的国际结算方式非常必要，这也是国际货运代理企业必备的能力之一。

一、国际贸易结算方式

（一）信用证

1. 信用证的含义及当事人

（1）信用证的含义。

信用证（Letter of Credit，L/C）是指开证银行根据买方的指示和要求开立的、以卖主为受益人，保证在卖方履行信用证规定的各项条件、交付规定的单据时支付一定金额的书面承诺。

（2）信用证的当事人。

①开证申请人（Applicant 或 Opener）：指向银行申请开立 L/C 的人。

②开证行（Opening Bank or Issuing Bank）：指接受开证申请人的申请，向出口人开立 L/C 的银行，一般是进口地银行。开证行要承担 L/C 的付款责任，并代开证申请人行使请求出口人交付单据的权利。

③通知行（Advising Bank or Notifying Bank）：指受开证行的委托，将 L/C 转交出口人

的银行，一般是出口地银行（它只证明 L/C 的真实性，并不承担其他义务）。通知行往往是开证行的代理行（Correspondent Bank）。

④受益人（Beneficiary）：指 L/C 上所指定的有权使用该证的人，一般是出口人。

⑤议付行（Negotiating Bank）：指愿意买入或贴现受益人交来跟单汇票的银行。议付行可能在 L/C 上指定，也可非指定，多数是非指定的出口地银行。

⑥付款行（Paying Bank or Drawee Bank）：指 L/C 上指定的付款人，多数就是开证行本身，也可以是它指定的另一家银行（这另一家银行也叫代付行）。付款行一经付款，就不能对受款人追索。

除了以上 6 个基本的当事人之外，L/C 还可能涉及的当事人有保兑行、偿付行、承兑行、转让行等。

2. 信用证的特点

（1）信用证方式是一种银行信用，由开证行负第一性付款责任。受益人无须也不得直接找进口人付款，而是凭单据直接向信用证上注明的银行要求付款。

（2）信用证是独立于贸易合同之外的自足文件，不受贸易合同的约束。信用证开立的依据是贸易合同，但一经开立，银行与受益人之间就以信用证来履行义务承担责任，而不是根据贸易合同行事。

（3）信用证的标的是单据。信用证业务中，各有关当事人处理的是单据，至于单据上所代表的货物是否已装船或灭失，银行都不过问。只要受益人提供的单据与信用证相符，单据之间相符无误，银行就应付款。

3. 信用证的一般业务流程

虽然不同类型的信用证在业务流程上有差别，但大致过程相同。

（1）买卖双方订立合同，约定以信用证方式进行结算。此时银行尚未介入。

（2）进口人向开证行递交开证申请，约定信用证的内容，并交付押金或提供保证人。

（3）开证行接受开证申请后，根据申请开立信用证，正本寄给通知行，要求其转递或通知出口人。

（4）由通知行转递信用证或通知出口人信用证已到。在开证行的要求下，通知行如同意或事先有约定，就对该信用证加以保兑或换开其本银行的信用证。

（5）信用证开出以后，有时需要做一些修改，修改通知一般由通知行转达，以便通知行将正本取回，把修改通知书粘贴上去，以免出口人误漏修改通知书。

（6）出口人接到信用证后，要认真核对其是否与合同相符，如发现不符，可以要求进口人通过开证行修改，或拒收信用证。如信用证无误，出口人即据此进行装货并准备齐全的单据。

（7）出口人将单据和信用证交往银行议付或交开证银行指定的代付、议付或保兑银行要求付款。代付、议付或保兑银行在审查单据符合信用证后，即预垫款项或付款，如发现单证不符，则可拒收。

（8）代付、议付或保兑行接受单据后，应在信用证背面注销所付金额（即背批），并将单据寄送开证行或其指定的收件人，同时向开证行或其指定的代偿付银行索偿。单据通常分正副两批先后寄发，以免中途遗失。

（9）开证行收到单据时，要核对是否与信用证相符，如无错误，即对出口人或代付、议付银行等偿还或其代付的款项，同时通知进口人备款赎单。开证行如发现单证不符，则可拒付并退单。进口人如发现单据不符，也可拒绝赎单。在进口人同意接受单据并付清货款后，开证行与进口人的关系即告结束。

（10）进口人赎单以后，如发现货物与合同不符，则应向有关责任方追偿，与银行无关。

4. 信用证的格式和内容

（1）国际商会的信用证标准格式。

为了统一信用证的形式、用语及开立信用证时的文句和顺序，国际商会拟定了开立跟单信用证标准格式，规定了4种标准格式。

①开立不可撤销跟单信用证标准格式——致受益人（the standard form for the issuing of documentary letter of credit——to the beneficiary）。

②开立不可撤销跟单信用证标准格式——致通知行（the standard form for the issuing of documentary letter of credit——to the advising bank）。

③不可撤销跟单信用证通知书标准格式（the standard form for the notification of documentary letter of credit）。

④跟单信用证修改书标准格式（the standard form for the amendment to documentary letter of credit）。

（2）跟单信用证的基本内容。

根据国际商会的规定，标准信用证格式的基本内容有以下15项。

①开证行的名称。

②开证地点与开证日期。

③信用证的种类和信用证编号。任何信用证都应有有关文句说明它是什么类别、什么性质的信用证。

④信用证有关当事人的名称与地址。

⑤信用证的金额。应注意大小写的数额一致。

⑥信用证的有效期限和到期地点。

⑦"受委开证"文句。一般声明受××指示开立本证。

⑧汇票条款。此项至关重要，因为它是用来规定出具什么样的汇票（远期或即期）、出票的根据、汇票的付款人等。

⑨跟单条款。此条用以规定应附哪些单据及对有关单据的具体要求和应出具的份数。

⑩货物名称、规格、牌号、数量、包装、单价、唛头，有时在此项下还可加注合同号及溢短装之类的文句。

⑪装运条款，包括运输方式、装运港（地）、目的港（地）、装运日期和是否可以分运或转运之类的文句。

⑫特别条款。有些信用证上的特别条款书写在背面，其内容往往是一些特殊要求，如规定交单日期或者要求某一特殊单据。

⑬保证付款的文句。此条对受益人、议付行及其他有关当事人有重大利害关系。

⑭为通知行加注必要字句栏，如果开证行要求通知行加以保兑，而通知行同意时，便在此栏内加上通知行有关保兑字句。

⑮遵循国际商会《跟单信用证统一惯例》文句。

（3）信用证示例中英文对照。

由于信用证格式不同，所见的信用证也多种多样。常见格式如表7－4和表7－5所示。

表7-4 中文信用证示例

信用证

开证行：××银行，福州，中国

通知行：××银行，伦敦，英国

开证日：20××年1月1日

兹开立第001号不可撤销的信用证

受益人：伦敦××有限公司

开证申请人：中国××进出口公司

最高金额：USD 50 000（5万美元，允许短交金额以5%为限）。本信用证凭受益人开具以我行为付款人按发票金额100%计算的即期汇票付款，该汇票一式两份，并须附有下列单据：

——全套清洁"货已装船""运费预付"，空白抬头、空白背书的海运提单，并须注明"通知目的港中国对外贸易运输公司"。

——发票一式五份，注明合同号码和信用证号码，20公吨（允许短交以5%为限），每公吨净重为1 000千克的化学制品，纯度为90%～99%，净重每千克价格2.50美元CIF福州，包装费在内。

——重量单一式四份，载明每箱毛重和净重。一制造商出具的品质证明书四份。

——保险单一式两份，按发票CIF加价10%投保伦敦协会货物（A）海运货物险。

——产地证：英国。

——装箱单，载明货物用适宜海运的新铁桶装。

自英国口岸运往福州，不得分批装运，允许转船，但须交联运提单。装运日期不得晚于20××年2月14日。

本证在伦敦议付有效期至20××年2月28日止。所有根据本证开具的汇票须注明"根据中国××银行福州分行第001号信用证出具"。

所有根据本证议付的汇票金额必须在本证背面批注。

单据处理办法：本证条件之一是，所有单据应分两次连续以上邮寄交本行。第一次邮寄包括所有各项单据，但如某项单据不止一份者，则留下一份在第二次邮寄。

特别指示：

本行向根据本证并按照本证内条款开出汇票的出票人、背书人和合法持有人保证，在单据提交本行时，本行即兑付该汇票。

本证以国际商会《跟单信用证统一惯例》（1993年修订本）条款为准。

表7-5 英文信用证示例

Letter of Credit

From：Bank of ××，Fuzhou，China

To：Bank of ××，London，UK

Date：Jan. 1，20××

We open an Irrevocable Credit No. 001，in favour of：××Company，Limited，London，for account of：China××I/E Corporation，to the extent of：USD 50，000（US dollar Fifty Thousand，5% less is allowed）. This Credit is available by beneficiary's drafts，drawn on us，in duplicate，at sight，for 100% of the invoice value，and accompanied by the following documents：

—Full set of clean "on Board"， "freight prepaid" Ocean Bill of lading，made out to order and blank endorsed，marked "notify China National Foreign Trade Transportation Corporation，at the port of destination".

—Invoice in quintuplicate，Contract No. Credit No.，20 metric tons（5% less is allowed）of 1，000 kilo net each of chemicals，purity 90%－99%，USD 2.50 per kilo net CIF Shanghai including packing charges.

—Weight Memo indicating gross and net weight of each package in quadruplicate.

—Certificate of Quality in four copies issued by the manufactures.

续表

—Insurance Policies（or Certificate）in duplicate covering Marine ICC（A）for full CIF invoice value plus 10%.

—Certificate of Origin：United Kingdom.

—Packing List：Packed in seaworthy new steel drums.

Shipment from UK port to Fuzhou. Partial shipment is not allowed. Transshipment is allowed，through B/L required. Shipment to be made on or before February 14，20×× .

This Credit is valid in London on or before February 28，20×× ，for negotiation and all drafts drawn hereunder must be marked " drawn under Bank of ××Fuzhou China，Credit No. 001".

Amount of drafts negotiated under this credit must be endorsed on the back hereof. Disposal of Documents：It is a condition of this credit that the documents should be forwarded to us by two consecutive airmails，the firs mail consisting of all documents except one of each items，if more than one，to be sent by second mail.

Special Conditions：

We hereby engage with the drawers，endorsers and bona fide holders of bills drawn and presented in accordance with the term of this credit that the bills shall be duly honored on presentation.

This credit is subject to ICC Uniform Customs and Practice for Documentary Credits（1993 revision）.

二、汇付与托收

（一）电汇、信汇、票汇

1. 汇付含义及当事人

汇付（Remittance）是汇出行（Remitting Bank）应汇款人（Remitter）的要求，以一定的方式，将一定的金额，通过汇入行或付款行的国外联行或代理行付给收款人（Payee，Beneficiary）的一种方式。

汇款方式一般有4个当事人：汇款人、收款人、汇出行和汇入行。当汇款人要求银行把款项汇至另一地由其自取时，汇款人和收款人是同一人。

2. 汇付的种类

通常使用的汇付方式有以下3种。

（1）电汇（Telegraphic Transfer，T/T）。

电汇是汇出行应汇款人的要求，以电报通知汇入行或称付款行，请其把款项付给收款人的方式。

汇款人在申请汇款时，应填具汇款申请书，银行接受汇款人的汇款申请后，就应按照汇款申请书的指示执行。汇款金额如为汇出地本国货币，汇款人就按汇款额全数加上应付的电报费交予银行；汇款金额如为汇入地货币或第三国货币，汇出行一般按银行当天该种货币的电汇卖出汇率折算成本国货币加上电报费后向汇款人收取。汇出行应出具电汇回执，由汇款人收存，作为款项已汇出和将来核查的根据。由于电报传递信息难免发生差错，汇出行在拟发电报时，应加注密押，有的银行在发出电报后，会把电报证实书寄送汇入行进一步核对。汇入行收到电报后，首先应验证密押，如密押和电文内容相符，即缮制电汇通知书，通知收款人取款。电汇和信汇收付程序如图7-2所示。

（2）信汇（Mail Transfer，M/T）。

信汇业务的处理基本上与电汇相同，唯一的差别仅在汇出行不使用电报而是以航邮信汇委托书（M/T advice）或支付委托书（Payment Order）交至汇入行。委托书上一般不

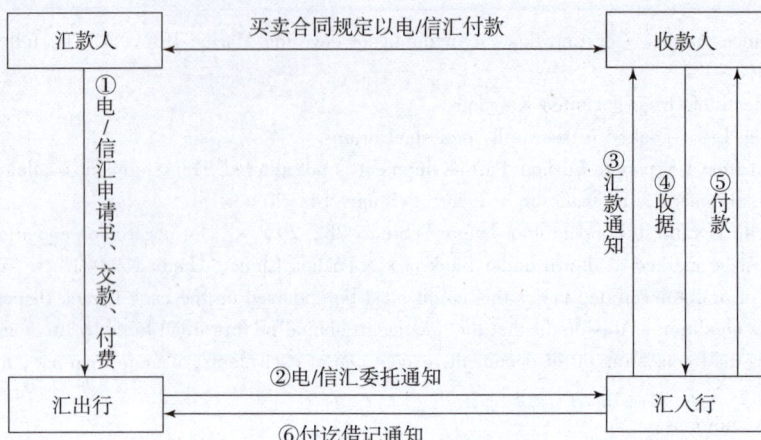

图7-2 电汇/信汇收付程序

加密押，而加具有权签字人的签字，汇入行凭汇出行的印鉴册核对签字无误后，即行解付。

（3）票汇（Bankers Demand Draft，D/D）。

票汇是汇出行应汇款人的要求，开立以其在付款地的联行或代理行为付款人的汇票交给汇款人，由汇款人自带或由其寄给收款人，收款人凭此汇票到指定付款地银行即汇入行取款的一种支付方式。汇票上指定的收款人向付款银行领取汇款时，应在汇票背后加具背书，不必另出收据。出口公司收到以该公司作为收款人的汇票，在汇票背后加盖公章签字送银行收款。如汇票是客户自带且以客户为收款人的，则应由客户背书；如背书上列明转让给出口公司，则出口公司应加空白背书，银行核对背书齐全后才能接受办理。付款银行接受收款人的汇票，与汇出行寄来的通知书或票根核对无误，即可付款。现在多数代理行已取消寄送票根的做法，付款行对联行或订有代理合约的汇出行开出的汇票核对印鉴相符后，即可付款。对一般代理行或者并无往来关系的银行开出的汇票，原则上必须待汇票头寸收妥后才能付给收款人。

票汇与电汇、信汇的区别为：付款行无须通知收款人取款，而由收款人上门自取；收款人加具背书可以转让汇票；而电汇和信汇的收款人只能向付款行自取或委托往来银行代收，记入其账户内，不能经过背书转让流通。国际结算中，票汇与电汇、信汇的具体区别如表7-6所示。

表7-6 国际结算中票汇与电汇、信汇的区别

对比维度	电汇（T/T）	票汇（D/D）	信汇（M/T）
结算工具	电报或电传	银行即期汇票	信托委托书或支付委托书
资金转移速度	快速，通常几小时内到达	较慢，依赖邮寄时间	介于电汇和票汇之间
费用	较高，包含电报费等	较低，只涉及汇票和邮寄费	较低，但因邮递关系，收款时间较晚
安全性	高，实时确认	中等，汇票可转让但风险存在	中等，非实时确认，依赖邮件传递

续表

对比维度	电汇（T/T）	票汇（D/D）	信汇（M/T）
适用场景	紧急支付、跨境交易	国际贸易中的预付货款	成本敏感且不急于收款的交易
收款确认	需要汇入行通知收款人	收款人持票自行取款	需要汇入行根据委托书解付
汇票可转让性	不可转让	可转让，需经过背书	不可转让
操作便利性	高度自动化，通过电子网络操作	需要邮寄汇票，操作较为烦琐	需要填写委托书，通过邮件传递

3. 汇付方式在国际贸易中的运用

买卖双方在国际货物交易中使用汇付方式结算较简便。从交付货款与出运时间的先后来看，汇付方式一般有预付货款、分期付款、延期付款和货到付款4种。

（1）预付货款。

预付货款是指进口商预先将货款用汇款的方式付给出口商，出口商在一定时期内发运货物。使用预付货款的做法，主要是出口商对进口商的信任度较低，或者出口商品在国际市场行情较好，出现异常突出的卖方市场局面，因此出口商要预收部分或全部货款作担保。这实际上可以使出口商得到进口商的一笔无息贷款，这种做法有利于出口商，不利于进口商。

（2）分期付款。

分期付款是指进口商根据购买货物的生产进度和交货程序分期付清货款。双方约定分期次数和分期支付的金额，在最后一批货验收后付清全部货款。

（3）延期付款。

延期付款是指进口商先付一笔定金，并根据货物生产的进度和交货程序分期支付若干货款，而大部分货款则于交货后若干月或若干年内分期付清。

（4）货到付款。

货到付款是指进口商在收到货物后，立即或在一定期限内，将货款汇交出口商。货到付款方式对进口商有利，对出口商不利。

在国际贸易货款结算中很少使用汇付方式，因为进口商和出口商都希望在对自己有利的条件下成交，因此双方很难达成协议。汇付方式通常较多地用于贸易从属费用，如佣金、运费、保险费等方面的结算。

（二）托收

托收（Collection）是出口商将开具的汇票交给所在地银行，委托该行通过它在进口商所在地的分行或代理人向进口商收取货款。

1. 托收业务涉及的当事人

（1）委托人（Principal）。

委托人就是债权人，通常为出口商。由于委托人一般需开具汇票委托银行向国外债务人收款，所以也称出票人（Drawer）

（2）付款人（Payer）。

付款人就是债务人，也是汇票上的受票人，通常为进口商。

（3）托收银行（Emitting Bank）。

托收银行是债权人所在地的银行，又称寄单行，即接受委托人委托代为收款的银行。

（4）代收银行（Collecting Bank）。

代收银行是接受托收银行委托，向付款人收款的银行。

2. 托收的种类及收付程序

按出口人开具汇票是否随附货运单据，托收可分为光票托收和跟单托收。

（1）光票托收。

光票托收指出口人在收取货款时仅凭汇票，不随附任何货运单据。这种方式一般用于信用证收取货款余额的结算、代垫费用、佣金及样品费的结算。在实际业务中，这种方式使用较少，主要运用的是跟单托收方式。

（2）跟单托收。

跟单托收中，按交单条件的不同又分为付款交单（Documents against Payment，D/P）和承兑交单（Documents against Acceptance，D/A）。

①付款交单。

付款交单是指出口商将汇票连同货运单据交给银行托收时，指示银行只有在进口人付清货款后才能交出货运单据等。由于货款的支付时间不同，付款交单也就可分为即期付款交单（Documents against Payment at Sight，D/P sight）和远期付款交单（Documents against Payment after Sight，D/P after sight）。

a. 即期付款交单。

指进口人见到相关银行提示的汇票和单据时，立即就付清货款换取单据。

即期付款交单的业务流程为：出口人按合同规定装运后，填写委托申请书，开具即期汇票，连同货运单据交托收行，请求代收货款；托收行根据托收申请书缮制托收委托书，连同汇票、货运单据交进口地代收行委托代收货款；代收行按照委托书的指示向进口人提示汇票和单据；进口人付款；代收行交单；代收行办理转账并通知托收行款已收妥；托收行向出口人交款。

b. 远期付款交单。

指进口人见到相关银行提示的汇票和单据时先承兑，待汇票到期日再付款赎单。由于进口人要等汇票到期日才能从代收行处赎单，故不利于与市场时机紧密相连的情况。为了能早日提取货物进行转售或使用，可凭信托收据向代收行借单，等汇票到期日再付清款。

所谓信托收据（Trust Receipt，T/R），是指进口人向代收行借取货运单据时提供的一种书面担保文件，表示愿意以代收行的委托人身份代为提货、报关、存仓、保险、出售，并承认货物的所有权属于代收行，在货物售出后所得款项应交与银行。如果凭信托收据向银行借单是代收行自行决定的，则由代收行对出口人负全部责任；如果是出口人主动授权代收行向进口人提供该种便利，则由出口人自己承担全部风险，这种情况下的方式叫作"付款交单凭信托收据借单"。

远期付款交单的业务流程与即期付款交单的业务流程基本相同，在此不再赘述。

②承兑交单。

承兑交单指出口方发运货物后开具即期汇票，连同货运单据委托银行办理托收，并明确指示银行，进口人在汇票上承兑后即可领取全套货运单据，等汇票到期再付清货款。承兑交单是在买方未付款前即获得货运单据，凭以提取货物的，一旦买方到期不付款，出口方便可能银货两空，出口商应谨慎用之。

3. 托收方式的主要特点

（1）属于商业信用，银行无检查单据内容及保证付款的责任。

（2）如遭进口人拒付，除非另有规定，银行无代管货物的义务。

（3）托收对出口人的风险较大，D/A 比 D/P 的风险更大。

（4）托收对进口人较为有利，可免去开证手续及预付押金，还有可预借货运单据的便利。

（5）托收可促进贸易达成，增强出口商品的竞争能力。

汇款、托收、信用证的区别如表 7-7 所示。

表 7-7　汇款、托收、信用证的区别

对比维度	汇款	托收	信用证
定义	付款人通过银行将款项汇给收款人的支付方式	出口方开具以进口方为付款人的汇票，委托银行收取货款的结算方式	银行根据买方的请求，出具的承诺在满足特定条件下向卖方支付货款的书面安排
风险分配	较高，依赖买卖双方的商业信誉	较低，但如果进口商拒绝支付，出口商可能面临货物滞留和额外费用的风险	较低，因为银行承担付款责任，但存在单据不符等风险
操作流程	简单，直接，通常涉及两个银行	相对复杂，涉及三方或多方，包括出口商、进口商和两家银行	更为复杂，涉及多方参与，包括买方、卖方、开证行、通知行和可能的保兑行
安全性	依赖双方的商业诚信，无银行担保	安全性较差，银行不负责检查单据正确性或承担付款责任	较高，银行提供独立的付款保证，但需确保单据符合信用证条款
适用场景	适用于双方有良好商业关系和信任的小额交易	适用于成本敏感且希望简化支付流程的交易	适用于大宗交易，尤其是当买方和卖方之间缺乏充分信任时
费用	通常较低	较低，但可能因邮寄等原因略高	较高，涉及多种银行服务和可能的保兑费用
时效性	较快，资金通常在几小时内到达	较慢，依赖邮寄时间	取决于信用证的条款，可能是即期或延期
单据要求	无特定单据要求，除非涉及特定的汇款方式	根据托收的类型，可能需要汇票和其他运输单据	严格，需要齐全且符合信用证条款的单据
控制程度	较低，买方控制付款时机	较低，卖方控制单据的提交	较高，银行根据信用证条款控制付款
买方保护	较少，除非买方预先付款	较少，除非买方选择承兑交单	较多，银行在买方违约时仍需履行付款义务
卖方保护	较少，除非买方先行付款	较少，除非买方立即支付	较多，银行提供付款保障

三、海运运费计收

运费的计算对贸易商十分重要。例如，一笔交易按照 CIF 价格成交，究竟运费是多少，在价格构成中占多大比例，对于出口方的成本关系重大。即使采用 FOB 价格成交，掌握海洋运费的资料，对于计算各种价格条款之间的差额，做好比价工作也是十分重要的。

（一）班轮运价

1. 班轮运费构成

班轮运费由基本运费（Basic Rate）和附加费（Surcharges）两部分组成。

（1）基本运费。

基本运费是指每一计费单位（如一运费吨）货物收取的运费。基本运费对应的基本费率有等级费率、货种费率、从价费率、特殊费率和均一费率之分。

（2）附加费。

为了保持一定时期内基本费率的稳定，又能正确反映出各港的各种货物的航运成本，班轮公司在基本运费之外，又规定了其他各种费用，即附加费。附加费主要有以下几种。

①燃油附加费。燃油价格突然上涨时加收。

②货币贬值附加费。在货币贬值时，船方为实际收入不致减少，按基本运价一定的百分比加收的附加费。

③转船附加费。凡运往非基本港的货物，因需转船运往目的港，船方收取的附加费，包括转船费和二程运费。

④直航附加费。当运往非基本港的货物达到一定的货量，船公司可安排直航该港而不转船时加收直航附加费。

⑤超重附加费。当一件货物的毛重或长度或体积超过或达到运价本规定的数值时加收超重附加费，包括超长附加费和超大附加费。

⑥港口附加费。因有些港口存在设备条件差或装卸效率低及其他问题，船公司会加收港口附加费。

⑦港口拥挤附加费。因有些港口拥挤、船舶停泊时间增加而加收拥挤附加费。

⑧选港附加费。货方托运时尚不能确定具体卸港，要求在预先提出的两个或两个以上港口中选择一港卸货时，这时船方会加收选择附加费。

⑨变更卸货港附加费。它是指货主要求改变货物原来规定的港口，在有关当局（如海关）准许且船方也同意的情况下所加收的附加费。

⑩绕航附加费。它是指由于正常航道受阻不能通行，船舶必须绕道才能将货物运至目的港时，船方所加收的附加费。

2. 海运杂费

海运价格除了"纯"运费外，还有各种杂费，这些杂费有些是船东收取的，有些是出货港/目的港码头收取的，还有些是货运代理企业自立名目收取的。这类费用并无明确的标准，非常灵活。

常见的杂费包括启运港码头附加费、目的港提货费、码头操作（吊柜）费、燃油附加费（Fuel Adjusted Factor，FAF）、货币贬值附加费、文件费、旺季附加费、AMS 附加费。

3. 运费计算标准

运费的计算标准不尽相同，重货一般按重量吨计收运费，轻抛货按尺码吨计收，有些价值高的商品按 FOB 货值的一定百分比计收，有的商品按混合办法计收。例如，先按重量吨或尺码吨计收，然后加若干从价运费，其在运价表中表示如下。

（1）按重量吨计收，称为重量吨，表内列明"W"。

（2）按货物体积计收，称为尺码吨，表内列明"M"。

（3）按体积或重量，由船方选择而计算，表内列为"W/M"。

（4）按商品的 FOB 价值的一定百分比计收，称为从价运费，表内列明"Ad. Val"或"A. V."。

（5）按混合标准计收，如 W/M plus A. V.，即按重量吨或尺码吨再加从价运费。通常按货物重量或尺码计价时，选择其中收取运费较高者计算运费。此外，还有一些商品按件或头计收，前者如车辆等（按每件为一单位收），后者如活牲畜等。对于大宗商品（如粮食、矿石、煤炭等），因运量较大、货价较低、容易装卸，船公司为了争取货源，可以与货主另行商定运价。这种由船货双方临时议定价格收取运费的方法被称为议价。按货物 FOB 价收取一定百分比作为运费，称为从价运费。

4. 运费计算步骤

（1）选择相关的运价本。

（2）根据货物名称，在货物分级表中查到运费计算标准和等级。

（3）在等级费率表的基本费率部分，找到相应的航线、启运港、目的港，按等级查到基本运价。

（4）从附加费部分查出所有应收（付）的附加费项目和数额（或百分比）及货币种类。

（5）根据基本运价和附加费计算实际运价。

（6）运费 = 运价 × 运费吨。

（二）租船运费

1. 租船运费率

程租合同中有的规定运费率，按货物每单位重量或体积若干金额计算；有的规定整船包价。费率的高低主要取决于租船市场的供求关系，但也与运输距离、货物种类、装卸率、港口使用、装卸费用划分和佣金高低有关。运费按装船重量或卸船重量计算，以及运费是预付或到付等，合同中均须订明。特别要注意的是，应付运费时间是指船东收到的日期，而不是租船人付出的日期。

2. 装卸费用的划分法

（1）船方负担装卸费（Gross or Liner or Berth Terms，GOLOBT），又称"班轮条件"。

（2）船方不负担装卸费（Free in and out，FIO）。采用这一条件时，还要明确理舱费和平舱费由谁负担，一般规定租船人负担，即船方不负担装卸、理舱和平舱费条件（Free in and out, Stowed, Trimmed, FIOST）。

（3）船方管装不管卸（Free out，FO）条件。

（4）船方管卸不管装（Free in，FI）条件。

（三）集装箱海运运费

目前，集装箱货物海上运价体系较内陆运价成熟，基本上分为两大类：一类是沿用件杂货运费计算方法，即以每运费吨为单位（俗称散货价）；另一类是以每个集装箱为计费单位（俗称包箱价）。

1. 件杂货基本费率加附加费

（1）基本费率。

参照传统件杂货运价，以运费吨为计算单位，多数航线上采用等级费率。

（2）附加费。

除传统杂货所收的常规附加费外，还要加收一些与集装箱货物运输有关的附加费。

2. 包箱费率

包箱费率以每个集装箱为计费单位，常用于集装箱交货的情况，即 CFS – CY 或 CY – CY 条款。常见的包箱费率有以下 3 种形式。

（1）包箱费率（Freight for All Kinds，FAK）。

即对每一集装箱不细分箱内货类，不计货量（在重要限额之内）统一收取的运价。

（2）包箱费率（Freight for Class，FCS）。

即按不同货物等级制定的包箱费率，集装箱普通货物的等级划分与杂货运输分法一样，仍是 1~20 级，但是集装箱货物的费率级差大大小于杂货费率级差。一般低级的集装箱收费高于传统运输，高价货集装箱低于传统运输；同一等级的货物，重货集装箱运价高于体积货运价。可见，船公司鼓励人们把高价货和体积货装箱运输。在这种费率下，拼箱货运费计算与传统运输一样，根据货物名称查得等级、计算标准，然后去套相应的费率，乘以运费吨，即可得出运费。

（3）包箱费率（Freight for Class/Basis，FCB）。

即按不同货物等级或货类及计算标准制定的费率。

随堂讨论

货运代理企业在进行费用结算时，需要注意的风险点有哪些？

同步测试

拓展资料

同步测试项目七任务三

拓展任务

人民币汇率演变历程

调查研究当前国际货运费用的影响因素及发展趋势，完成表 7 – 8。

表7-8　国际货运费用影响因素及发展趋势分析表

项目	分析因素	内容	调查结果
影响运费的因素分析	经济因素分析	全球 GDP、贸易政策、汇率波动等	1. 2. 3. …
	行业特定因素分析	燃油价格、季节性需求变化、航运能力等	1. 2. 3. …
	外部因素分析	自然灾害、政治不稳定、环境法规	1. 2. 3. …
运费趋势预测	短期趋势预测	接下来 3~6 个月	
	中期趋势预测	接下来 1~2 年	
	长期趋势预测	接下来 3~5 年	

项目评价

项目七学习评价量表

评价项目	评价内容	评价标准					评价方式		
		优 (90~100)	良 (80~89)	中 (70~79)	及格 (60~69)	不及格 (0~59)	自评	互评	师评
学习态度	1. 学习目标明确，重视学习过程的反思，积极优化学习方法； 2. 具备持之以恒的学习习惯； 3. 保质保量按时完成作业	积极、热情、主动	积极、热情、但欠主动	学习态度一般	学习态度较差	学习态度很差			
学习方式	1. 学生个体的自主学习能力强，会倾听、思考、表达和质疑； 2. 学生普遍有浓厚的学习兴趣，学习参与度高； 3. 学生之间能够合作学习，并在合作中分工明确地进行有序和有效地探究； 4. 学生在学习中能自主反思，发挥求异、求新的创新精神，积极地提出问题和讨论问题	自主学习能力强，会倾听、思考、表达和质疑	自主学习能力较强，会倾听、思考、表达	自主学习能力一般，会倾听	自主学习能力较差，不会思考	自主学习能力很差，不会思考			

学习笔记

评价项目	评价内容	评价标准					评价方式		
		优 (90~100)	良 (80~89)	中 (70~79)	及格 (60~69)	不及格 (0~59)	自评	互评	师评
参与程度	1. 认真参加课程的线上学习活动，积极思考，善于发现问题，勇于解决问题； 2. 积极参加头脑风暴、主题讨论、提问等活动； 3. 积极参加线下实践活动等	积极思考，善于发现问题，勇于解决问题，表达能力强	积极思考，善于发现问题，勇于解决问题	能发现问题，解决问题能力一般	参与意识较差，不够积极主动	缺乏参与意识，不积极主动			
合作意识	1. 积极参加合作学习，勇于接受任务、敢于承担责任； 2. 有小组合作意识，能够在合作中取长补短，共同提高； 3. 乐于助人，积极帮助学习有困难的同学	合作意识强，组织能力好，能与他人共同提高，有学习效果	能与他人合作，并积极帮助有困难的同学	有合作意识，但总结能力不强	不能很好地与他人合作学习	完全不能与他人合作学习			
知识和技能的应用	1. 掌握进出口税费、货物查验及放行、费用结算以及国际货运运费计算和支付的相关知识； 2. 熟练运用所学知识完成实训模拟任务； 3. 提高根据实际情况处理国际货运中可能出现的问题的综合能力	能很灵活地运用知识解决问题	能较灵活地运用知识解决问题	应用知识解决问题的能力一般	解决实际问题的能力较差	解决实际问题的能力很差			
其他	1. 情感、态度、价值观的转变； 2. 综合素养水平的发展	学习态度、综合素养水平有很大提高	学习态度、综合素养水平有较大提高	学习态度、综合素养水平有所提高	无明显发展	无任何发展			
合计									
平均分									
综合得分（自评10% + 互评30% + 师评60%）									

项目八　签单跟踪

引思明理

中老泰多式联运"一单制"货运列车在昆首发

中老泰多式联运"一单制"货运列车开行暨"澜湄·云南号"国际列车首发活动于2024年9月24日在昆明腾俊国际陆港公铁联运中心举行。

本次首发的"澜湄·云南号"由20个冷链集装箱编列组成，运载产自云南各地的大白菜、包菜等蔬菜，经中老铁路至万象南站，再通过公路运输至泰国批发市场，全程用时3.5天。列车返程时装载老挝产的香蕉回国，实现"重去重回"。此趟列车的开行标志着云南正式开启中老泰多式联运"一单制"物流模式，为云南省高原特色农产品和南亚、东南亚水果进出口提供了一条国际"快车道"。

相较于以往的分段运输模式，"一单制"国际多式联运体系具有"一次托运、一份单证、一次结算、一箱到底"的特点，中途不换箱、全程不开箱，减少了手续办理、货物换装等环节，以整列方式开行的这一模式可将物流成本降低30%、运输效率提高40%。

腾晋物流总经理助理胡侠介绍，此前发一批货到泰国至少需要联系5家物流供应商，环节多、费用高、效率低，中间还需换箱、掏箱。此次多式联运"一单制"开通，真正实现"一站式服务"。

"澜湄·云南号"的开行是云南积极响应国家关于加快推进多式联运发展和优化调整运输结构决策部署的具体实践，是中老铁路在"硬联通"的基础上抓好"软联通"的示范应用。

列车首发后，云南将常态化稳定运行"一单制"服务，即每周二在腾俊国际陆港开行一趟"澜湄·云南号"，逐步推进国际多式联运规则对接和多式联运单证电子化及共享互认机制。"澜湄·云南号"将以昆明枢纽为支点，以通道为支撑，服务供应链、支撑产业链，全力打造昆明面向南亚、东南亚供应链枢纽平台，促进枢纽经济不断壮大，为区域经济的发展繁荣做出更大的贡献。

资料来源：昆明日报，2024-09-25。

党的二十大报告指出"推动货物贸易优化升级，创新服务贸易发展机制，发展数字贸易，加快建设贸易强国。"多式联运"一单制""一箱制"的不断优化，是加强与"一带一路"沿线国家在智慧海关、智能边境、智享联通等方面合作的重要举措，有利于稳步扩大国际多式联运单证在"一带一路"运输贸易中的应用范围。

项目情境

　　杨帆家乡的亲人们对在途的产品充满了期待，他们与客户一样，非常关注货物的实时状态。杨帆深刻了解家乡亲人们的关心，同时，他作为专业的国际货运代理，有义务在载有客户货物的集装箱船离港后，及时与客户、船公司确认好提单信息，签发提单，对在途货物进行实时跟踪，为货物到港做好充分准备。但是，提单分类细致，签发流程要求较高，因此，杨帆亟待进一步掌握签单追踪的要求。假如你是杨帆，你将如何进行签发提单，区分不同提单的性质和作用，并通过途中邮件通知、海运到港查询等实现信息追踪呢？

项目目标

知识目标

1. 了解提单的含义与签发流程。
2. 熟悉不同类型单据的特点。
3. 理解核查舱单的操作与重要性。
4. 掌握提单的性质与作用。
5. 掌握获取货物追踪信息的方法。

技能目标

1. 掌握提单签发与核对技能。
2. 掌握提单分类应用技能。
3. 掌握舱单核查与管理技能。

素质目标

1. 增强学生的专业意识与责任感。
2. 培养学生规范操作的意识。

任务一　签发提单

任务挑战

请你根据下方的货物详细信息帮助杨帆签发一份正本海运提单，并确保其符合国际惯例和法律规定。提单的格式如表 8 - 1 所示。完成提单后，请与船运公司和货运代理公司协调，确保提单准确无误，并通知 JAMES BROWN&SONS. 。

表 8 - 1　空白提单

1. SHIPPER（托运人）			B/L　　　　　　NO. COSCO		
2. CONSIGNEE（收货人）					
3. NOTIFY PARTY（被通知人）			中国远洋运输（集团）总公司 CHINA OCEAN SHIPPING（GROUP）CO.		
4. PR - CARRIAGE BY（前程运输）	5. PLACE OF RE-CEIPT（收货人）		ORIGINAL Combined Transport Bill of Lading		
6. OCEAN VESSEL VOY. NO.（船名及航次）	7. PORT OF LO-ADING（装货港）				
8. PORT OF DIS-CHARGE（卸货港）	9. PLACE OF DE-LIVERY（交货地）	10. FINAL DESTINATION FOR MERCHANT'S REFERENCE（目的地）			
11. MARKS（唛头）	12. NOS. KINDS OF PKGS（包装种类和数量）	13. DESCRIP-TION OF GO-ODS（货物名称）	14. G. W.（KG）（毛重）	15. MEAS（M³）（体积）	
16. TOTAL NUMBER OF CONTAINERS OR PACKAGES（IN WORDS）（总件数）					
17. FREIGHT & CHARGES（运费）	REVENUE TONS（运费吨）	RATE（运费率）	PER（计费单位）	PREPAID（运费预付）	COLLECT（运费到付）
PREPAID AT（预付地点）	PAYABLEAT（到付地点）	18. PLACE AND DATE OF ISSUE（出单地点和时间）			
TOTAL PREPA-ID（预付总金额）	19. NNUMBER OF ORIGINAL B（S）L（正本提单的份数）	20. SIGHEN FOR THE CARRIER（承运人签章） 中国远洋运输（集团）总公司 CHINA OCEAN SHIPPING（GROUP）CO.			

货物相关信息如下：

CHUWEI GLOVES CO. , LTD. ［Shanghai International Trade Center 2201 YanAn Road（W），SHANGHAI 200336 TEL： +86 21 6278 9099 FAX： +86 21 6278 9569］向加拿大公司［JAMES BROWN&SONS. #304 - 310 JaJa Street, Toronto, Canada TEL：（1）7709910, FAX：（1）7701100］出口 1521A Latex Full Coated Cotton Woven, Knit Wrist Liner 共 1 000 箱，纸箱包装，每箱 12 件，每件 2.2 美元 CIF MONTREAL。毛重为 16.65 千克/箱，总体

学习笔记

积为 10.8 立方米。运输标志为 N/M。该货物于 2024 年 1 月 25 日在上海装 V. 26GW 航次
"CMA CGM"号轮运往蒙特利尔。

知 识 正 文

一、签发提单的含义与流程

（一）签发提单的含义

签发提单是指托运人将货物交与承运人、船长或承运人的代理人后，承运人或其代理
人按托运人要求，签发提单给托运人的行为。一份提单示意图如图 8-1 所示。

1. SHIPPER（托运人） 一般为出口商					
2. CONSIGNEE（收货人） "order"或"order shipper"或"order of ×××Bank"		B/L　　　　　　NO. COSCO			
3. NOTIFY PARTY（被通知人） 通常为进口方或其代理人		中国远洋运输（集团）总公司 CHINA OCEAN SHIPPING（GROUP）CO.			
4. PR–CARRIAGE BY（前程运输） 填 feeder ship 名即驳船名	5. PLACE OF RECEIPT（收货人） 填 Huangpu	ORIGINAL Combined Transport Bill of Lading			
6. OCEAN VESSEL VOY. NO.（船名及航次） 填大船名	7. PORT OF LOADING（装货港） 填 HKG				
8. PORT OF DISCHARGE（卸货港） 填 LAX	9. PLACE OF DELIVERY（交货地） 若大船公司负责至 NYC 则填 NYC；若负责至 LAX 则填 LAX	10. FINAL DESTINATION FOR MERCHANT'S REFERENCE（目的地） 仅当该 B/L 被用作全程转运时才填此栏（填 NYC）			
11. MARKS（唛头）	12. NOS. KINDS OF PKGS（包装种类和数量）	13. DESCRIPTION OF GOODS（货物名称）	14. G. W.（KG）（毛重）	15. MEAS（M³）（体积）	
16. TOTAL NUMBER OF CONTAINERS OR PACKAGES（IN WORDS）（总件数）					
17. FREIGHT & CHARGES（运费）PREPAID（运费预付）或 COLLECT（运费到付）	REVENUE TONS（运费吨）	RATE（运费率）	PER（计费单位）	PREPAID（运费预付）	COLLECT（运费到付）
PREPAID AT（预付地点）	PAYABLEAT（到付地点）	18. PLACE AND DATE OF ISSUE（出单地点和时间） 一般与装船日一致			
TOTAL PREPAID（预付总金额）	19. NUMBER OF ORIGINAL B（S）L（正本提单的份数） 一般为 3 份	20. SIGHEN FOR THE CARRIER（承运人签章） 　　　　中国远洋运输（集团）总公司 　　　　CHINA OCEAN SHIPPING（GROUP）CO.			

图 8-1　提单

提单作为承运人和托运人之间处理运输中双方权利和义务的重要依据，其内容详尽且具有法律效力。具体来说，一份提单主要包括以下内容，如表8-2所示。

学习笔记

表8-2　提单具体信息

项目	详细内容
货物	提单会详细列出货物的名称、相关标识、包装数量或件数、重量或体积。对于危险货物，还会特别标明其危险性质
承运人	提单上会记录承运人的名称和主要营业场所，这是确定承运人身份和责任的关键信息
船舶	提单会注明承运货物的船舶名称，这有助于追踪货物的运输状态
发货人	提单会包含发货人的具体信息，以证明货物的来源和所有权
收货人	提单上明确写有收货人的具体信息，以确保货物能够正确地交付给指定的收货人。在记名提单的情况下，还会列明收货人的姓名，但这种提单在国际海运贸易中的使用并不广泛

此外，提单的背面通常会有详细的条款，规定了货物运输过程中的各种条件和责任限制，这些条款对于解决可能出现的争议至关重要。提单背面的详细条款主要包括以下内容，如表8-3所示。

表8-3　提单背面的详细条款

条款	详细内容
定义条款	对运输合同中的关键词汇进行明确的定义，例如"承运人""托运人""货物所有人"等，以确保合同中的主体和对象有清晰的法律界定
首要条款	这是提单中最重要的条款之一，它规定了承运人的基本义务和责任，通常包括承运人必须按照约定的航线、航次和时间运输货物，并保证货物的安全等
免责条款	明确了在哪些情况下承运人可以免除责任，例如因天灾、战争、货物本身缺陷等原因导致的货物损失或损害

除了上述主要条款，提单背面还可能包含一些细节性的其他规定，如货物的装卸、运费支付、货物留置权等。这些条款共同构成了提单背面的内容，为货物运输过程中可能出现的各种情况提供了详细的法律依据和操作指南。

在实际操作中，由于各船公司的提单背面条款可能会有所差异，所以在处理具体问题时，需要仔细阅读和理解相关条款，以确保各方的权益得到妥善维护。签发提单时，需要确保所有信息准确无误，因为它是货物运输过程中的关键文件，对于保障货物安全、明确各方责任以及处理可能出现的争议都起着至关重要的作用。

（二）签发提单的内容

1. 签发人

根据《中华人民共和国海商法》（以下简称《海商法》）的规定，货物由承运人接收或装船后，应托运人的要求，承运人应当签发提单。提单可以由承运人授权的人签发，若提单由载货船舶的船长签发则视同承运人签发。因此提单的签发人包括承运人的代理人或船长。各国有关海上货物运输的法律都规定船长是承运人的当然代理人，不需经过承运人

视频：
签发单据

的授权便可签发提单。但如果提单由承运人的代理人签发，则代理人必须经过承运人的合法授权；未经授权，代理人无权签发提单。

2. 签发的地点和日期

提单签发的地点应当是货物的装运港，如托运人要求在异地领取提单，承运人应视情况决定是否同意。提单签发的日期应当是货物实际装船完毕的日期。

在国际贸易业务中，尤其是在买卖双方约定以信用证作为结算手段的情况下，提单签发的日期非常重要。在信用证规定了货物的最迟装运期限时，签发提单的日期即可看作货物已装船完毕的日期，也就是卖方向买方交货的日期。如提单签发日期迟于信用证规定的最迟装运期限，则表示货物装船日期超过规定时间，就可能遇到买方在目的港拒收货物并请求赔偿损失和银行拒付货款等问题。此外，因为只有货物装船后才能确定所装货物的状况是否良好及件数是否与申报数字相符，如果提单签发日期早于货物装船完毕日期，甚至在未装船时就已签发装船提单，就扩大了承运人的责任，也有可能构成对第三者的欺诈行为，导致收货人拒绝提货甚至提出索赔。

3. 签发的份数

提单分为正本提单和副本提单。正本提单一式数份，以防提单遗失、被窃、迟延到达及在传递过程中发生意外事故造成灭失。副本提单没有固定的份数，只用于日常业务，不具有法律效力。对正副本提单要求的权利在收货人一方。各国海商法和航运习惯都允许签发数份正本提单，但在提单正面一般都有这样的文字：本提单正本签发一式×份，其中一份生效（指提货）后其余文本自动失效。

由于正本提单是一种物权凭证，可以流通和转让，因此，承运人做出上述注释的目的是防止利用多份正本提单进行损害提单当事人利益的非法活动。承运人只能在目的港向持有正本提单的人交付货物，如果承运人向提单持有人以外的其他人交付了货物，则应向持有正本提单的人承担赔偿责任。

二、提单分类

基于不同的标准，可以将提单分为以下几种。

（一）按货物是否已装船划分

1. 已装船提单（On board B/L；Shipped B/L）

货物装船后由承运人或其代理人签发，其上注明了装运船名和实际装船日期。

2. 收货待运提单（Received for Shipment B/L）

承运人收到货物但尚未装船时签发的提单，一般在货物装船后需加注装运信息以转变为已装船提单。

（二）按提单上有无批注划分

1. 清洁提单（Clean B/L）

表明货物在装船时外部状况良好，没有加注任何有关货损或包装不良等批注。

2. 不清洁提单（Unclean B/L or Foul B/L）

承运人加注了关于货物或包装状况不良等信息的提单。

此外，提单还可以根据其他标准进行分类，例如按照是否可转让划分为可转让提单和不可转让提单，以及按照运输方式划分为直达提单、转船提单和联运提单等。

提单是国际贸易中的重要文件，它不仅是货物托运的凭证，也是承运人与托运人之间契约的证明。提单的具体内容和条款对于确定双方的权利和义务具有法律效力。在实际操作中，提单的类型选择会根据具体的贸易需求、合同规定以及货物运输的实际情况来确定。

学习笔记

三、提单的作用

（一）提单是证明承运人已接收货物的收据

承运人不仅对于已装船货物负有签发提单的义务，而且根据托运人的要求，即使货物尚未装船，只要货物已被承运人接收，承运人也有签发一种被称为"收货待运提单"的义务。所以，提单一经承运人签发，即表明承运人已将货物装船或已确认接收。提单作为货物收据，不仅证明收到货物的种类、数量、标志、外表状况，还证明收到货物的时间，即货物装船的时间。

（二）提单是承运人保证凭以交付货物的物权凭证

提单的物权凭证功能，意味着它能够代表货物，并使其持有人有权要求承运人交付货物，同时意味着持有该凭证即有权支配货物。提单是货物的象征，它的转让象征着对货物本身占有权的转让。

（三）提单是海上货物运输合同的证明

提单上的条款规定了承运人与托运人之间的权利义务，而且由于提单是法律承认的处理有关货物运输问题的依据，所以提单常被人们认为其本身就是运输合同。但是按照严格的法律概念来看，提单并不具备经济合同应具有的基本条件，因为它不是双方意思表示一致的产物。这是因为，约束承托双方的提单条款是承运人单方拟定的，它履行在前，而签发在后，早在签发提单之前，承运人就开始了接受托运人托运货物和将货物装船的有关货物运输的各项工作。

因此，提单是运输合同的证明。如果在提单签发之前，承托双方之间已存在运输合同，则不论提单条款如何规定，双方都应按原先签订的合同约定行事；但如果事先没有任何约定，托运人接受提单时又未提出任何异议，这时提单就被视为合同本身。虽然海洋运输的特点决定了托运人并没有在提单上签字，但因为提单不同于一般合同，所以不论提单持有人是否在提单上签字，提单条款对他们都具有约束力。

随堂讨论

你觉得规范签发提单流程的必要性有哪些？如果签单流程不规范，会有什么问题？

学习笔记

同步测试

拓展资料

拓展任务

同步测试项目八任务一

正确区分不同提单

　　假设你是一名货运代理公司的工作人员，负责一批从上海港出口到欧洲基本港的电子产品。该批货物的买方是欧洲的一家大型电子分销商，双方商定使用信用证作为支付方式。你的任务是确保所有与运输相关的文档符合信用证的规定，并正确签发提单以确保交易顺利进行。

1. 任务要求

　　（1）文档准备：根据信用证条款，核对并准备必需的运输文档，包括但不限于货物清单、装箱单、发票等。确保所有文档的信息准确无误，且与信用证要求完全一致。

　　（2）提单类型选择：根据货物的性质和买卖双方的要求，选择合适的提单类型（如直运提单、转运提单、记名提单等），并说明选择理由。

　　（3）提单内容审核：详细列出提单上必须显示的关键信息（如托运人、收货人、被通知人、装卸港口等），并根据信用证及买卖合同的要求确保这些信息的一致性和准确性。

　　（4）签发流程模拟：描述从承运人或其代理人接收货物到签发提单的整个流程，包括如何确认货物已装船、如何记录货物的实际情况、如何处理可能出现的异常情况等。

　　（5）风险管理：分析在签发提单过程中可能遇到的风险（如文档错误、信用证不符、货物损坏等），并提出相应的预防和应对措施。

　　（6）报告撰写：编写一份包含上述所有要点的详细报告，展现你对签发提单流程的全面掌握和深入理解。

2. 提交内容

　　提交一份完整的关于本次签单任务的报告。

任务二 在途跟踪

任务挑战

请你帮助杨帆撰写一份实时跟踪货物运输过程和实时运输状态的计划，并及时告知客户（表8-4）。你需要了解不同的跟踪方法和技术，并能处理和解决运输中的问题和异常情况。

表8-4 不同的跟踪方法能解决的问题和异常情况

跟踪方法	运输中的问题和异常情况
订单信息管理	
车辆和司机信息	
客户联系信息	
车辆位置追踪	
GPS 定位技术	
在线追踪平台	

知识正文

货运过程中跟踪签单的重要性在于它能够提供货物运输的实时信息，确保货物安全送达目的地，并及时处理运输过程中可能出现的问题。通过跟踪签单，可以优化运输效率，增强客户信任，有助于建立长期合作关系。此外，跟踪签单还有助于风险管理和提升企业形象。因此，跟踪签单是货运过程中不可或缺的一环，对确保货物顺利运输至关重要。

一、核查舱单

（一）核查舱单的流程

核查舱单的流程主要涉及确保货物信息的准确性和合规性。具体步骤如下。

1. 舱单传输人发送预配舱单

舱单传输人负责将预配舱单信息发送给海关，这通常包括进出境运输工具负责人、无船承运业务经营人、货运代理企业等。

2. 监管场所发送运抵报告

海关监管作业场所经营人或理货部门会向海关发送运抵报告，报告货物的实际到达情况。

3. 系统校验预配舱单及运抵报告

海关系统会对预配舱单和运抵报告进行校验，确保信息的准确性和完整性。如果数据无误，就可以进行报关单的申报。

4. 报关单放行

在报关单被海关审核并放行后，舱单传输人需要发送装载舱单，即实际装载在运输工具上的货物信息。

5. 海关系统自动反馈装载比对结果

海关系统会自动对比装载舱单与之前传输的预配舱单等信息，并向码头或船代发送比对结果。

6. 舱单核销管理

舱单数据通过 EDI 方式传输给海关，并在海关系统中进行核注和核销。每个提单号只对应一票报关单，确保数据的一致性。

在整个核查舱单的流程中，舱单的传输内容应当包括总提（运）单及其项下的分提（运）单信息，以保证货物信息的全面性和准确性。此外，企业需要严格按照海关总署的规定向海关传输运输工具及舱单电子数据，以确保符合时效要求。

（二）核查舱单可能遇到的问题

在核查舱单的过程中，可能会遇到以下一些问题。

1. 信息缺失

在舱单数据申报和风险分析中，可能会出现外部信息缺失的问题，这会影响海关对货物的评估和处理。

2. 申报错误

如果企业在申报过程中出现错误，如品名、件重、箱号、封号等信息与船公司的提单不一致，可能会受到海关的处罚。

3. 细节不一致

海关会对舱单的品名等内容进行严格核查，任何与提单不一致的地方都可能导致货物被扣留或进一步调查。

4. 系统问题

核查舱单时，可能会出现系统上的技术问题，如抵港报告已审核通过，但进口舱单仍显示为"预报动态"，无法发送理货数据。这种情况需要向海关申请人工确认解决。

（三）应对核查舱单问题的措施

为了应对上述问题，企业应该采取以下措施。

1. 及时核对信息

在申报前，仔细核对所有信息，确保与船公司提单完全一致，特别是品名、件重、箱号、封号等关键信息。

2. 及时沟通

遇到系统问题或其他技术性问题时，应及时与海关沟通，寻求解决方案。

3. 关注政策变化

密切关注海关政策的变化，确保申报流程符合最新的规定和要求。

综上所述，核查舱单是一个复杂的过程，涉及多个环节和细节。企业需要保持高度的警觉性和专业性，以确保顺利完成核查，避免麻烦。

二、信息追踪

信息追踪是物流管理中不可或缺的一环，它涉及使用各种信息技术手段，实时掌握货物在运输途中的状态和位置，帮助相关方预测货物到达时间，并在必要时采取措施应对可能出现的各种情况。准确的舱单信息为信息追踪提供了基础数据，是进行有效追踪的

前提。

因此，我们将细致探讨信息追踪的方法和技术，包括如何利用 GPS、电子数据互换（EDI）、物联网（IoT）等现代通信技术来跟踪货物。通过这些工具和系统，我们可以更好地监控货物的在途状态，提高物流效率，降低风险，为客户提供透明的货运代理服务。

在货物运输过程中，货运代理公司主要依靠电话和 Excel 表格来维护订单信息，同时利用 GPS 技术进行实时定位，具体如表 8 – 5 所示。

表 8 – 5　信息追踪的主要方式

追踪项目	详细内容
订单信息管理	使用 Excel 记录基本的订单信息，包括货物的描述、发货人和收货人的信息等
车辆和司机信息	在 Excel 表中保存车辆和司机的相关信息，以便需要时联系到具体的运输人员
客户联系信息	保留客户的联系人及联系方式，确保能够及时与客户沟通货物的运输状态
车辆位置追踪	通过电话联系司机获取车辆的实时位置信息，并更新到 Excel 表中。这种方式虽然传统，但能够提供实时的位置信息
GPS 定位技术	利用 GPS 技术进行更为精确的车辆追踪，这可以提供车辆的实时地理位置，从而更有效地监控货物运输的过程
在线追踪平台	使用专业的在线追踪平台或网站，这些平台通常会提供货物的运输进度和当前位置，帮助货运代理公司和客户随时了解货物的最新状态

一些可供使用的追踪平台如表 8 – 6 所示。

表 8 – 6　主要追踪平台

追踪平台	平台介绍
Track123	这是一个海运物流查询入口，支持在线自动查询跟踪海运货物提单号、订舱号、柜号、箱号等物流信息。该平台覆盖全球 100 多家船公司，致力于为跨境卖家提供一站式物流查询与管理服务
箱信	作为国内领先的数字化港口集装箱物流服务平台，箱信专注于推动港口物流传统模式的数字化升级，帮助客户降低物流成本，简化集装箱物流过程

使用这些平台时，用户通常需要提供特定的追踪号码或集装箱号码等关键信息，以便平台进行检索并提供最新的物流信息。这样的服务对于需要实时掌握货物运输动态的企业和个体来说至关重要，它们可以帮助减少运输中的不确定性，提高物流效率，确保货物安全送达目的地。

综上所述，货运代理公司通过将传统通信手段和现代技术工具结合起来，能够有效地追踪货物的运输信息，确保货物安全、准时地到达目的地。

随堂讨论

请讨论：实时跟踪货物的必要性有哪些？如果不进行在途跟踪，可能会出现哪些问题？

同步测试

拓展资料

拓展任务

同步测试项目八任务二

充足准备，及时追踪

假设你是一家国际货运代理公司的在途跟踪经理，负责监督从中国上海港出发到欧洲汉堡港的一批集装箱货物的运输过程。这批货物包括电子产品、纺织品和机械零件，总价值超过 500 万美元。考虑到货物的高价值以及不同货物对运输环境的特殊要求（如温度、湿度、防震等），公司要求你设计一个全面且高效的在途跟踪方案，以确保货物的安全并能够及时向客户报告货物状态。

1. 任务要求

（1）技术工具选择：调研并选择合适的在途跟踪技术工具，包括但不限于 GPS 定位系统、RFID 标签、货物监控系统等。选择工具时需考虑成本效益和技术的适用性。

（2）关键跟踪点设置：确定整个运输过程中的关键跟踪点，例如货物装运、到达重要中转站、出境与入境等，并在这些关键点制定详细的检查和报告流程。

（3）风险管理措施：分析可能的风险因素（如天气变化、政治不稳定、运输工具故障等），并为每一个可能出现的风险制定预防和应对措施。

（4）沟通机制建立：建立一个与客户沟通的机制，确保客户能够实时获取货物的状态信息。可以考虑建立在线客户门户网站或使用电子邮件、短信通知等方式。

（5）应急计划制订：制订应急响应计划，以便在货物延误、损坏或其他紧急情况发生时迅速采取行动。

（6）报告撰写与呈现：编写一份包含上述所有要素的在途跟踪方案报告，并通过 PPT 或其他形式呈现你的方案。

2. 提交内容

（1）完整的在途跟踪方案报告。

（2）方案呈现用的 PPT 或其他可视化展示材料。

项目评价

项目八学习评价量表

评价项目	评价内容	评价标准					评价方式		
		优 (90~100)	良 (80~89)	中 (70~79)	及格 (60~69)	不及格 (0~59)	自评	互评	师评
学习态度	1. 学习目标明确，重视学习过程的反思，积极优化学习方法； 2. 具备持之以恒的学习习惯； 3. 保质保量按时完成作业	积极、热情、主动	积极、热情、但欠主动	学习态度一般	学习态度较差	学习态度很差			

续表

评价项目	评价内容	评价标准					评价方式		
		优 (90~100)	良 (80~89)	中 (70~79)	及格 (60~69)	不及格 (0~59)	自评	互评	师评
学习方式	1. 学生个体的自主学习能力强，会倾听、思考、表达和质疑； 2. 学生普遍有浓厚的学习兴趣，学习参与度高； 3. 学生之间能够合作学习，并在合作中分工明确地进行有序和有效的探究； 4. 学生在学习中能自主反思，发挥求异、求新的创新精神，积极地提出问题和讨论问题	自主学习能力强，会倾听、思考、表达和质疑	自主学习能力较强，会倾听、思考、表达	自主学习能力一般，会倾听	自主学习能力较差，不会思考	自主学习能力很差，不会思考			
参与程度	1. 认真参加课程的线上学习活动，积极思考，善于发现问题，勇于解决问题； 2. 积极参加头脑风暴、主题讨论、提问等活动； 3. 积极参加线下实践活动等	积极思考，善于发现问题，勇于解决问题，表达能力强	积极思考，善于发现问题，勇于解决问题	能发现问题，解决问题能力一般	参与意识较差，不够积极主动	缺乏参与意识，不积极主动			
合作意识	1. 积极参加合作学习，勇于接受任务、敢于承担责任； 2. 有小组合作意识，能够在合作中取长补短，共同提高； 3. 乐于助人，积极帮助学习有困难的同学	合作意识强，组织能力好，能与他人共同提高，有学习效果	能与他人合作，并积极帮助有困难的同学	有合作意识，但总结能力不强	不能很好地与他人合作学习	完全不能与他人合作学习			
知识和技能的应用	1. 掌握提单签发、核查、管理的核心知识； 2. 熟练运用所学知识完成实训模拟任务； 3. 提高根据实际情况处理国际货运中可能出现问题的综合能力	能很灵活地运用知识解决问题	能较灵活地运用知识解决问题	应用知识解决问题的能力一般	解决实际问题的能力较差	解决实际问题的能力很差			
其他	1. 情感、态度、价值观的转变； 2. 综合素养水平的发展	学习态度、综合素养水平有很大提高	学习态度、综合素养水平有较大提高	学习态度、综合素养水平有些提高	无明显发展	无任何发展			
合计									
平均分									
综合得分（自评10%＋互评30%＋师评60%）									

项目九 到港提货

◆ 引思明理

为外贸企业省税费，成都海关改革新举措

改革创新是中欧班列提质增效的重要途径。在成都国际铁路港，目前，"中欧班列运费分段结算估价管理改革"已步入常态化运行，这一成都海关在全国率先开展的改革，每年可为享惠企业节省税费上百万元。

"中欧班列运费分段结算估价管理改革"于2019年由青白江海关在全国率先开展，成功入选了国务院第四批自贸试验区"最佳实践案例"，青白江海关从海关审价法规中找准切入点，紧扣审价办法条款，科学解析了国际铁路运输成本构成。

成都海关所属青白江海关副关长颜毅表示，以前，企业将境内段运费一并计入进口完税价格。改革后，通过科学合理拆分境外、境内段运费，实现境内段运费不计入完税价格，降低进口征税基数，有效降低了企业国际贸易成本。

2024年上半年，青白江海关已受理166家企业申报的回程运费分段申报报关单866票，累计为企业在完税价格中扣减境内段运费456万元，减征税款合计76万元。自该项改革实施以来，青白江海关共为企业减征税款约300万元。

目前，"中欧班列运费分段结算估价管理改革"已经在全国范围内推广，红利惠及全国，而且改革范围已扩大到所有符合条件的外贸企业及中欧班列全线，商品范围也扩大至木材、矿产品、菜籽油、肉类等所有符合条件的进口商品。

资料来源：主要内容摘选自《四川观察》，2024年7月19日。

党的二十大报告指出："推动货物贸易优化升级，创新服务贸易发展机制，发展数字贸易，加快建设贸易强国。"成都海关的积极作为，体现了改革创新和惠民精神，为推动贸易发展贡献了智慧和方法。

📖 项目情境

　　杨帆公司所代理的货物，经过海上的航行，即将抵达目的港。根据代理服务协议，杨帆需要为该票货物办理进口清关，直至收货人顺利提货，完成业务费用结算。这部分业务操作涉及进口报关报检的申报与操作，相关进口税费的缴纳及减免退补等内容。货运代理需要根据业务的具体情况进行处理。假如你是杨帆，请你为客户提供到港提货服务，并完成代理费用的顺利结算。

📝 项目目标

知识目标

1. 了解进口报关报检流程。
2. 熟悉进口税费缴纳的主要方式。
3. 理解进口业务相关单证的作用。

技能目标

1. 能够准确完成进口报关报检手续。
2. 能够按规定进行进口税费缴纳。
3. 能够掌握提货结单基本操作方法并进行正确结单。

素质目标

1. 提升学生的规范操作意识。
2. 提高学生的诚信纳税意识。
3. 培养学生跨部门沟通能力。

任务一　进口报关报检

任务挑战

杨帆公司客户需要从德国采购一批进口设备，设备为医用 X 射线 CT 机，为确保货物进口清关的顺利完成，请你代为客户制定进口清关方案，并填在表 9 – 1 中。清关方案应包括完整的进口报关报检作业流程，业务需要的所有文件和证明。

表 9 – 1　医用 X 射线 CT 机进口报关方案

一、背景介绍
二、进口报关流程
（一）准备相关文件（请列出文件类型）
（二）缴纳关税和税费（请搜索从德国采购医用 X 射线 CT 机税费的相关规定）
（三）填写报关单据（请列出需要填写的单据类型）
（四）请逐一列出其他流程与注意事项

知识正文

一、进口报关流程

报关是指进出口货物装船出运前，向海关申报的手续。按照我国海关法规定：凡是进出境的货物，必须经由设有海关的港口、车站、国际航空站，并由货物所有人向海关申报，经海关放行后，货物才可提取或者装船出口。在进口报关外贸实务中，一般将报关分为一般贸易进口报关和进料加工企业的进口报关两种，下面将对这两种类型进行详细说明。

（一）一般贸易进口报关

一般贸易货物在进口时可以按一般进出口监管制度办理海关手续，这时货物就是一般进出口货物；也可以享受特定减免税优惠，按特定减免税监管制度办理海关手续，这时货物就是特定减免税货物；也可以经海关批准保税，按保税监管制度办理海关手续，这时货物就是保税货物。

需要注意的是，一般贸易报关是针对一般贸易进口的，在进行报关之前必须先确定一般贸易进口的付款方式是电汇还是信用证。如果是信用证，则需要先开证，等开完信用证后，确定进口的船期，等船到以后，再开始进行一般贸易报关的操作。

在具体操作过程中，要提供到货通知书、正本提单或电放保函换取单。

1. 进口报关主要单证

在向海关进行报关时，首先需要准备进口货物报关单。进口货物报关单是由进口货物收发货人或其代理人，按照海关规定的格式对进口货物的实际情况做出书面申明，以此要求海关对其货物按适用的海关制度办理通关手续的法律文书。此外，还需要随报关单交验货运、商业单据。海关查验单证一致无误之后将加盖印章，报关单即可作为提取或发运货物的凭证。

需要说明的是，如果海关认为有必要，报关单位还应交验贸易合同、订货卡片、产地证明等。从欧盟、美国、韩国、日本进口货物，如是木制包装箱的，则需提供热处理证书或植物检疫证书，如是非木制的，则提供无木制包装。

2. 业务操作注意事项

在进行具体业务操作时候，需要重点注意审核单证、商品归类、确认完税价格、确认货物真实原产地等环节，每个环节的重点内容如表9-2所示。

表9-2 一般贸易进口报关注意事项

环节	注意点
审核单证	确保单证相符、单单相符
商品归类	根据货物品名、规格型号、技术参数、功能用途将准确归类
确认完税价格	(1) 根据合同、发票上所显示的交易条款，确定运费、保费、杂费、专利费、特许费等有无涉及，是否包含在完税价格内 (2) 审核交易双方是否存在关联交易或特殊经济关系 (3) 注意合同显示的货物交易价格与市场行情差异
确认货物真实原产地	(1) 确认货物真实的原产地 (2) 确定是否有原产地关税优惠

在审核相关单证时，为确保"单证相符"和"单单相符"，需要重点审核提单、发票、装箱单、合同、原产地证、质检证书、包装声明等。

对商品进行准确归类时，由于不同的商品编码对应的税率有所不同，所以对一般贸易方式征税进口货物，报关员要根据货物品名、规格型号、技术参数、功能用途将其做出准确归类。比如，进口聚氯乙烯装饰膜（PVC装饰膜），宽度不小于45厘米的编码归入3918101000，对应的进口关税率为10%；宽度小于45厘米的PVC装饰膜的编码应归入3920490090，对应的进口关税率为6.5%，两者的进口关税率差异为3.5%。

在根据规定确认完税价格时，报关员需根据合同、发票上所显示的交易条款，确定运费、保费、杂费、专利费、特许费等有无涉及，是否包含在完税价格内；同时需审核交易双方是否存在关联交易或特殊经济关系。另外，还应注意合同上显示的货物交易价格对比国外市场当前行情价格是否明显偏低，比如，某国外公司的产品需转到中国工厂生产时，通常也会将原来的生产设备转移过来，而部分机器原采购发票无法找回，此时，因双方属关联交易公司，对方通常仅按财务计提的设备折旧成本费用当作进口发票的申报单价，这类价格普遍偏低。因此，在进口申报前，需检查交易价格是否合理。出现这类问题时，可以参考商业网站上同类货物的卖价，如申报价格确实偏低，则以现价作为参考申报。

在确认货物真实原产地时，需通过审核合同、发票、货物说明书、原产地证书、提单及运输路线等相关信息，确认货物真实的原产地，并确定是否有原产地关税优惠，以便进口时能合理使用较低的协定税率申报。比如，一般贸易进口某品牌锂电池，如果原产地是韩国，最惠国项下进口关税率是 10%，中国—韩国自由贸易协定项下进口关税率是 9.6%，亚太贸易协定项下进口关税率是 8%，很明显，亚太贸易协定贸易项下进口关税是最优惠的；但如果该款锂电池是马来西亚工厂生产的，则需关注，在中国—东盟全面经济合作框架协议项下进口关税率为 0。正确申报原产地并合理利用原产地关税优惠政策会直接影响到进口关税成本。

（二）进料加工企业的进口报关

进料加工的特点有：进料加工所需进口料件的外汇实行"专款专用"；加工单位在境外市场购进料件，生产的产品返销国外市场，即"两头在外"；进口料件与加工成品或半成品的所有权均属境内加工单位，对进料加工的进出口货物准予全额保税，进料加工合同项下的进出口货物一律免征进出口税。

1. 进料加工报关业务操作

申报进料加工货物发生实际进口时，进口申报应向海关递交的单证有：报关单一式四份；《登记手册》；货物的运单、发票、装箱单；海关认为必要的其他单证。

对签有料件进口的进料加工，经主管海关批准，可对其进口料件予以保税，加工后对实际出口部分所耗进口料件予以免税。对有违反海关规定行为的经营单位和加工生产企业，海关认为必要时，对其进口料件，在进口时先予征税，待其加工复出后按其实际所耗的进口料件予以退税。对国外客户免费提供或者有价提供有关进料加工复出口商品所需进口数量零星的辅料、包装物料以及数量合理、直接用于服装生产车间的打扣工具和胶针枪等小型易耗性生产工具，海关予以免税。为简化手续，海关凭签章的合同副本，办理上述物料的免税登记手续，不再核发《登记手册》。

2. 进料加工项下加工成品注意事项

（1）进料加工项下进口的料件，应自进口之日起 1 年内加工成品返销出口。如有特殊情况需要延长期限的，应向主管海关申请延期。延期不得超过 1 年，预期仍不能复运出口的，应按一般贸易办理进口手续。已在海关登记备案的合同，如发生变更、转让、中止、延长、撤销等情况，经营单位应于料件进口前，据实向主管海关办理变更或撤销手续。

（2）进料加工项下的加工成品，原则上不宜以易货方式出口，但如不能按计划出口，需采取易货方式销往独联体、东欧国家的，应由有关外贸公司向外经贸主管部门报告，由外经贸主管部门报外经贸部有关司核准的，海关凭该司批件验放。

（3）进料加工项下的加工成品，对外成交结汇后应实际离境出口，不允许外商委托我境内加工企业或外贸经营单位将成品直接从我境内运往独联体、东欧国家。

（4）进料加工合同项下免税进口的料件，应坚持专料专用，不得与国内其他料件串换使用。在特殊情况下，因加工出口成品急需，拟使用国内同品种、同规格、同等数量的原材料顶替进口原材料，并无出售盈利赚取差价等问题的，应事先报主管海关核准。

（5）海关对有色金属、黑色金属、棉花纺纱行业的进料加工，因生产工艺必须与国内其他料件串换使用的，有以下规定：工艺性料件串换，经营单位应经主管海关核准，并具备保税工厂监管条件；工厂要健全管理制度，按海关要求建立账册、记录投料与产出时间备查；不允许先出口后进口，或不经加工在国内收购产品出口；不允许倒卖进口料件；凡经营金银制品的进料加工企业，所需金银进口时，应向海关提供中国人民银行总行，或其授权的分行的批件，否则，海关不予放行。

二、进口查验实务操作

（一）海关进口查验业务操作

海关查验，是指海关根据《海关法》为确定进出境货物的性质、价格、数量、原产地、货物状况等与报关单上已申报的内容相符，对货物进行实际检查的行政执法行为。海关以经过审核的单证为依据，在海关监管场所（包括口岸码头、车站、机场、邮局等）对所申报的进口货物进行检查，以核对单物是否相符。海关查验时，报关人应派人到现场协助海关工作。海关查验的注意点如图 9－1 所示。

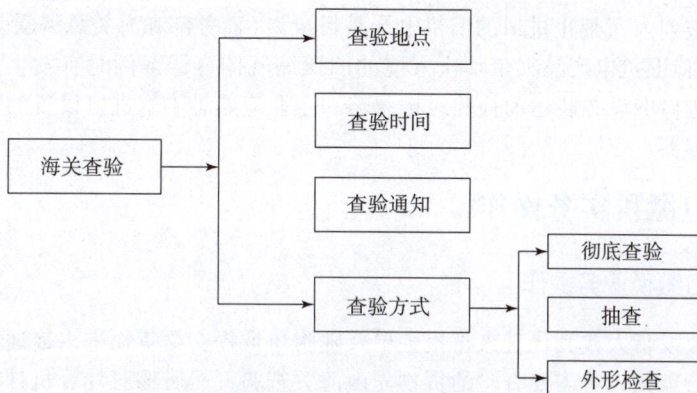

图 9－1　海关查验注意点

其中，查验地点一般在海关监管区内；查验时间一般约定在海关正常工作时间内。海关发出查验通知后，进出口货物的收发货人或其代理人应当向海关的查验部门办理确定查验的地点和时间的相关手续。查验方式主要有以下三种：第一种，彻底查验，即对货物逐件开箱、开包查验；第二种，抽查，即按一定的比例，对货物有选择地开箱、开包查验；第三种，外形查验，即对货物的包装、商标等进行核查、核验。

（二）海关进口查验案例

进口商品质量安全事关人民群众切身利益、国门安全和对外贸易的可持续发展。根据南京海关发布的权威信息，2023 年南京海关聚焦危化品、旧机电、医疗器械、婴童用品等重点敏感商品，提升查检质效，筑牢国门安全防线，有效维护了国门安全和消费者权益。

典型案例一：某公司申报进口一批原产于爱尔兰的儿童牙刷，共计 6.36 万把，海关现场查验并取样送检。经实验室检测，该批牙刷不符合强制性国家标准中单丝弯曲恢复率≥60% 的要求，太仓海关依法对货物实施销毁处理。牙刷单丝弯曲恢复率是检测牙刷质量的重要指标，未达标准的产品刷毛易散开、卷曲或失去弹性，不但影响耐用性，也无法达到良好的清洁效果，长期使用还可能对牙龈表面及口腔软组织造成损伤，存在安全隐患。2022 年 1 月 1 日，新版强制性国家标准 GB 39669—2020《牙刷及口腔器具安全通用技术要求》正式实施，进口企业应重视进口牙刷质量安全状况，关注有害元素、可拆卸零部件、牙刷磨毛、邻苯二甲酸增塑剂限量等重要安全性指标，确保进口产品符合强制性国家标准，保护消费者的切身利益。

典型案例二：某公司申报进口一批女式梭织衬衫（成分为 100% 桑蚕丝），海关现场查验并取样送检。经检测，该批服装耐水色牢度、耐汗渍色牢度不符合强制性国家标准。海关依法对货物实施退运处理。色牢度不合格的纺织品碰到水、汗渍、日晒或者物理摩擦时，染料容易脱落和褪色，影响美观，且脱落的染料分子或重金属离子可能通过皮肤被人体吸收，危害人身健康。进口服装属于海关法定检验商品，进口企业应熟悉和了解相关法律法规及强制性国家标准要求，重点关注可能危害人身健康的指标，确保服装等进口商品的质量安全。

典型案例三：某公司申报进口一批整平送料机，海关发现该设备中含有 1 台旧空气分流器，属于旧压缩气体容器，为禁止进口的旧机电产品。海关依法对该旧空气分流器实施拆解后监督销毁。压缩气体容器因其工作状态下需要承受气体压力而具有危险性，所以旧压缩气体容器被列入《禁止进口的旧机电产品目录》（商务部和海关总署联合公告 2018 年第 106 号）。进口旧机电产品夹带禁止入境的旧压缩气体容器案例时有发生，但旧压缩气体容器容易在进口旧设备装运前检验时被忽略，企业应熟悉了解进口设备的构造，避免进口旧压缩气体容器。

三、进口缴税实务操作

（一）进口缴税业务操作

进口货物收发货人或其代理人将报关单及随附单证提交给货物进出境地指定海关，海关对报关单进行审核，对需要查验的货物先由海关查验，然后核对计算机计算的税费，开具税款缴款书和收费票据；然后，进出口货物收发货人或其代理人在规定时间内，持缴款书或收费票据向指定银行办理税费交付手续。在试行中国电子口岸网上缴税或付费的海关，进出口货物收发货人或其代理人可以通过电子口岸接收海关发出的税款缴款书和收费票据，在网上向指定银行支付税费。

（二）进口缴税实务操作

在进口缴税实务中，涉及多种税种，此处仅以常见税种关税为例进行实务操作注意内容和相关法律条文的解读，同时为大家拓展进境行李物品和邮递物品税的法律渊源及征收、免征之法律规制及适用事项相关知识。

在关税缴纳过程中，根据《海关法》第 53 条规定：准许进出口的货物、进出境物品，由海关依法征收关税。其中，进口货物的收货人、出口货物的发货人、进出境物品的所有人，均是关税的纳税义务人。进出口货物的完税价格，由海关以该货物的成交价格为基础审查确定；成交价格不能确定时，完税价格由海关依法估定。在实务操作中需要注意，能够计入完税价格的包括货价、运费、保险费、经纪费、卖方佣金、包装费用、境外开发与设计等服务费用、特许权使用费、进口前相关税金等。对于购货佣金，进口后发生的安装费、运费、保险费以及进口环节的税金不能计入完税价格。此外，还要考虑法定减免、特定减免和临时减免的情形。

在进境物品进口税中，对于进境行李、邮递物品我国海关根据进境方式不同，设定了不同的验放数额标准，并规定了免征、征收的数额限制。

进境物品进口税的征收对象分为两种：一是行李物品，即对进境旅客携带的行李物品征收，海关只对超出自用合理数量的旅客行李物品征收税款，也称行李税；二是邮递物品，即对个人邮递进境的物品征收，也称邮递税。

与进口货物不同，对于个人进境物品，国务院关税税则委员会决定对个人进境物品的简化总分类（三大类），海关以发布的《入境旅客行李物品和个人邮递物品进口税税则归类表》（以下简称《物品税则归类表》）作为归类依据，该《物品税则归类表》将进境物品分为三类二十七项，以旅客携带、个人邮寄形式进境，对这三大类个人进境物品的分析如下。

第一类：书报、刊物、教育用影视资料；计算机、视频摄录一体机、数字照相机等信息技术产品；食品、饮料；金银；家具；玩具，游戏品、节日或其他娱乐用品；药品。根据《中华人民共和国进境物品进口税税率表》，食品、饮料、药品适用税率为13%，但是对于该类中由国家规定减按3%征收进口环节增值税的进口药品适用税率为3%。

第二类：运动用品（不含高尔夫球及球具）、钓鱼用品；纺织品及其制成品；电视摄像机及其他电器用具；自行车；第一类、第三类中未包含的其他商品。根据《中华人民共和国进境物品进口税税率表》，其家用医疗、保健及美容器材的适用税率为20%。

第三类：烟、酒；贵重首饰及珠宝玉石；高尔夫球及球具；高档手表；高档化妆品。根据《中华人民共和国进境物品进口税税率表》，其中，高档手表、完税价格在人民币10 000元及以上的手表适用税率为50%；要注意的是，第三类所列商品的具体范围与消费税征收范围一致，即凡征收消费税的商品均归入第三类，税率为50%。

从上述分类来看，第一类基本属于日常生活娱乐用品、文化用品、消费品、食品、药品等，第二类是休闲运动用品、高档电器用品、纺织品、其他商品，第三类是高档消费品、奢侈品。

四、进口放行实务操作

（一）放行一般作业流程

海关放行是指海关接受进出口货物的申报、审核电子数据报关单和纸质报关单及随附单证、查验货物、征收税费或接受担保以后，对进出口货物做出结束海关进出境现场监管决定，允许进出口货物离开海关监管现场的工作环节。

海关放行一般是在进口货物提货凭证或出口货物装货凭证上签盖"海关放行章"，进出口货物收发货人或其代理人签收进口提货凭证或出口装货凭证，凭以提取进口货物或将出口货物装运到运输工具上离境。

在试行"无纸通关"申报方式的海关，海关做出放行决定时，通过计算机将"海关放行"报文发送给进出口货物收发货人或其代理人和海关监管货物保管人。进出口货物收发货人或其代理人从计算机上自行打印海关通知放行的凭证，凭以提取进口货物或将出口货物装运到运输工具上离境。

货物结关是指进出口货物收发货人或其代理人向海关办完了进出口货物通关的所有手续，履行了法律规定的与进出口有关的义务。有关货物一旦办结海关手续，海关就不再进行监督。

学习笔记

（二）海关放行注意事项

海关放行并不一定是代表货物结关，两者之间的关系如图9-2所示。

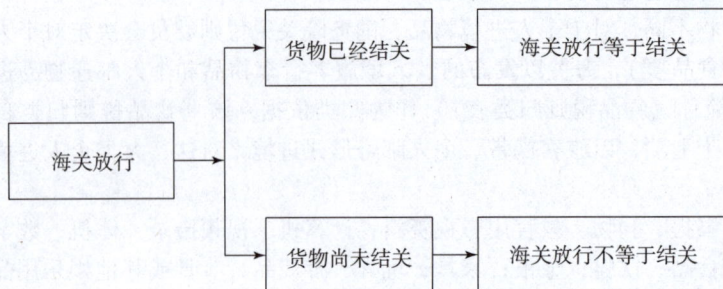

图9-2　海关放行与结关关系示意

海关放行有两种情况：第一种情况是货物已经结关，对于一般进出口货物来说，进出口货物收发货人或其代理人已经办理了所有海关手续，因此，海关放行即等于结关。第二种情况是货物尚未结关，对于保税加工货物、特定减免税货物、暂准进出口货物等来说，放行时出口货物的收发货人或其代理人并未全部办完所有的海关手续，海关在一定期限内还需进行后续管理，所以，该类货物的海关放行不等于结关。

五、进口报检实务操作

进口报检是货物通关的先决条件。通常情况下，如果一批进口货物属于法定检验范围，需要进行强制检验（由国家质量监督检验检疫总局进行检验）；如果不属于法定检验范围，则可以对进口货物进行随机抽查、监督和管理。一般来说，进口商品的商品编码属于法检商品目录内就需要进行报检。在进出口贸易中，报关和报检都是办理进出口通关的必要步骤，但二者对象和流程有所不同。

报关的对象是海关，而报检的对象是进出口商品检验检疫部门。报检需要在报关之前进行，只有在商检部门完成检验并出具入境货物通关单后，海关才会接受报关申请，并进行审单、征税、放行等后续流程。需要注意的是，并不是所有的进出口商品都需要报检，只有国家规定的商品才需要报检，而所有进出口商品（除自带和绿色通道外）都需要报关。关于报关报检的理论内容，本书的前述项目已经进行了详细论述，因此本部分以进口食品为例进行介绍。

（一）进口商的报检准备工作

检查食品有无食品安全国家标准并根据情况向卫生行政部门提出许可申请。卫生行政部门对欠缺食品安全国家标准的食品暂予适用并制定标准，对新食品品种根据情况准予许可、或不准予许可，结果都将公布。

具体步骤为：如果该进口食品没有食品安全国家标准，则向卫生行政部门提出许可申请。由境外出口商、境外生产企业或者其委托的进口商向国务院卫生行政部门提交其执行的相关国家（地区）标准或者国际标准。国务院卫生行政部门对相关标准进行审查，认为符合食品安全要求的，决定暂予适用，并及时制定相应的食品安全国家标准。

进口新品种的情况为：进口利用新的食品原料生产的食品或者进口食品添加剂新品

种、食品相关产品新品种，应当向国务院卫生行政部门提交相关产品的安全性评估材料。国务院卫生行政部门应当自收到申请之日起六十日内组织审查；对符合食品安全要求的，准予许可并公布；对不符合食品安全要求的，不予许可并书面说明理由。

（二）保健食品进口前的特殊规定

使用保健食品原料目录以外原料的保健食品和首次进口的保健食品应当经国务院食品药品监督管理部门注册。但是，首次进口的保健食品中属于补充维生素、矿物质等营养物质的，应当报国务院食品药品监督管理部门备案，其他保健食品应当报省、自治区、直辖市人民政府食品药品监督管理部门备案。进口的保健食品应当是出口国（地区）主管部门准许上市销售的产品。

（三）进口食品报检操作注意事项

进口食品的进口商或者其代理人在进行进口食品报检时，应当在报检单中注明进口食品的进出口商名称及备案编号，并提交上一批次食品的进口和销售记录。

食品进口商或者其代理人应当持下列文件报检：合同、发票、装箱单、提单等必要的凭证；相关批准文件；法律法规、双边协定、议定书以及其他规定要求提交的输出国家（地区）官方检疫（卫生）证书；首次进口预包装食品，应当提供进口食品标签样张和翻译件；进口尚无食品安全国家标准的食品，应当按照《中华人民共和国进出口食品安全管理办法》（2021 年 4 月 12 日海关总署令第 249 号公布自 2022 年 1 月 1 日起施行）第二章第九条规定执行。

进口食品的包装和运输工具应当符合安全卫生要求。进口预包装食品的中文标签、中文说明书应当符合中国法律法规的规定和食品安全国家标准的要求。检验检疫机构应当对标签内容是否符合法律法规和食品安全国家标准要求以及与质量有关内容的真实性、准确性进行检验，包括格式版面检验和标签标注内容的符合性检测。进口食品标签、说明书中强调获奖、获证、产区及其他内容的，或者强调含有特殊成分的，应当提供相应证明材料。

进口的预包装食品、食品添加剂应当有中文标签；依法应当有说明书的，还应当有中文说明书。标签、说明书应当符合本法以及我国其他有关法律、行政法规的规定和食品安全国家标准的要求，并载明食品的原产地以及境内代理商的名称、地址、联系方式。预包装食品没有中文标签、中文说明书或者标签、说明书不符合本条规定的，不得进口。

（四）食品进口法律规定重点

《中华人民共和国进出口食品安全管理办法》（以下简称《办法》）自 2022 年 1 月 1 日起实施。《办法》紧紧围绕进口食品安全全链条监管和出口食品安全全过程监管两个方面，包括"总则""食品进口""食品出口""监督管理""法律责任""附则"六个章节，确定了七十九条条文。其中，食品进口商作为进出口食品的生产经营者之一，《办法》在"食品进口"章节对其提出了很多要求，重点内容如表 9 - 3 所示。

学习笔记

表9-3 《中华人民共和国进出口食品安全管理办法》重点内容

条文序号	具体内容
第四条	进出口食品生产经营者应当依照中国缔结或者参加的国际条约、协定、中国法律法规和食品安全国家标准从事进出口食品生产经营活动，依法接受监督管理，保证进出口食品安全，对社会和公众负责，承担社会责任
第二十条	境外出口商或者代理商、食品进口商备案内容发生变更的，应当在变更发生之日起60日内，向备案机关办理变更手续。 海关发现境外出口商或者代理商、食品进口商备案信息错误或者备案内容未及时变更的，可以责令其在规定期限内更正
第二十一条	食品进口商应当建立食品进口和销售记录制度，如实记录食品名称、净含量/规格、数量、生产日期、生产或者进口批号、保质期、境外出口商和购货者名称、地址及联系方式、交货日期等内容，并保存相关凭证。记录和凭证保存期限不得少于食品保质期满后6个月；没有明确保质期的，保存期限为销售后2年以上
第二十七条	海关依法对需要进境动植物检疫审批的进口食品实施检疫审批管理。食品进口商应当在签订贸易合同或者协议前取得进境动植物检疫许可
第三十四条	境外发生食品安全事件可能导致中国境内食品安全隐患，或者海关实施进口食品监督管理过程中发现不合格进口食品，或者发现其他食品安全问题的，海关总署和经授权的直属海关可以依据风险评估结果对相关进口食品实施提高监督抽检比例等控制措施。 海关依照前款规定对进口食品采取提高监督抽检比例等控制措施后，再次发现不合格进口食品，或者有证据显示进口食品存在重大安全隐患的，海关总署和经授权的直属海关可以要求食品进口商逐批向海关提交有资质的检验机构出具的检验报告。海关应当对食品进口商提供的检验报告进行验核

六、"一带一路"沿线国家进口报关报检知识

"一带一路"倡议覆盖亚洲、欧洲和非洲等多个地区，通过促进基础设施建设、加强贸易合作和推动人文交流，旨在实现沿线国家之间的互联互通、经济合作和文化交流。我国与东盟一直保持着紧密的经济联系，在"一带一路"倡议的推动下，这种紧密联系得到进一步加强；双方深化贸易合作，共同推动了基础设施建设、能源合作和数字经济等领域的发展。本任务以东盟国家的中药进口为例拓展相关知识。

随着"一带一路"倡议的深入推进，我国与东盟国家的贸易合作越发密切。其中，中药作为关键贸易品种，逐渐在东盟地区获得广泛认可，市场规模持续扩大，进出口规模稳健增长。贸易伙伴间在标准合规性、贸易政策等方面的协同合作不断加强，为中药产业提供了广阔的市场机遇。这一积极的贸易局面不仅推动了地区内中药的传播与发展，也为中医药文化在国际舞台上注入了新的活力。中药进口东盟国家表现出的特点如表9-4所示。

表9-4 东盟国家关于中药进口的相关规定

项目	细则
产品注册和批准	进口的中药产品通常需要在东盟国家进行注册并获得批准，包括提交详细的产品信息、质量控制文件、生产工艺及必要的临床试验数据
质量标准和认证	东盟国家为进口中药产品制定了相应标准，有些国家要求中药产品获得相关认证，以确保其符合国际标准
标签和包装	大部分东盟国家要求中药产品的标签包含必要信息，如成分、用法、剂量等。同时对包装提出了一定的要求，确保产品在运输过程中的安全性和完整性
进口许可证	一些东盟国家要求进口中药产品获得进口许可证，并对进口程序进行了详细规定，包括完成申请、审批、报关等环节
植物检疫	一些东盟国家要求在生产国对中药原材料进行特定处理，如采用特定的处理方法、遵循特定的温度要求或实施其他消毒措施，以消除携带的有害生物。 一些东盟国家要求出口国符合本国规定的检疫程序，包括在原产国进行的检疫检查，以证明原材料未受到有害生物的感染。检疫程序涉及对原材料的抽样、检测和审查，确保符合植物健康标准。 一些东盟国家还要求出口国提供植物健康证书，即由生产国相关机构出具的证书，确认原材料在生产和收获过程中未受到植物病虫害的侵害
可持续性标准	一些东盟国家规定进口中药必须确保植物种源的可持续管理，避免过度采集和对植物群落造成破坏。 一些东盟国家还要求出口国评估中药生产的生态影响，包括植物采集和耕种活动对环境的潜在影响，确保生产过程不会对当地生态系统造成负面影响
出口配额和许可证	政府机构将对进口国生产商提交的产品规格、质量证明和生产流程等文件进行审查，然后根据本国生产能力、质量控制措施等因素决定是否发放出口许可证及分配多少额度的出口配额给申请者，以避免市场垄断，确保各生产商在公平竞争的环境中运营，提升整个行业的质量水平。大部分东盟国家的出口许可证都规定了有效期限，生产商必须在此期限内完成出口，否则将导致许可证失效或需要重新申请

随堂讨论

通过对"一带一路"沿线部分国家进口清关工作的了解，请问中国海关在进口清关业务方面提供了哪些便利？还可以在哪些方面进行改进？

学习笔记

同步测试

拓展资料

拓展任务

同步测试项目九任务一

葡萄干进口清关知多少

宁波海关在2022年发布了《宁波保税区海关政务服务事项办事详解（进口食品合格评定）》，其中明确规定了进口食品合格评定的受理条件和办理流程，请你根据以下内容，结合所学知识，将其用流程图表示出来，并对每一步中的注意事项进行解释说明。

宁波海关文件如下：

1. 报检企业向隶属海关提出报检申请并提交有关材料。登录中国（宁波）国际贸易单一窗口（http://www.nbeport.com/）进行网上报检业务申报，申报成功后打印入境货物报检单，到隶属海关受理部门办理。海关工作人员根据有关规定审核报检资料，符合规范要求的予以受理，不符合要求的一次性告知企业进行补正。

2. 实施检验检疫。进口的食品应当经由主管海关依照进出口商品检验相关法律、行政法规的规定实施合格评定。

3. 进口食品经合格评定符合要求的，由主管海关出具《入境货物检验检疫证明》（附件），准予进口。进口食品经合格评定不符合要求的，由主管海关出具《检验检疫处理通知书》（附件）。涉及安全、健康、环境保护项目不合格的，由主管海关责令当事人销毁，或者出具退货处理通知单，由进口商办理退运手续。其他项目不合格的，可以在主管海关的监督下进行技术处理，经重新检验合格后，方可销售、使用。

任务二　进口税费缴纳

任务挑战

进口货物的关税，以从价计征、从量计征或国家规定的其他方式征收。请根据表9－5中对从价税的说明，填写从量税的计算公式和计算程序。

表9－5　从价税和从量税计算说明

名称	计算公式	说明
从价税	进口关税税额＝进口货物完税价格×进口从价关税税率 减税征收的进口关税税额＝进口货物完税价格×减按进口从价关税税率	计算程序： ①按照归类原则确定税则归类，将应税货物归入适当的税号； ②根据原产地规则和税率适用规定，确定应税货物所适用的税率； ③根据审定完税价格办法的有关规定，确定应税货物的到岸价格（CIF）； ④根据汇率适用规定，将以外币计价的到岸价格（CIF）折算成人民币（完税价格）； ⑤按照计算公式正确计算应征税款
从量税		

知识正文

一、进口税费的类型及计算

（一）进口关税

根据《中华人民共和国海关法》第五十三条规定：准许进出口的货物、进出境物品，由海关依法征收关税。进口关税设置最惠国税率、协定税率、特惠税率、普通税率、关税配额税率等税率。对进口货物在一定期限内可以实行暂定税率。

进口关税的基本要素主要包括以下内容。

1. 税率

关税的税率因商品类别和性质的不同而有所差异。一些高附加值的商品，如电子产品、汽车等，通常会被征收较高的关税税率；而一些基础原材料则征收较低的关税税率。关税的税率在不同国家之间有很大的差异，这取决于各国的经济状况、贸易政策、产业结构等因素。一般来说，发达国家的关税税率相对较低，而发展中国家的关税税率相对较高。

2. 完税价格

完税价格是计算关税的基础，通常包括货物的货价、货物运抵我国境内输入地点起卸前的运输及其相关费用、保险费。

进口关税完税价格的计算公式一般为：进口货物的完税价格＝货价＋采购费用（包括

货物运抵我国关境内输入地点起卸前的运输、保险费及其他相关费用）。

常见的价格换算公式包括：

到岸价格（CIF）=离岸价格（FOB）+运费+保险费；

到岸价格（CIF）=［离岸价格（FOB）+运费］/（1-保险费率）

3. 进口关税的核算方法

进口关税的核算方法可以按步骤进行，以确保准确计算关税金额，计算步骤如表9-6所示。

表9-6　进口关税计算操作

步骤	操作	具体说明
确定完税价格	计算货物价值核算运费和保险费	（1）离岸价格（FOB）：即货物从启运港装船到目的港船上为止的价格，不包含运费和保险费。 （2）到岸价格（CIF）：即货物从启运港装船到目的港卸货前的所有费用，包括离岸价格（FOB）、运费和保险费。到岸价格（CIF）=离岸价格（FOB）+运费+保险费。 （3）运费：根据货物的重量、体积、运输距离和运输方式等因素计算。 （4）保险费：对于需要保险的货物，按照货值和保险费率计算
查找适用税率	根据商品分类查找相应税率	根据进口商品的种类和用途，查找对应的海关编码（HS编码），进而确定适用的税率。 税率可能会随着国家贸易政策、国际贸易协定等因素的变化而调整，因此，在核算关税时，需要了解最新的税率信息
计算关税	完税价格乘以税率得出关税税额	根据确定的完税价格和适用的税率，计算关税税额。关税税额=完税价格×关税税率
税收优惠与豁免	检查商品是否符合免税或减税条件	根据国家的贸易政策和税法规定，检查进口商品是否符合免税或减税的条件。 如果进口商品符合免税或减税条件，需要按照相关规定调整关税税额。例如，如果商品属于免税范围，则关税税额为0；如果商品符合减税条件，则需要按照减税后的税率计算关税税额

4. 进口货物从价税和从量税计算实例

（1）从价税计算实例。

［例9-1］国内某企业于2023年4月中旬申报进口美国产瓶装葡萄酒1批（2升以下/瓶），成交价格为离岸价格（FOB）洛杉矶150 000美元。已知运费2 000美元，保险费150美元，设1美元=6.5元人民币，请计算应征进口关税。

［解］计算方法如下：

①确定税则归类，2L以下的瓶装葡萄酒归入税号2204.2100；

②原产国美国适用最惠国税率14%，4月2日起加征关税15%；

③审定到岸价格（CIF）为150 000美元+2 000美元+150美元=152 150美元；

④审定完税价格为152 150美元×6.5元人民币=988 975.00元人民币；

⑤计算应征税款：

应征进口关税税额 = 完税价格 × 关税税额 = 988 975 × (14% + 15%)

$$= 286\ 802.75\ (元)$$

（2）从量税计算实例。

［例9-2］2023年8月12日，国内某公司从香港购进巴西产冻带骨鸡块100吨，成交价格为到岸价格（CIF）境内某口岸7 800港币/吨，设1港币 = 0.803 2元人民币，请计算应征进口关税。

［解］计算方法如下：

①确定税则归类，冻带骨鸡块归入税号0207.1411；

②冻带骨鸡块适用从量关税，巴西产冻带骨鸡块适用最惠国税率0.6元/千克；

③确定其实际进口量100吨，即100 000千克；

④计算应征关税税款：

应征进口关税税额 = 货物数量 × 单位税额 = 100 000 × 0.6 = 60 000.00（元）

（二）增值税

1. 进口增值税

进口增值税是指进口环节征缴的增值税，属于流转税的一种。不同于一般增值税将生产、批发、零售等环节的增值额作为征税对象，进口增值税是专门对进口环节的增值额进行征税的一种增值税。我国税法规定，纳税人进口货物，按照组成计税价格和规定的增值税税率计算应纳税额，不得抵扣任何税额（在计算进口环节的应纳增值税税额时，不得抵扣发生在我国境外的各种税金）。

2. 增值税税率

自2019年4月1日起，增值税一般纳税人发生增值税应税销售行为或者进口货物，原适用16%税率的，税率调整为13%，原适用10%税率的，税率调整为9%。

3. 进口环节增值税的纳税人

进口货物的收货人（承受人）或仅办理报关手续的单位和个人是进口环节增值税的纳税人，进口代理人、电商企业、电商平台、物流企业也可作为代收代缴义务人。

4. 进口货物增值税计算实例

［例9-3］国内某企业于2023年从加拿大进口了一批澳龙，其货值为37 800加拿大元。

已知海关汇率不是当日市场汇率，而是采用海关总署每月第三个星期三（如遇节假日则顺延至第四个星期三）公布的固定汇率。

假设在本案例中，海关汇率为1加拿大元 = 5.327 4元人民币；澳龙的适用增值税税率为13%。

请根据给出的信息，计算这批货物的增值税。

［解］计算方法如下：

①由于增值税以人民币计算，所以需使用海关汇率将加拿大元转换为人民币元。

故该批货物的货值为：37 800 × 5.327 4 = 201 375.72（元）

②增值税的计算公式为：增值税 = （到岸价格 + 关税）× 增值税税率

故增值税税额为：（201 375.72 + 14 138.59）× 13% = 28 016.86（元）

（三）消费税

1. 消费税计算规则

在中华人民共和国境内生产、委托加工和进口消费品的单位和个人，以及国务院确定的销售消费品的其他单位和个人，为消费税的纳税人，应当缴纳消费税。

从价计征进口环节消费税的计算公式为：应纳税额 = [（完税价格 + 实征关税税额）/（1 – 消费税税率）] × 消费税税率。

从量计征进口环节消费税的计算公式为：应纳税额 = 货物数量 × 单位消费税税额。

2. 进口货物消费税计算实例

[例9 – 4] 国内某公司于2022年12月申报进口英国产某品牌香烟10标准箱（1标准箱 = 250标准条，1标准条 = 200支），成交价格为到岸价格国内某口岸2 200英镑/标准箱。设1英镑 = 8.75元人民币，关税税率25%，请计算应征的进口环节消费税税款。

[解] 计算方法如下：

①确定税则归类：香烟归入税号2402.2000。

②确定香烟征收复合消费税：每标准条进口完税价格≥70元人民币时，按56%从价税率 + 150元/标准箱从量税征收；每标准条进口完税价格 < 70元人民币时，按36%从价税率 + 150元/标准箱从量税征收。

③计算完税价格：2 200英镑 × 10标准箱 × 8.75元 = 192 500元。

④计算每标准条完税价格：192 500元 ÷ 10箱 ÷ 250条 = 77元/条。

⑤确定适用消费税税率为56% + 150元/标准箱。

⑥根据公式计算进口环节消费税：

关税 = 192 500 × 25% = 48 125（元）

从量消费税 = 10 × 150 = 1 500（元）

消费税组成计税价格 = （关税完税价格 + 关税税额 + 应征消费税进口数量 × 消费税定额税率）÷（1 – 消费税税率）= （192 500 + 48 125 + 1 500）÷（1 – 56%）= 550 284.09（元）

消费税应纳税额 = 消费税组成计税价格 × 消费税比例税率 + 应征消费税进口数量 × 消费税定额税率 = 550 284.09 × 56% + 10 × 150 = 309 659.09（元）

（四）反倾销税

1. 反倾销税计算规则

商务部经调查后认定进口产品以倾销方式进入中华人民共和国市场，并对已经建立的国内产业造成实质损害或产生实质损害威胁，或者对建立国内产业造成实质阻碍的，我国可以依法对该进口产品采取反倾销措施。反倾销措施的实施方式一般是加征反倾销税，反倾销税税率按倾销幅度大小确定。

反倾销税的计算公式为：反倾销税税额 = 关税完税价格 × 反倾销税税率。

2. 进口货物反倾销税计算实例

[例9 – 5] 国内某公司于2019年1月7日申报进口韩国某化学公司产的初级形状丁腈橡胶一批，成交总价为到岸价格国内某口岸68 000美元。已知该货物需要征收反倾销税15%，假设1美元 = 6.85元人民币，请计算应征的反倾销税税款。

[解] 计算方法如下：

①确定税则归类：该货物归入税号4002.5910；

②根据该批货物原产国和原产商确定，反倾销税税率为15%；

③确定审定到岸价格为68 000美元；

④计算审定完税价格：68 000美元×6.85元人民币＝465 800元人民币；

⑤计算应征税款：

反倾销税税额＝完税价格×反倾销税税率＝465 800×15%＝69 870（元）

二、进口税费的缴纳要求

进口税费缴纳是一个规范的过程，涉及缴纳时间、缴纳地点、缴纳方式、缴纳凭证、逾期处理等多个方面。

（一）缴纳时间

税费的缴纳应在海关接受申报办理纳税手续之日后进行。具体的时间限制可能因地区和法规而异，但通常应在规定的时间内完成。逾期未缴纳可能会导致罚款或其他法律后果，因此要及时缴纳税费。

（二）缴纳地点

税费通常在货物进出口地的海关进行缴纳。这是因为海关是负责监管进出口货物并征收税费的机构。在某些情况下，可能需要通过指定的银行或支付机构进行税费缴纳。这些机构会与海关系统相连，确保税费能够及时且准确地缴纳。

（三）缴纳方式

税费可以通过多种方式缴纳，如银行汇款、电子支付等。多种缴纳方式旨在提供便利和灵活性，满足不同纳税人的需求。在选择缴纳方式时，需要考虑安全性、时效性和便利性等因素，同时要确保选择的缴纳方式符合当地法规和规定。

（四）缴纳凭证

成功缴纳税费后，海关会提供缴税凭证。这是证明已按规定缴纳税费的重要文件，对于后续的报关和提货等环节是必需的。缴税凭证通常包含税款金额、缴税日期、纳税人信息等内容，确保了税费缴纳的透明性和可追溯性。

（五）逾期处理

如果未能按时缴纳税费，可能会面临罚款、滞纳金或其他法律后果。这些逾期措施旨在确保纳税人遵守税法规定，及时履行纳税义务。在特定情况下，如遇到自然灾害或不可抗力事件，可以申请延期缴纳或减免税费，但需要根据具体情况和当地法规来判断和处理。

三、进口税费的减免

凡完全符合法定减免税的货物，进出口货物收发货人无须事先向海关提出申请，海关征税人员即可在现场按规定直接办理减免税，且货物放行后即脱离海关的监管。进口税费减免类型如图9-3所示。

```
                    ┌──────────────┐
                    │  进口税费减免  │
                    └──────┬───────┘
         ┌─────────────────┼─────────────────┐
         ▼                 ▼                 ▼
   ┌──────────┐      ┌──────────┐      ┌──────────┐
   │ 法定减免税 │      │ 特定减免税 │      │ 临时减免税 │
   └──────────┘      └──────────┘      └──────────┘
```

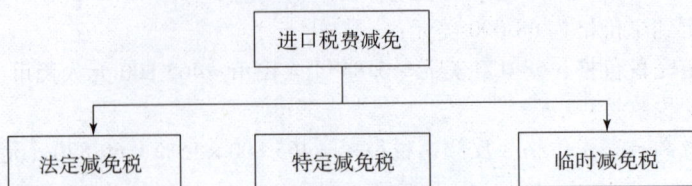

图 9-3　进口税费减免类型

（一）法定减免税

法定减免税是指根据《海关法》《关税条例》和其他法律、行政法规的规定，进出口货物可以享受的减免关税优惠。海关对法定减免税货物一般不进行后续管理，具体表现为：关税税额在人民币 50 元以下的一票货物；无商业价值的广告品和货样；外国政府、国际组织无偿赠送的物资；在海关放行前损失的货物；进出境运输工具装载途中必需的燃料、物料和饮食用品；中华人民共和国缔结或者参加的国际条约规定减征、免征关税的货物、物品；法律规定减征、免征关税的其他货物、物品。

（二）特定减免税

特定减免税是指海关根据国家规定，对特定地区、特定用途和特定企业给予的减免关税和进口环节海关代征税的优惠，也称政策性减免税。特定减税或者免税的范围和办法由国务院规定，海关根据国务院的规定单独或会同国务院其他主管部门制定具体实施办法并加以贯彻执行。目前实施特定减免税的项目主要有：外商投资项目投资额度内进口自用设备、外商投资企业自有资金项目、国内投资项目进口自用设备、贷款项目进口物资、重大技术装备、支持科技创新税收优惠政策、救灾捐赠物资、扶贫慈善捐赠物资、残疾人专用品、集成电路项目进口物资、海上石油陆上石油项目进口物资、远洋渔业项目进口自捕水产品、无偿援助项目进口物资、科技重大专项进口、新型显示器件生产企业、勘探开发煤层气、种子种源、中储粮、公益收藏、国内航空公司进口飞机、动漫开发生产用品。

此外，国家还根据不同时期的需要制定了相关的减免税政策。法定减免税与特定减免税的区别如表 9-7 所示。

表 9-7　法定减免税与特定减免税的区别

类型	法定减免税	特定减免税
性质	按照《海关法》《关税条例》及其他法律法规的规定执行的减免	为进一步鼓励利用外资和引进技术、扩大对外贸易、发展科教文卫事业，而给予的针对特定地区、特定用途特定企业的减免
申请	属于法定减免范围的进出口货物，无须事先提出申请	在货物进出口前向海关提出申请
后续管理	无须进行后续管理	海关对其进行后续管理

（三）临时减免税

临时减免税是指法定减免税和特定减免税以外的其他减免税。国务院会根据某个单位、某类商品、某个时期或某批货物的特殊情况和需要，给予特别的临时性减免税优惠。

比如，为支持和帮助汶川地震受灾地区积极开展生产自救，重建家园，自 2008 年 7 月 1 日起，对受灾地区企业、单位，或支援受灾地区重建的企业、单位，进口国内不能满足供应并直接用于灾后重建的大宗物资、设备等，3 年内免征进口关税和进口环节增值税。临时减免税一般是一案一批。

四、进口环节代征税的退还

（一）设定依据

《中华人民共和国海关法》第六十三条规定：海关多征的税款，海关发现后应当立即退还；纳税义务人自缴纳税款之日起一年内，可以要求海关退还。

《中华人民共和国进出口关税条例》第五十条规定：有下列情形之一的，纳税义务人自缴纳税款之日起 1 年内，可以申请退还关税，并应当以书面形式向海关说明理由，提供原缴款凭证及相关资料：

（1）已征进口关税的货物，因品质或者规格原因，原状退货复运出境的；

（2）已征出口关税的货物，因品质或者规格原因，原状退货复运进境，并已重新缴纳因出口而退还的国内环节有关税收的；

（3）已征出口关税的货物，因故未装运出口，申报退关的。

海关应当自受理退税申请之日起 30 日内查实并通知纳税义务人办理退还手续。纳税义务人应当自收到通知之日起 3 个月内办理有关退税手续。

按照其他有关法律、行政法规规定应当退还关税的，海关应当按照有关法律、行政法规的规定退税。

《中华人民共和国出口关税条例》第五十二条规定：海关发现多征税款的，应当立即通知纳税义务人办理退还手续。纳税义务人发现多缴税款的，自缴纳税款之日起 1 年内，可以以书面形式要求海关退还多缴的税款并加算银行同期活期存款利息；海关应当自受理退税申请之日起 30 日内查实并通知纳税义务人办理退还手续。纳税义务人应当自收到通知之日起 3 个月内办理有关退税手续。

（二）法定办结时限

（1）海关发现多征税款的，应当立即通知纳税义务人办理退税手续。

（2）纳税义务人发现多缴纳税款的，自缴纳税款之日起 1 年内，可以向海关申请退还多缴的税款并且加算银行同期活期存款利息。

（3）纳税义务人提交的申请材料齐全且符合规定形式的，海关应当予以受理，并以海关收到申请材料之日起作为受理之日；纳税义务人提交的申请材料不全或者不符合规定形式的，海关应当在收到申请材料之日起 5 个工作日内一次告知纳税义务人需要补正的全部内容，并以海关收到全部补正申请材料之日为海关受理退税申请之日。

（4）海关应当自受理退税申请之日起 30 日内查实并通知纳税义务人办理退税手续或者不予退税的决定。

（5）纳税义务人应当自收到海关准予退税的通知之日起 3 个月内办理有关退税手续。

随堂讨论

为何说"保税"和"减免税"都可以视为不交税？二者之间的区别是什么？

同步测试

拓展资料

同步测试项目九任务二

拓展任务

税费缴纳海关提示

东华丰食品进出口贸易有限公司从法国进口冷冻整鸡 2 000 千克，以每千克 1.95 美元到岸价格青岛价格条件成交，买方自行向其购货代理人支付佣金 200 美元。经查，冷冻整鸡税目税号 0207.1200，按从量税征收进口关税，最惠国税税率为 1.30 元/千克，增值税税率为 13%，该商品无进口环节消费税，海关计征汇率为 1 美元 = 7.20 元人民币。

经海关审定，以成交价格作为完税价格征收进口关税和进口环节增值税。

试计算，该批冷冻整鸡应总计缴纳多少进口税费，请将计算方法和计算过程填在表 9－8 中。

表 9－8　进口税费计算

计算项目	计算方法	计算过程与结果
进口关税税额		
进口环节增值税税额		
进口税额合计		

任务三　提货结单

任务挑战

提货单，即 D/O，是 Delivery Order 的首字母简称，因为是进口时才有的提货单，所以也叫进口提货单。表9-9中列出了一些最常见的进口集装箱货物提货单中的项目，请解释其中文含义，填在表格中的对应位置。

表9-9　提货单相关中英文项目

英文	中文
Original/Destination Port	
Consignee Information	
Bill of Lading Number（If Applicable）	
Container Number	
Seal Number	
Vessel&Voyage	
Expected Time of Arrival	
Description of Goods	
Goods Quantity，Weight，and Volume	
Container Size/Type	

知识正文

一、提货单概念

（一）提货单

提货单又被称为"小提单""交货单""交割单"，是指收货人凭正本提单或副本提单随同有效的担保向船公司或其代理人换取的，可向港口装卸部门提取货物的凭证。收货人向海关进行进口货物申报，海关审核单据和货物无误后，在提货单上加盖海关放行章，并退返给收货人。收货人持盖有海关放行章的提货单向海关监管仓库领取货物。

提货单主要包含两部分内容。第一部分为运输和货物相关的信息和收货人信息。与运输相关的信息包括船名、航次、启运港、目的港、提单号、交付条款、卸货地点等，内容须与进口货物报关单及随附商业单据一致；与货物相关的信息包括标记、货名、件数、重量和体积等。收货人信息一般包含"收货人名称"和"收货人开户银行与账号"两栏，由收货人或其代理人按实际情况填写。第二部分为签章栏，包括收货人章、海关章、检验检疫章，以及需要的其他签章。

发放提货单时应做到：正本提货单为合法持有人所持有；提货单上的非清洁批注应转

上提货单。当发生溢短残情况时，收货人有权向承运人或其代理获得相应的签证。运费未付的，应在收货人付清运费及有关费用后，方可发放。在运费到付的情况下，收货人只有先付清运费及各项其他费用后才可换领提货单。因此，对船公司来说，提货单起着保证收取运费的作用。

（二）概念区别

提货单的性质与提单完全不同。提单是指用以证明海上货物运输合同和货物已经由承运人接收或者装船，以及承运人保证据以交付货物的单证。二者之间区别如表 9 – 10 所示。

表 9 – 10　提货单与提单区别与联系

	提货单	提单
概念	Delivery Order，主要用于清关和提货	Bill of Lading，是一种海上运输提单
作用	通常在进口货物到达目的港后使用，由目的港的收货人领取；不具有物权凭证的功能，不能流通和转让	作为运输合同的证明、货物的收据以及物权凭证。持有人拥有货物的所有权，可以进行货物的流通和转让
使用场景	主要用于出口货物的运输合同和货物所有权的确认	主要用于出口货物的运输合同和货物所有权的确认
联系	二者均是海运运输中不可或缺的文件，能确保货物的运输和交接顺利进行，在国际贸易中起着关键作用	

二、提货单换单流程与操作

（一）进口换单的含义

无论是国内还是国外，用提单换提货单都是一项固定程序。提单是货物的所有权凭证，是承运货物的收据，是运输契约的证明。"换单"就是把提单换成提货单。收货人接到发货方的提单，在船舶到达收货方港口后，收货人持提单到船公司指定换单处换取提货单，这一过程叫换单。进口货物无论是海运整箱或拼箱，或空运，都需要完成换单，待海关放行并缴纳港口费用后才可提货。

船公司或其代理人在签发提货单时，需要认真核对提单和其他单证的内容是否一致，然后再详细地将船名、货物名称、件数、质量、包装标志、提单号、收货人名称等记载在提货单上，由船公司或其代理人签字后交给收货人到现场提货。若同意收货人在船边提货，亦应在提货单上注明。

（二）进口换单的资料准备

在换单时，需要保证提单完整有效、提单背书正确有效，持副本提单换单应出具盖收货人公章的保函，且副本提单应与保函上的背书一致，同时目的港需要收到启运港的电放信息。具体要求如表 9 – 11 所示。

表 9-11　换单资料准备详细说明

资料	资料要求
正本提单	应有"ORIGINAL"字样，并有船公司启运港代理的签章
副本提单	字迹清晰可辨，内容完整，并显示"电放或 SEA WAY BILL"字样
记名提单	应有与提单收货人一致的公章背书
指示提单	应有与提单发货人一致的背书及提单持有人的公章背书

（三）进口换单的操作流程

换单需要先支付相关费用，如换单费、文件费、箱单费、海运费等，支付完成后方可去向船公司或者船代换单。收货人可自行在相关网站查询费用并支付，再提供付款水单给换单单位，以安排换单。

海运整箱货物完成换单以后，换单单位需要向船公司或船代申请开具箱单，即集装箱设备交接单。该交接单是集装箱使用情况的凭证，港区提箱、卸货后还箱都需要使用该交接单。目前箱单也已实行无纸化，可根据需要选择纸质或电子箱单。

海运整箱货物放行后去港区提箱，需要先支付港区的相关费用才可提箱，目前无纸提货单港区费用结算都安排在客户端上操作支付。完成支付以后，系统产生二维码交于拖车公司，便可提箱。此时的二维码是货权的凭证，务必妥善保管。

如发货人在启运港是通过代理订舱，并且取得的是代理提单（House Bill of Lading，HBL），收货人需要先到其代理处换取船东提单（Master Bill of Lading，MBL），再进行后续操作。此过程需要向代理支付换单费用。

（四）进口换单的注意事项

（1）换到正本提货单后，如发现提货单上面的数据与实际货物不符，比如件数或者重量等重要信息需要进行更改，但此时舱单数据已进入海关信息系统。此时的修改数据，实际上是修改海关舱单系统里面的数据。修改数据时，需要船代向海关申请改舱单，海关通过三级审批后，才给予批准改舱单。同时，理货公司对实际货物要进行理货确认，确认无误后，将之前发送到海关的理货信息进行修正，再对正本提货单上面的数据进行更正。最后，还需要口岸代理到船代指定的代理处加盖更正章。

（2）如果提单收货人是英文，而公章只有中文，则需要提供中英文对照的文件，比如对外贸易经营者备案登记表、名片等。

（3）进口换单和出口换单虽然在某些方面有相似之处，但其操作、目的和涉及的流程费用有明显区别。在实际操作中，需要根据具体的货物情况和合同要求，合理安排换单流程，确保货物顺利交付。

在整柜换单过程中，尤其需要注意：使用电放提单提货时，需在提单的复印件上加盖收货人的公章；使用正本提单提货时，如果信用证结汇的正本提单未到又要提货，必须凭银行的担保函换单，并按照银行担保函规定的期限内收回正本提单；对未电放的提单、不规范的提单，要及时与船公司联系；对不规范的提单，应根据船公司的书面通知放行；如果船公司有特殊要求的，要严格按照船公司的要求执行。

（4）在空运进口业务中，也会遇到"抽单"，这是指空运进口业务过程中，用航空运单换提货单的操作。由于空运进口的部分清关资料一般随货物一起，而货物到港后，需要目的港报关行派人去货站或者航司把这票货物的进口发票、装箱单、包装证明等随机文件"抽"回来，结合其他的报关报检委托书、进口合同、许可证等文件，构成空运进口清关资料后，再准备后续的清关操作，故叫做"抽单"。

三、进口提货

（一）进口提货基本流程

以宁波海运口岸为例，货物放行后，货运代理企业或货主办理提货。提货流程如图9-4所示。

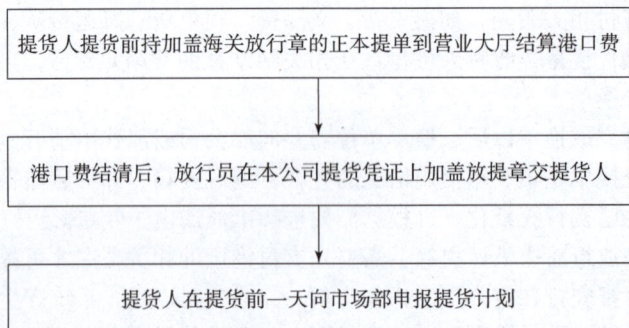

```
┌──────────────────────────────────────────────────┐
│ 提货人提货前持加盖海关放行章的正本提单到营业大厅结算港口费 │
└──────────────────────────────────────────────────┘
                         │
                         ▼
┌──────────────────────────────────────────────────┐
│ 港口费结清后，放行员在本公司提货凭证上加盖放提章交提货人 │
└──────────────────────────────────────────────────┘
                         │
                         ▼
┌──────────────────────────────────────────────────┐
│        提货人在提货前一天向市场部申报提货计划          │
└──────────────────────────────────────────────────┘
```

图9-4 提货流程

此处需要强调的是，在提货人提货前持加盖海关放行章的正本提单到营业大厅结算港口费过程中，如果所提货物系木质包装，须加盖"三检"放行章。提货时，提货人车辆到港后需通知陆运进行调度，然后持提货凭证与货物所在库场管理员核对货物。提货完毕，提货人和理货员共同在提货凭证上签字后将提货凭证交理货员，由理货员开内部门证。提货人持内部门证到门证组换取正式门证即可出港。

另外，如货物不能当天提清，提货人和理货员在提货凭证上签字后由提货人将提货凭证取回，并继续向市场部申报第二天的提货计划。如提货人在提货时发现或在提货过程中发生残损，可到市场部质量组办理相关手续。

（二）提货担保

提货担保是指进口商开出信用证后，有时因航程过短，货比单据先到，为了能及时提货用于生产销售并免付高额滞仓费，客户可要求银行为其开具提货担保书，交承运人先行提货，待正本提单收到后再向承运人换回提货担保书的一种担保业务。客户只需保证日后及时补交正本提单，并负责缴付船公司的各项应收费用及赔偿由此可能遭受的损失，即可由银行单独或与客户共同向船公司出具书面担保，请其凭以先行放货。

提货担保占用授信额度一般仅限于信用证项下使用。进口商办理提货担保，必须向银行提交提货担保申请书、船公司到货通知、致船公司的预先提货保证书，以及提单和发票等的复印件。银行对上述文件进行审核，以确保所指货物确属该信用证项下的货物。申请人还应在提货担保申请书上保证承担船公司所收一切费用和赔偿可能由此遭受的一切损失。

提货担保其实是开证行出具的一种保函，开证行作为担保人承担保函项下保证人所面临的一切风险。因此，银行出具提货担保后，要求申请人对于事后收到的信用证项下的单据，无论有无不符点，均不得拒付。同时，银行要求信用证规定受益人提交全套海运提单，对于部分正本提单直接寄进口商或银行不能控制货权的信用证不予办理提货担保。

四、进口提货结算

进口贸易结算也称进口结汇，是指在国际货物买卖过程中，进口商为支付出口商的货款而向外汇银行申购外汇，并经由外汇银行转付国外出口商的行为。传统国际贸易中，信用证是一种非常重要的结算方式，但随着国际贸易的不断发展，伴随着更多结算方式的产生，人们的避险观念较之以往也发生了很大的转变，人们越来越倾向于选择多样的结算方式，信用证的使用比例也在日趋降低。然而，对于很多客户来说，在不熟悉交易方信用的情况下，他们仍倾向于选择以信用证的方式进行结算。

在当前国际贸易中，随着新的融资工具及其衍生品的出现，各种信用保险的不断涌现，汇款和托收方式结算的使用比例也在逐步提高。根据国际货物买卖结算方式的不同，进口结汇可以分为汇付方式下的进口结汇、托收方式下的进口结汇和信用证方式下的进口结汇。

（一）汇付方式下的进口结汇

汇付采用汇款方式进行国际贸易结算时，卖方直接将货物交付予买方，买方则通过银行将货款支付予卖方。

汇付的业务流程一般包括汇款人申请汇款、汇出行受理汇款、汇出行指示付款、汇入行解付汇款和汇出行偿付汇款五个环节。

（1）汇款人申请汇款：汇款人申请采用汇付方式结算货款，委托汇出行办理汇款业务。汇款人需填写汇款申请书，写明收款人的名称和地址、汇款金额、汇款方式等内容，并将该申请书提交给汇出行。汇款人在申请汇款时，除了应交付所汇的全部金额之外，还应按照相关规定向汇出行支付一定的手续费。

（2）汇出行受理汇款：若相应的款项直接从现汇账户汇出，汇出行凭支款凭证联借记其现汇账户或收取折算后的相当于外汇金额的现钞。若汇款人用外汇额度购买人民币现汇的，汇出行按汇出货币的卖出价进行售汇，同时还应向相关机构办理外汇移存手续。

（3）汇出行指示付款：汇出行收到付款人的汇款申请书以后，对该申请进行相应的审查，经审查接受该汇款申请的，就应按照付款人在申请书中的指示向其代理行（汇入行）发出付款委托书，汇入行进行解付汇款。付款指示的发出形式有票汇、电汇、信汇三种。

（4）汇入行解付汇款：汇入行收到汇出行的付款委托书以后，即进行印、押核对一致确认，经印、押核对一致且确认所收到的付款指示为真实后，加盖"印/押符"的印章或签字，然后通知解付，或在持票人提示银行汇票时即见票即付。若密押有误或印鉴不符的，汇入行还应及时联系汇出行，经妥善处理后方可解付。

（5）汇出行偿付汇款：若授权付款行借记汇出行账户，汇票上可注明"作为偿付，请借记我行在你行开立的账户"（"In cover, please debit our account for same"）。若汇出行持有汇入行账户的，可先行主动贷记其账户，在汇票上注明"作为偿付，我们已将您的账户记入我们的账户"（"In cover, we have credited your account with us"）。同时将收账通知书寄交给付款行。收款人可持汇票到汇入行进行取款，汇入行解付票款给收款人，并把付讫借记通知书寄送给汇出行。

（二）托收方式下的进口结汇

在托收业务项下，银行只参与结算并不提供信用支持，即委托是否能取得付款或承兑，很大程度上依赖于付款人的信用。对于银行来说，只要其本身没有故意或者重大过失，就无须承担责任，也即，银行在托收业务中仅提供服务而不承担责任。常见的托收方式有跟单托收和光票托收。

（1）跟单托收。

根据《托收统一规则》，单据分为金融单据和商业单据两类。金融单据指汇票、本票、支票、付款收据或其他类似的用以取款的凭证。商业单据指发票、运输单据、所有权凭证或其他类似的单据或其他"非金融"方面的单据。跟单托收就是对金融单据附带商业单据或不用金融单据的商业单据的托收。跟单托收按交单条件的不同，可分为付款交单和承兑交单。

（2）光票托收。

在托收业务项下，汇票仅附有非货运单据，包括发票、垫付清单等，不附有任何货运单据所进行的托收。在国际贸易中，光票托收主要用于贸易的从属费用、小额交易费用、分期付款、部分预付货款、佣金及非贸易结算等。汇出行指示付款时，汇出行在收到付款人的汇款申请书以后对该申请进行相应的审查，经审查接受该汇款申请的，就应按照付款人在申请书中的指示向其代理行（汇入行）发出付款委托书，汇入行进行解付汇款。

（三）信用证方式下的进口结汇

由于信用证的类型不同，信用证的业务流程也会相应的有所差异，但就基本环节而言，大体要经过申请、开证、通知、议付、索偿、付款、赎单等环节。目前，各银行的信用证并无统一格式，但其基本内容大致相同，主要包括对信用证本身的说明、信用证的金额、信用证的兑付方式、汇票条款、货物描述、单据条款、装运条款、特别条款、SWIFT信用证等。

随堂讨论

请你调研"一带一路"沿线国家的基本港，并选取 5 个谈一谈这些码头的提货过程是否有差异，是否应用了智能化设施设备，是如何应用的。

同步测试

拓展资料

同步测试项目九任务三

拓展任务

共建"一带一路"国家港口发展活力指数发布

以集装箱班轮进口代理业务为例，其业务流程可以简单概括为"接受货主委托—卸货港订舱—代办货物保险—接货准备和换单—报关报检—提货交接—结算费用—资料归档"，请根据所学知识，列出每个环节涉及的单据，填在表 9 - 12 中。

表9-12 集装箱班轮进口代理主要流程和涉及的单据

环节	主要工作	涉及的单据
卸货地订舱	FOB成交时，托运人委托国际货运代理人填制订舱单，向船公司或其代理订舱，并将船名、航次、船期等订舱信息及时传送给装运港货代	
代办保险	接到装船通知后立刻投保	
接货、准备货单	国际货运代理人从客户（收货人）处取得已背书的正本海运提单（或电放提单副本与保函）后，找相应船代确认换单地点，并提前联系场站询问拆箱相关本地费用。收到船代的到货通知后即持已背书的正本海运提单（或电放提单副本与保函）换提货单	
报关	国际货运代理人持从客户处取得的合同、发票、装箱单等报关单据，连同提货单、代理报关委托书去报关，法检货物还需持入境货物通关单	
提货	国际货运代理人联系集卡车队，持交货记录第2~5联（提货单联已盖海关放行章）到集装箱场站提货。整箱货提箱的，提前填写提箱申请书，并办理集装箱设备提货交接单，由集卡车队提箱送至客户处掏箱再将空集装箱返还堆场（简称回空），并结算集装箱相关费用。整箱货也可在堆场直接掏箱提货，填写集装箱拆箱申请书；拼箱货直接在集装箱货运站提货	

项目评价

项目九学习评价量表

评价项目	评价内容	评价标准					评价方式		
		优（90~100）	良（80~89）	中（70~79）	及格（60~69）	不及格（0~59）	自评	互评	师评
学习态度	1. 学习目标明确，重视学习过程的反思，积极优化学习方法；2. 具备持之以恒的学习习惯；3. 保质保量按时完成作业	积极、热情、主动	积极、热情、但欠主动	学习态度一般	学习态度较差	学习态度很差			
学习方式	1. 学生个体的自主学习能力强，会倾听、思考、表达和质疑；2. 学生普遍有浓厚的学习兴趣，学习参与度高；3. 学生之间能够合作学习，并在合作中分工明确地进行有序和有效的探究；4. 学生在学习中能自主反思，发挥求异、求新的创新精神，积极地提出问题和讨论问题	自主学习能力强，会倾听、思考、表达和质疑	自主学习能力较强，会倾听、思考、表达	自主学习能力一般，会倾听	自主学习能力较差，不会思考	自主学习能力很差，不会思考			

学习笔记

评价项目	评价内容	评价标准					评价方式		
		优 (90~100)	良 (80~89)	中 (70~79)	及格 (60~69)	不及格 (0~59)	自评	互评	师评
参与程度	1. 认真参加课程的线上学习活动，积极思考，善于发现问题，勇于解决问题； 2. 积极参加头脑风暴、主题讨论、提问等活动； 3. 积极参加线下实践活动等	积极思考，善于发现问题，勇于解决问题，表达能力强	积极思考，善于发现问题，勇于解决问题	能发现问题，解决问题能力一般	参与意识较差，不够积极主动	缺乏参与意识，不积极主动			
合作意识	1. 积极参加合作学习，勇于接受任务、敢于承担责任； 2. 有小组合作意识，能够在合作中取长补短，共同提高； 3. 乐于助人，积极帮助学习有困难的同学	合作意识强，组织能力好，能与他人互相提高，有学习效果	能与他人合作，并积极帮助有困难的同学	有合作意识，但总结能力不强	不能很好地与他人合作学习	完全不能与他人合作学习			
知识和技能的应用	1. 掌握进口申报、税费计算的核心知识； 2. 熟练运用所学知识完成实训模拟任务； 3. 提高根据实际情况处理国际货运中可能出现的问题的综合能力	能很灵活地运用知识解决问题	能较灵活地运用知识解决问题	应用知识解决问题的能力一般	解决实际问题的能力较差	解决实际问题的能力很差			
其他	1. 情感、态度、价值观的转变； 2. 综合素养水平的发展	学习态度、综合素养水平有很大提高	学习态度、综合素养水平有较大提高	学习态度、综合素养水平有些提高	无明显发展	无任何发展			
合计									
平均分									
综合得分（自评10%＋互评30%＋师评60%）									

项目十　综合业务

引思明理

"天山号"班列 2024 年发运"开门红"

　　春节来临，新疆国际陆港区内一片繁忙。在多式联运中心，龙门吊起重机穿梭于集装箱和货车间忙碌作业；在中欧班列（乌鲁木齐）集结中心，从全国各地集结而来的货品，搭载"天山号"班列，源源不断地出口到中亚及俄罗斯等国家。

　　"天山号"班列自 2023 年 11 月试发运以来，多式联运中心公路运输集装箱进出场流转量明显增加。作为新疆自有品牌班列，中欧（中亚）"天山号"班列由新疆商贸物流（集团）有限公司打造，新疆国际陆港（集团）有限责任公司负责具体运营，是中国（新疆）自由贸易试验区揭牌后的创新实践，也是整合全疆商贸物流产业资源打造的班列统一发运平台。目前发运的货品大部分从内贸铁路和公路运输集结而来，"天山号"班列迎来新年"开门红"，进一步密切了新疆与共建"一带一路"国家的贸易往来。2024 年，我国将积极打造多式联运运输体系，把国际公路运输和国际班列相结合，进一步提高发运时效和组织能力，丰富班列线路，为新疆自贸试验区广大外向型客户提供优质服务，将"天山号"班列打造成新疆本土多式联运的品牌体系。

　　资料来源：中欧（中亚）"天山号"班列新年发运"开门红" [EB/OL]. (2024 - 02 - 07). http://www.news.cn/20240207/611e5b435f8b45bb803b8470f6bc9b25/c.html. 有删改

　　党的二十大报告指出："我们实行更加积极主动的开放战略，构建面向全球的高标准自由贸易区网络，加快推进自由贸易试验区。"随着共建"一带一路"深入推进，新疆凸显枢纽地位。中国（新疆）自由贸易试验区为我国西北沿边地区首个自贸试验区，必将为新疆全面深化改革、扩大开放注入强大动力，对新疆经济社会发展产生重大而深远的影响。

项目情境

　　杨帆的第一笔货运代理业务圆满完成，不仅获得了客户好评，还系统学习了专业知识，积累了行业经验。好口碑吸引了更多乡亲们的咨询，也带来不同货物和货运要求的业务挑战。在"一带一路"倡议推动下，中欧班列的运行给沿岸国家地区带来了货运便利。杨帆也决定为乡亲们拓展更多中欧班列、综合多式联运渠道，并学习处理国际货运中的异常情况。请你为杨帆厘清中欧班列的含义、运行条件和要求，整理综合多式联运业务的单据计算相关费用，并对可能出现的异常情况进行有效处理。

项目目标

知识目标
1. 了解铁路联运的主要特点。
2. 理解多式联运业务的基本构成。
3. 熟悉异常业务的处理原则。

技能目标
1. 能够全面分析客户的实际需求。
2. 能够根据客户需求设计合理的多式联运方案。
3. 能够迅速高效地处理业务中的异常情况。

素质目标
1. 培养学生跨文化沟通能力与协调意识。
2. 提升学生的专业判断力与决策能力。
3. 提高学生应对突发情况的应变能力。

任务一　铁路联运业务

任务挑战

有一票纺织品货物需要从中国江西赣州运至乌兹别克斯坦塔什干。杨帆经过综合考虑，选定了铁路联运作为运输方案，请你帮助杨帆评估其成本效益和运输时间，为这批纺织品设计一个运输方案，完成表10－1。运输方案需要研究铁路网络和运输条件，并考虑货物的起点、途经和目的地。

表10－1　铁路联运方案设计思路

产品	纺织产品
数量	
路线设计	
设计原因	
预计运输时间	

知识正文

"一带一路"倡议提出后，全国各地纷纷抢抓发展先机，不同起点的中欧（亚）班列不断涌现。依托西伯利亚大陆桥、新亚欧大陆桥，已初步形成西中东三条中欧班列运输通道。自2011年首次开行以来，中欧班列发展势头迅猛，辐射范围快速扩大，货物品类逐步拓展，开行质量大幅提高。

一、中欧班列

中欧班列（CHINA RAILWAY Express，CR Express）是由中国铁路总公司组织，按照固定车次、线路、班期和全程运行时刻开行，运行于中国与欧洲以及"一带一路"共建国家间的集装箱等铁路国际联运列车，是深化我国与沿线国家经贸合作的重要载体和推进"一带一路"建设的重要抓手。根据"中国铁路"权威消息，2024年7月10日11时46分，随着X8017次全程时刻表中欧班列（武汉—杜伊斯堡）从吴家山站开出，2024年以来，中欧班列累计开行达10 000列，较2023年提前19天破万列，累计发送货物108.3万标箱，同比增长11%，呈现量质齐升的良好态势。

（一）中欧班列主要运输线路整体布局

一般来说，过去的中欧班列共有西中东三条运输线：西部通道，由中国内地中西部经阿拉山口（霍尔果斯）出境；中部通道，由中国内地华北地区经二连浩特出境；东部通道，由中国内地东北地区经满洲里（绥芬河）出境。现在，随着国际形势的不断变化，南线发展迅猛，该线路上，首趟从哈萨克斯坦到德黑兰的列车已于2023年11月开行并抵达，在途仅用了12天。如果从中国内陆及沿海出发，时效应该可以压缩到30天内。由此，中欧班列形成了四线并开的局面。

（1）经典高时效线路为经哈萨克斯坦和俄罗斯（西线），平均运输时效约为 20 天。

（2）传统线路为经蒙古、俄罗斯的线路（东线、中线），平均运输时效约为 25 天。

（3）中间走廊线路有两条，第一条为中国—哈萨克斯坦—里海—土耳其—保加利亚—塞尔维亚—匈牙利—斯洛伐克，平均运输时间为 30 天；第二条为中国—哈萨克斯坦—里海—黑海—罗马尼亚，平均运输时间为 40 天。

（4）新兴线路为南线班列，即中国—哈萨克斯坦—伊朗—土耳其—欧洲，平均运输时效约为 30 天；该线路绕开了里海和黑海，虽然线路较长，但属于纯铁路运输，稳定性较好。

（二）中欧班列的分类

自 2011 年 3 月 19 日，首列中欧班列（重庆—杜伊斯堡）成功开行以来，至今年已有超 10 年的运行历史。中欧班列是中国铁路精心打造的具有竞争力和信誉度的国际物流知名品牌，被誉为"一带一路"上飞驰的"钢铁驼队"。中欧班列一般可以分为干线班列、支线班列和专列班列，其特点如表 10 - 2 所示。

表 10 - 2　中欧班列分类与特点

分类	具体阐释	特点
干线班列	中欧班列网络的核心，连接中国与欧洲的主要城市和经济中心	干线班列通常是定期开行的，以固定的线路和时间表进行运输。这些班列通常经过多个国家，跨越数千公里的距离，是中欧之间大批量货物运输的重要途径
支线班列	作为连接干线班列与内陆地区的重要衔接环节，支线班列的作用显得尤为重要。支线班列通常从干线班列的终点站出发，经过中转站，最终运抵内陆的城市或地区	覆盖面广、运输范围广泛，可以满足各个地区的货物运输需求，为内陆地区提供了与国际贸易的便捷连接。支线班列的开通不仅带动了内陆地区的经济发展，也为当地企业的国际贸易提供了更多选择
专列班列	根据特定需求而开行的定制化班列。专列班列通常由一家企业或一批企业共同组织，根据自身的货物运输需求，定制专门的运输方案	可以根据货物的特点和需求，灵活选择线路、车型和运输时间

（三）中欧班列运输货物

中欧班列的开行为本国货物"走出去"和外国货物"走进来"提供了更加广阔的市场。经过十多年的发展，已开行的中欧班列数量一路攀升，规模持续扩大，所带动的贸易额稳步增加，为对外贸易发展和推动经济全球化起到了积极作用。在贸易的产品中，由中欧班列运送的货物种类也由最开始的电脑、手机等电子产品，逐步扩大到服装鞋帽、粮食、汽车及配件等满足广大人民日常生活所需的生活必需品。

从具体的运行班列来看，涉及电脑等电子产品、机械以及汽配的班列较多，包括渝新欧、汉新欧、蓉欧快铁、郑欧班列、苏满欧、湘欧快线、营满欧、厦蓉欧、青岛号等；涉及工艺品、饮品、玩具、轻纺、农产品的则主要集中在义新欧、辽满欧、昆蓉欧等班列。这在一定程度上反映出，中欧班列的开行与发展同我国不同地区的资源初始禀赋密切相关，其完全结合了我国资源分布的结构特征，有效发挥了由资源分布特征决定的产业分布格局，是拉动地区特色产业发展的一次有效尝试。

（四）中欧班列的优点

相较于传统的海运中欧班列有以下几个优势：

1. 速度更快

传统的海运需要经过海上运输，航程较长，而中欧班列则是通过陆路运输，减少了海上运输时间。相比海运几周甚至几个月的航程，中欧班列通常只需要 10 ~ 20 天就可以将货物送达目的地。

2. 可靠性更高

由于中欧班列的运输路径相对固定，运输时间可预测，因此货物的到达时间更加可控。而海运可能受到天气、海况、船期等因素的影响，容易出现延误，不确定性相对较大。

3. 灵活性更强

中欧班列的发车时间相对固定，货物的装车和卸车操作更加便捷，可以更好地满足客户的紧急运输需求。而海运的船期相对不太灵活，需要提前预订，并且可能受到船舶容量的限制。

4. 可追踪性更好

中欧班列通常配备了现代化的物流追踪系统，可以实时跟踪货物的位置和运输状态，提供更加准确的货物信息反馈。而海运的货物追踪相对较为困难，需要通过船舶运输中转港口的信息来获取货物运输状态。

5. 更适合高价值货物

中欧班列的运输时间相对较短，货物在运输过程中的风险和损失较低，所以更适合运输高价值的货物，如电子产品、汽车零部件等。

（五）中欧班列的品牌班列

2016 年统一品牌后，中欧班列迎来规范开行、快速发展新阶段。2016—2023 年，中欧班列年开行数量由 1 702 列增至超 1.7 万列，增长近 10 倍，年均增长 39.5%。自 2020 年 5 月起，中欧班列已连续 48 个月单月开行数量保持在千列以上。

在国内，先后实施了兰新铁路精河至阿拉山口段增建二线等一批铁路口岸站、发运站扩能改造及铁路通道补短板项目，经阿拉山口、霍尔果斯、二连浩特、满洲里、绥芬河、同江北六大口岸出境的西、中、东 3 条运输主通道的运输能力大幅提升，时速 120 千米的运行线路已达 87 条，联通中国境内 122 个城市。在境外，探索开辟了跨里海、黑海的南通道新路径，陆续开行义乌、乌鲁木齐等地至土耳其伊斯坦布尔、意大利萨莱诺等地的南通道中欧班列，"畅通高效、多向延伸、海陆互联"的境外通道网络格局日益成熟。2023 年中欧部分品牌班列如表 10 - 3 所示。

表 10 - 3　2023 年中欧部分品牌班列

品牌班列	2023 年运行情况
长安号	开行 5 351 列，常态化开行 17 条国际干线，覆盖亚欧大陆全境，"＋西欧"集结线路达到 22 条
成渝号	联通"一带一路"共建国家 80 多个、境内外城市 130 余个；2023 年度开行量超过 5 000 列，占全国中欧班列开行总量的三分之一
中豫号	辐射超 20 个省市，境外网络覆盖欧亚 40 个国家 140 余个城市，正在向开行量"万列千万吨"目标迈进

学习笔记

品牌班列	2023 年运行情况
义新欧	开通 25 条线路、覆盖 50 多个国家和地区、通达 160 个城市；2023 年开行 2 408 列，进出口集装箱突破 19.6 万标箱
江苏号	稳定运营中欧班列线路 20 余条，覆盖欧洲 17 个国家 20 多个城市；2023 年 11 月开行突破 2 000 列
长江号	拥有 52 条稳定的跨境运输线路，辐射欧亚大陆 40 个国家、115 个城市；2023 年度共折算发运 1 005 列，年发运量首次跨过千列大关
合肥号	覆盖 18 个国家 125 个城市站点；2023 年度开行 868 列，发送 71 156 标箱

二、缮制国际货协运单

《国际铁路货物联运协定》（以下简称《国际货协》）主要运输单证为联运运单，具体业务中还有一些添附文件。

（一）《国际货协》运单填制基本要求

联运运单是发货人与铁路联运承运人之间的运输合同，对发货人、收货人和承运人都具有法律效力。联运运单有"慢运运单"和"快运运单"两种，这两种运单格式相同，区别在于慢运运单不带红边，而快运运单带红边，两者不得互相代用。

发货人在托运货物时，应按《国际货协》的规定，对每批货物填写运单和补充运行报单，对慢运货物应填制用白纸印刷的运单和补充运行报单，对快运货物应填制上下带有红边的运单和补充运行报单。

带号码的补充运行报单由发站填制三份，一份留站存查，一份报发送局，一份随同货物至出口国境站截留。带号码的补充运行报单上印的号码为批号（即运单号），应填入运单和不带号码的补充运行报单的"25. 批号"栏内。

不带号码的补充运行报单按每一过境路填制一份。

发货人为报销运费可自行填写一份印有"运单抄件（报销运费）"的不带号码的补充运行报单。此时，发站应在运单副本（运单第三联）背面"应向发货人核收的总额（大写）"栏中加盖"运费报销无效"字样的戳记。运单副本上无此戳记时不给抄件。

货物由我国港口站运入，过境我国铁路运送时，港口站应多编一份不带号码的补充运行报单，以便我国出口国境站截留后对外清算过境运送费用。

运单和补充运行报单用中文填写，并在每一行下附俄文译文。我国发往越南、朝鲜的货物可免附俄文，我国经满洲里、绥芬河到俄罗斯的货物，也可只用中文填写，不附俄文。我国出口货物，在运单第 5 栏"收货人，通信地址"和第 8 栏"到达路和到站"及第 11 栏"货物名称"中，除用中文、俄文填写外，根据发货人需要，也可加附贸易合同用的文字。我国发到未参加《国际货协》铁路，在运单第 4 栏"发货人的特别声明"中，记载最终到站的实际收货人和其通信地址时，也可加附贸易合同用的文字。

运单和补充运行报单中记载的事项，应用钢笔、圆珠笔填写清楚，或用打字机打印、印刷或加盖戳记。加盖戳记的印文必须清晰，填写的文字必须正确，不得自造简称或简化字。除对危险货物特定的以外，不应加盖红色戳记或用红色墨水、圆珠笔填写。

发货人在运单记载事项中，不准有划消或贴补以及擦改或涂抹等类的任何修改。在特殊情况下做修改时，不得超过一栏或相互关联的两栏。此时，发货人应在"发货人的特别声明"栏内注明运单已做修改,并签字或加盖戳记证明。

如运单篇幅不足,不能将有关货物的记载事项记入第9~第13、第18、第19、第27~第30栏内时,则应在运单第一至第五联和每张补充运行报单上,均各添附一份篇幅相当于运单的补充清单。在补充清单上,按每栏分别记载其所需的有关事项。在运单第9~第13栏或第18和第19栏内,填写"记载事项见补充清单"。在上述情况下,发货人应在每份补充清单上签字,并在运单"发货人添附的文件"栏内注明添附补充清单的份数。

国际货协运单样式如表10-4所示。

表10-4 国际货协运单

国际货协运单—Накладн	1 运单正本— Оригиналнакладной （给收货人）—（Дляполучателя）			29 批号—Отправка №			
	1 发货人— Отправитель		2 发站—Станция отправления				
	签字— Подпись		3 发货人声明—Заявлениеотправителя				
	4 收货人— Получатель						
	5 到站—Станцияназначения		车辆由何方提供				
			8 车辆由何方提供—Вагон предоставлен / 9 载重量—Грузоподъёмность 10 轴数—Оси / 11 自重—Масса тары / 12 罐车类型—Тип цистерны				
6 国境口岸站—Пограничныестан циипереходов	7 车辆 — Вагон	8	9	10	11	12	换装后—Послепе регрузки
							13 货物重量Мас сагруза	14 件数К- вомест

学习笔记

15 货物名称—Наименование груза	16 包装种类 Род упаковки	17 件数 К-во мест	18 重量（千克）Масса（в кг）	19 封印—Пломбы	
				数量 К-во	记号—знаки
			20 由何方装车—Погружено		
			21 确定重量的方法 Способ определения массы		

22	承运人—Перевозчики	（区段自/至—участки от/до）	车站代码（коды станций）
23 运送费用的支付—Уплата провозных платежей			
24 发货人添附的文件—Документы, приложенные отправителем			

25 与承运人无关的信息，供货合同号码 Информация, не предназначенная для перевозчика, № договора на поставку		
26 缔结运输合同的日期 Дата заключения договора перевозки	27 到达日期—Дата прибытия	28 办理海关和其他行政手续的记载 Отметки для выполнения таможенных и других административных формальностей

（二）《国际货协》运单填制注意事项

根据《国际货协》第六条的相关规定，填制《国际货协》运单时应注意以下事项。

（1）填写运单时，发货人必须注明货物应通过的发送国和各过境国的出口国境站。如果有可能从出口国境站通过邻国的几个进口国境站办理货物运送，则运单上还应注明运送所要通过的进口国境站。

（2）收货人可以只是一个自然人或法人。在关于地址的记载中，不准许没有收货人的名称和他的通信地址。

（3）如运单篇幅不足，不能将本运单运送的货物一一记入，应在运单上贴附篇幅相当于运单一半的补充清单，清单上应列载货物的记号、标记、货件号码、件数、包装种类、名称和重量等信息。发货人应在这些补充清单上签字。货物的共计件数和共计重量应在运单内注明，并在"货物名称"栏内注明"货物名称详见贴附的补充清单"。

（4）发货人也可将补充清单贴附在运单"发货人的特别声明"和"发货人添附的文件"栏内。

（5）发货人在运单"发货人添附的文件"栏内应注明贴附补充清单的张数。

（6）发货人在提出运单的同时，应按铁路的规定，向铁路提交必要份数的补充清单抄件，以便贴附在运行报单上。

（7）发货人在运单"对于铁路无约束效力的发货人记载"栏内有权填写有关这批货物的记载，这项记载只供收货人参考，对铁路并不附加任何义务和责任。

（8）按《国际货协》的规定，发货人必须将在货物运送全程为履行运输合同和海关以及其他规章所需要的添附文件和单证附在运单上，必要时，还须附有证明书和明细书。这些文件和单证应只限与运单中所记载的货物有关。发货人应将添附文件和单证的名称和份数记入运单"发货人添附文件"栏内。

（9）我国外贸出口货物必须添附的文件和单证主要有"出口货物明细单""出口许可证""品质证明书""原产地证书""商品检验证书""动物检疫证书""植物检验证书""卫生检疫证书""兽医说明书"以及装箱单、磅码单、化验单、零部件清单或发运清单等。具体文件和单证需要的份数由发货人和收货人的不同要求确定。自1991年起，凡在发站未办妥海关手续而需在出口国境站办理报关的我国外贸出口货物，发货人还必须在运单上添附我国外汇管理部门印发的"出口收汇核销单"和有核销单编号的"出口货物报关单"。

（10）在运单上添附的文件和单证，除应由发货人将其名称和份数记入运单"发货人添附的文件"栏内外，还应牢固贴附在运单上随货同行，以免在运送途中脱落。铁路发送站应核对发货人在运单"发货人添附的文件"栏内关于添附文件所做的记载与实际添附的文件是否相符。运送铁路负责添附在运单上的文件和有关单证的运送传递和交接。但是铁路没有义务检查发货人在运单上所附的文件是否正确和是否齐全。由于没有添附文件或文件不齐全、不正确而产生的后果，发货人应对铁路负责。如由于铁路的过失而使发货人在运单上已做记载的添附文件丢失，则铁路应对其后果负责。

三、国际铁路货运运费国内计算规则与实例

铁路货物运输费用包括车站费用、运行费用、服务费用和额外占用铁路设备等各项费用。铁路货物运输费用由铁路运输企业使用"货票"和"运费杂费收据"核收。

（一）国际铁路货运运费计算规则

计算铁路货物运输费用的基本依据是《铁路货物运价规则》，现行为2005年4月1日

起试行的版本（铁运〔2005〕46 号），以下简称《价规》，计算程序如图 10 - 1 所示。

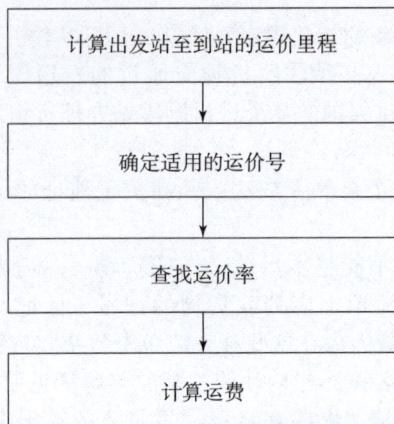

图 10 - 1 货运运输费用计算

需要注意的是，在计算出发站至到站的运价里程时，要根据《货物运价里程表》进行核算。在确定适用的运价号时，需要根据货物运单上填写的货物名称查找《铁路货物运输品名分类与代码表》和《铁路货物运输品名检查表》。在确定适用的运价率（即基价 1 和基价 2）时，整车、零担货物按货物适用的运价号，集装箱货物根据箱型、冷藏车货物根据车种分别在《铁路货物运价率表》中计算。在计算运费时，具体方法为货物适用的基价 1 加上基价 2 与货物的运价里程的乘积，再与按《价规》确定的计费重量（集装箱为箱数）相乘，计算出运费。另外，杂费按《价规》的规定计算。

为适应运输市场发展，进一步推动铁路货运价格市场化，积极引导社会资本投入，加快推进铁路建设，国家发展改革委于 2015 年 1 月 29 日发布了《关于调整铁路货运价格进一步完善价格形成机制的通知》（发改价格〔2015〕183 号），决定适当调整铁路货运价格，并建立上下浮动机制，其主要内容包括以下几个方面。

（1）国家铁路货物统一运价率平均每吨千米提高 1 分钱，即由现行的 14.51 分钱提高到 15.51 分钱，并作为基准价，允许上浮不超过 10%，下浮仍不限。在上述浮动范围内，铁路运输企业可以根据市场供求状况自主确定具体运价水平。调整后的各类货物铁路运输基准运价率如表 10 - 5 所示。

表 10 - 5 各类货物铁路运输基准运价率

办理类别	运价号	基价 1		基价 2	
		单位	标准	单位	标准
整车	2	元/吨	9.50	元/吨千米	0.086
	3	元/吨	12.80	元/吨千米	0.091
	4	元/吨	16.30	元/吨千米	0.098
	5	元/吨	18.60	元/吨千米	0.103
	6	元/吨	26.00	元/吨千米	0.138
	7	—	—	元/轴千米	0.525
机械冷藏车		元/吨	20.00	元/吨千米	0.140

续表

办理类别	运价号	基价1		基价2	
		单位	标准	单位	标准
零担	21	元/10千克	0.220	元/10千克千米	0.001 11
	22	元/10千克	0.280	元/10千克千米	0.001 55
集装箱	20英尺箱	元/箱	500.00	元/箱千米	2.025
	40英尺箱	元/箱	680.00	元/箱千米	2.754

注：运费计算办法如下：

整车货物每吨运价 = 基价1 + 基价2×运价千米；

零担货物每10千克运价 = 基价1 + 基价2×运价千米；

集装箱货物每箱运价 = 基价1 + 基价2×运价千米。

（2）磷矿石整车运输调整为执行2号运价，农用化肥调整为执行4号运价，其他货物品类适用运价号，铁路货物运输计费里程、重量确定办法等计费相关事项，仍按原铁道部《铁路货物运价规则》（铁运〔2005〕46号）等有关规定执行。

（3）大秦、京秦、京原、丰沙大铁路本线运输煤炭（指发到站均在本线的煤炭）运价率每吨千米同步提高1分钱，即由现行9.01分钱提高到10.01分钱。取消马玉等3条铁路本线及跨线货物运输、长荆等10条铁路跨线货物运输特殊运价，改为执行调整后的国家铁路货物统一运价。

（4）特殊运价的国铁线路及国铁控股合资铁路以国家规定的运价为基准价，允许上浮不超过10%，下浮仍不限。在上述浮动范围内，铁路运输企业可以根据市场供求状况自主确定具体运价水平。

（5）取消铁路运输企业收取的"大宗货物综合物流服务费"。铁路运输企业要严格执行国家价格政策，建立健全内部运行机制，自觉规范价格行为。不得强制服务、强行收费，或只收费不服务。要认真落实明码标价规定，及时在各营业场所公示调整后的各类货物铁路运输基准运价率。

（6）各级价格主管部门要加强对铁路运输价格政策执行情况的监督检查，依法查处违法违规价格行为，维护市场正常价格秩序。

（二）国内铁路货运运费计算案例

［例10-1］自哈萨克斯坦铁路按整车快运发送的一批不锈钢线材共计50 420千克，经阿拉山口国境入我国铁路后运至连云港，再转海运继续运往韩国。经查过境里程，自阿拉山口国境站（国境线）至连云港的过境里程为4 143千米，"不锈钢线材"所适用的运价等级为二等，基本运费率为945分/100千克。试计算该批货物在我国铁路段按"统一货价"确定的过境运费。

［解］计算方法如下：

①将货物50 420千克的重量折为100千克的倍数，即504.2，进整后为505；

②计算货物的基本运费：945×505 = 477 225（分）

③快运整车货物需加成100%，则

货物过境运费 = （1 + 100%）×477 225 = 954 450分，即9 544.5瑞士法郎。

［例10-2］有一批自我国铁路发送，过境蒙古铁路到达俄罗斯的整车合装货物，其品名和数量如下：一等运价货物有"皮运动手套""皮带""订书机"，共计10.8吨，装

学习笔记

车最低计费总量为 15 吨；二等运价货物有"牛皮纸"和"防冻剂"，共计 18.4 吨，装车最低计费重量为 30 吨。试确定该批货物在蒙古境内的计费重量和运价等级。

［解］计算方法如下：

①该批货物属运价等级不同的整车合装货物。

②"皮运动手套""皮带""订书机"同属一等运价货物，共计 10.8 吨，而"牛皮纸"和"防冻剂"同属二等运价货物，共计 18.4 吨；所以该批货物中"牛皮纸"和"防冻剂"为最大重量货物。

③因该批货物中的最大重量货物的运价等级为二等，其装车最低计费重量为 30 吨，而该批货物总重量为 29.2 吨，所以该批货物的计费重量应按 30 吨计且运价等级按二等确定。

［例 10 - 3］甲国有 5 个车辆的整车货物随旅客列车挂运经我国运往乙国，已知车辆标重为 16 吨，根据过境里程和运价等级，该货物在"统一货价"中的基本运价率为 8 美元/吨；而根据运价里程和运价号查得该货物在我国国内《价规》中的运价率折合美元为 7 美元/吨。若两个运价的计费重量均为货车标重，我国应向甲国发货人收取多少运费？

［解］计算方法如下：

①计算国内运费：$7 \times 16 \times 5 = 560$（美元）

②计算过境段的基本运费额：$8 \times 16 \times 5 = 640$（美元）

③计算过境运费：$640 \times (1 + 200\%) = 1\ 920$（美元）

④计算总运费：$560 + 1\ 920 = 2\ 480$（美元）

四、中欧班列回程运费扣减相关规定

（一）中欧班列回程运费扣减依据

据《中华人民共和国海关审定进出口货物完税价格办法》（海关总署令第 213 号公布，以下简称《审价办法》）第五条、第三十五条及第五十一条的规定，回程运输进口货物运抵中华人民共和国境内输入地点起卸前发生的由买方实际支付或者应当支付的运输及其相关费用，计入进口货物的完税价格。

根据《审价办法》第十五条的规定，回程运输进口货物运抵中华人民共和国境内输入地点起卸后发生的运输及其相关费用，可以在进口货物的价款中单独列明的，不计入进口货物的完税价格。

根据《审价办法》第四十二条的规定，运输及其相关费用需要分摊计算的，纳税义务人应当根据客观量化的标准进行分摊，并且同时向海关提供分摊的依据。

在境内和境外轨距不一致的情况下，中欧班列在去程和回程时均需要在边境口岸进行换轨操作。进口货物需要在边境口岸通过吊装设备将货柜集装箱从境外列车上直接转移装载至我国列车上或卸至中转场地待后续转运的，上述行为可视为产生起卸行为。中欧班列回程列车路线跨越多个国家，其间可能经历多次换轨，只有在我国境内输入地点换轨后的运输及其相关费用才可以从进口货物完税价格中扣除。换轨动作只是当前中欧班列回程运输货物起卸行为的主要表现形式，原则上不排除还有其他可以视同为起卸行为的动作。

（二）中欧班列回程运费扣减申报

申报成交方式为工厂交货（EXW）、船上交货（FOB）或成本、保险费加运费（CIF）的，回程运输进口货物纳税义务人能够分别提供进口货物运抵中华人民共和国境内输入地点起卸前、后运输及其相关费用凭证的，企业可在进口货物报关单运费栏内仅申报起卸前运输及其相关费用，海关审核确认后接受该申报。纳税义务人无法分别提供进口货物运抵中华人民共和国境内输入地点起卸前、后运输及其相关费用凭证，但可以提供客观量化的标准对起卸前、后铁路段运输及其相关费用进行分摊的，企业可在进口货物报关单运费栏内申报起卸前发生的全部运输及其相关费用，海关审核确认后接受该申报。

申报成交方式为成本加运费（C&F）或成本、保险费加运费境内目的口岸的，回程运输进口货物纳税义务人能够提供单独列明进口货物运抵中华人民共和国境内输入地点起卸后发生的运输及其相关费用的合同、发票等单据，企业可接受其以负值形式在报关单"杂费"栏内填报起卸后运输及其相关费用，海关审核确认后接受该申报。纳税义务人无法提供单独列明进口货物运抵中华人民共和国境内输入地点起卸后发生的运输及其相关费用的合同、发票等单据，但可以提供客观量化的标准对起卸前、后运输及相关费用进行分摊的，企业可以负值的形式在报关单"杂费"栏内填报分摊后的起卸后运输及其相关费用，海关审核确认后接受该申报。

申报成交方式为成本加运费或成本、保险费加运费边境口岸的，通常情况下无须对进口货物的运输及其相关费用进行调整。

（三）实际案例

某企业通过中欧班列进口一批货物，成交方式为FOB，在境内满洲里口岸换轨后运往成都，运费发票显示为国际国内全程费用10 000元。企业无法提供中欧铁路各线段当期运价及起卸前、后运输及相关费用成本比例，但能够提供境外段与境内段运输距离比例，为1.59∶1，并且能同时提供该比例的客观量化依据资料，企业依据该比例对全程运费分摊出境外段与境内段运费，分别为6 139元和3 861元，企业可在全程运费中将境内段运费扣减后进行申报。若货物进口关税率为10%，增值税率为13%，不考虑应税保险费的情况下，扣减境内段运费3 861元可为企业节省税费938.22元。

鉴于中欧班列回程运输进口货物运输模式和成交方式的多样性，纳税义务人如对回程运输及其相关费用申报或分摊有任何疑问，可在货物进口申报前与海关进行充分沟通。纳税义务人无法提供起卸后的运输及其相关费用分摊依据的，海关不予扣除。

随堂讨论

请谈谈发展中欧班列运行和发展的意义。

学习笔记

同步测试

拓展资料

拓展任务

同步测试项目十任务一

我国主要铁路口岸分布情况

请根据所学知识，对我国通往邻国的铁路干线及国境站特点进行描述，完成表10-6。

表 10-6　我国通往邻国的部分铁路干线及国境站情况

我国与邻国	我国铁路干线	我国国境站站名	是否需要换装	我国国境站特点
中俄	滨州线	满洲里	是	是第一亚欧大陆桥的重要桥头堡，也是中国对俄罗斯进出口贸易的最大口岸，吞吐能力居我国边境口岸之首
中俄	滨绥线			
中俄	琛马线			
中哈	北疆铁路			
中蒙	集二线			
中越	湘桂线			

任务二 多式联运综合业务

任务挑战

多式联运经营人在香港货运站装入一票货物，含两个集装箱，且签发清洁提单。当货物海运至孟买卸船时，发现其中一箱外表损坏。多式联运经营人在该地的代理告知铁路运输公司该情况后，将货物交给铁路运输公司。当该受损集装箱经铁路运输到新德里后，发现其内装货物严重受损。而另一集装箱虽然外表完好，铅封也无损，但内装货物也受损。

请围绕以下问题对本案例进行分析。

1. 根据案例信息，谁应该承担货物的损失（海运承运人、铁路承运人、多联运经营人、发货人、收货人）？请说明理由。

2. 在网状责任制下，多式联运经营人是否需要对损失负责？请说明理由。

3. 在统一责任制下，多式联运经营人是否需要对损失负责？请说明理由。

知识正文

《联合国国际货物多式联运公约》对国际多式联运单据所下的定义是：国际多式联运单据是指证明国际多式联运合同以及国际多式联运经营人接管货物并负责按照合同条款交付货物的单证。

1991 年，《联合国贸易和发展会议/国际商会多式联运单证规则》（或称《UNC 吨 AD/ICC 多式联运单证规则》）所下的定义是：多式联运单据是指证明国际多式联运合同的单据，该单据可以在适用法律的允许下，以电子数据交换信息取代，而且可以以可转让方式签发；表明记名收货人，以不可转让方式签发。

一、国际多式联运单据

（一）国际多式联运单据内容

国际货物多式联运，是联运经营人以一张联运单据，通过两种或两种以上的运输方式，负责将货物从一个国家的某一地点运送到另一国家的某一地点的运输组织形式。它是随着班轮运输的发展而开展起来的。20 世纪 60 年代以后，国际海上集装箱运输迅速发展，国际货物多式联运也随之迅速发展。

多式联运单据可制成可转让和不可转让。对于国际集装箱多式联运单据的内容，《联合国国际货物多式联运公约》以及我国的《国际集装箱多式联运管理规则》都作了具体规定。根据我国的《国际集装箱多式联运管理规则》的规定，多式联运单据应当载明下列事项：

（1）货物名称、种类、件数、重量、尺寸、外表状况、包装形式。

（2）集装箱箱号、箱型、数量、封号。

（3）危险货物、冷冻货物等特种货物应载明其特性、注意事项。

（4）多式联运经营人名称和主营业所。

（5）托运人名称。

（6）多式联运单据表明的收货人。

（7）接受货物的日期地点。

（8）交付货物的地点和约定的日期。

（9）多式联运经营人或其授权人的签字及单据的签发日期、地点。

（10）交接方式，运费的支付，约定的运达期限，货物中转地点。

在不违背我国有关法律、法规的前提下，双方可以列入其他事项。

（二）国际多式联运单据的签发

《中华人民共和国民法典》第八百四十条规定：多式联运经营人收到托运人交付的货物时，应当签发多式联运单据。

多式联运单据可以由多式联运经营人签发，也可以由其授权的人签发。多式联运经营人知道或者有合理的根据怀疑多式联运单据所列的货物品类、标志、数量、重量等没有准确地表明实际接管货物的状况，或者无适当方法进行核对的，其应在多式联运单据上作出保留，注明不符合之处及怀疑根据或无适当核对方法。多式联运单据一经签发，如果多式联运经营人未对货物的表明状况加以批注，视为货物的表面状况良好。

（三）国际多式联运组织形式与特点

《海商法》所称的多式联运合同，是指多式联运经营人以两种以上的不同运输方式，其中一种是海上运输方式，负责将货物从接收地运至目的地交付收货人，并收取全程运费的合同。多式联运是在集装箱运输的基础上发展起来的，这种运输方式并没有新的通道和工具，而是利用现代化的组织手段，将各种单一运输方式有机地结合起来，打破了各个运输区域的界限，是现代管理在运输业中运用的结果。

多式联运具有以下特点：它必须包括两种以上的运输方式而且其中必须有海上运输方式。在我国，由于国际海上运输与沿海运输、内河运输分别适用不同的法律，所以国际海上运输与国内沿海、内河运输可以视为不同的运输方式。多式联运虽涉及两种以上不同的运输方式，但托运人只和多式联运经营人订立一份合同，只从多式联运经营人处取得一种多式联运单证，只向多式联运经营人按一种费率交纳运费。这就避免了单一运输方式多程运输手续多、易出错的缺点，为货主确定运输成本和货物在途时间提供了方便。

国际多式联运是采用两种或两种以上不同运输方式进行联运的运输组织形式。这里所指的至少两种运输方式可以是海陆、陆空、海空等。这与一般的海海、陆陆、空空等形式的联运有着本质的区别。后者虽也是联运，但仍是同一种运输工具之间的运输方式。众所周知，各种运输方式均有自身的优点与不足。一般来说，水路运输具有运量大，成本低的优点；公路运输则具有机动灵活，便于实现货物门到门运输的特点，铁路运输的主要优点是不受气候影响，可深入内陆和横贯内陆实现货物长距离的准时运输；航空运输的主要优点是可实现货物的快速运输。由于国际多式联运严格规定必须采用两种和两种以上的运输方式进行联运，因此这种运输组织形式可综合利用各种运输方式的优点，充分体现社会化大生产大交通的特点。

（四）国际多式联运的发展

在国际上，欧美发达国家建立了内外贸两套集装箱运输体系，其中外贸段运输基本采用 ISO 国际标准集装箱，内贸段运输则换转为大陆标准集装箱，以期实现运能最大化利用。近年来，随着运力资源紧张和市场细分加剧，一些市场主体也开始尝试发展内贸箱国际联运业务，推动集装箱运输"一箱到底"。

　　在我国，近年来以铁水联运为主要表现形式的集装箱运输"一箱制"得到快速发展。2023 年上半年，全国港口集装箱铁水联运量完成 477 万标箱，同比增长 9.2%。但与多式联运快速中转换装的高质量要求相比，我国集装箱运输"一箱到底"还存在信息化发展不均衡、部分地区物流基础设施发展不匹配、不同主体对集装箱运输规则不一致、集装箱智能管控技术应用程度不高等问题，制约了以箱为固定单元在不同运输方式间流转的便利性和顺畅性。

学习笔记

　　2023 年 8 月 24 日，交通运输部、商务部、海关总署等 8 部门联合印发《关于加快推进多式联运"一单制""一箱制"发展的意见》，该文件主要包括推进国内多式联运信息互联共享、推进国际多式联运单证应用创新、拓展多式联运"一单制"服务功能、健全多式联运"一箱制"服务体系、大力培育多式联运经营人、完善多式联运标准规则等。

二、国际多式联运费用计算

（一）集装箱海运区段运杂费计算

1. 计算方法

　　集装箱海运区段运杂费是指在集装箱多式联运过程中，多式联运经营人向海运区段承运人及有关码头、货运站所支付的运杂费，具体包括船舶在运行过程中的运费，货物在启运、到达、中转时的装卸、仓储、保管、搬运等作业费和业务费，即海运运费（货物移送过程中产生的运输费）和杂费（其他一些小费用，如装卸费、包装费等）。

　　集装箱海运区段运杂费计算方法为，先根据货物的中英文名称，从货物分级表中查出有关货物的计算等级及其计算标准；然后再从航线费率表中查出有关货物的基本费率；最后加上各项需支付的附加费率，所得的总和就是有关货物的单位运费（每重量吨或每尺码吨的运费）；单位运费再乘以计费重量吨或尺码吨，即得该批货物的运费总额。如果是从价运费，则按规定的百分率乘离岸价格（FOB）货值即可。

2. 计算实例

　　［例 10 - 4］上海运往肯尼亚蒙巴萨港口"门锁"（小五金）一批计 100 箱。每箱体积为 20 厘米 × 30 厘米 × 40 厘米。每箱重量为 25 千克。当时燃油附加费为 40%。蒙巴萨港口拥挤附加费为 10%。中国—东非航线等级费率如表 10 - 7 所示。请计算其应付运费。

表 10 - 7　中国—东非航线等级费率表（港币：元）

计算标准	等级（CLASS）	费率（RATE）
按货物的重量和体积二者择大计费（W/M）	9	404
按货物体积计收（M）	10	443
按货物的重量和体积二者择大计费（W/M）	10	443
基本港口：路易港（毛里求斯）、达累斯萨拉姆（坦桑尼亚）、蒙巴萨（肯尼亚）等		

　　［解］计算方法如下：
　　①查阅货物分级表。
　　门锁属于小五金类，其计收标准为 W/M，等级为 10 级。
　　②计算货物的体积和重量。
　　100 箱的体积为：（0.20 × 0.30 × 0.40）× 100 = 2.4（立方米）

100 箱的重量为：25 千克 × 100 箱/1 000 = 2.5（吨）

由于 2.4 立方米的计费吨小于 2.5 吨，因此计收标准为重量。

③查阅"中国—东非航线等级费率表"，10 级费率为 443 港元，则基本运费为：443 × 2.5 = 1 107.5（港元）

④附加运费为：

1 107.5 ×（40% + 10%）= 553.75（港元）

⑤上海运往肯尼亚蒙巴萨港 100 箱门锁，其应付运费为：

1 107.50 + 553.75 = 1 661.25（港元）

（二）集装箱航空区段运杂费计算

1. 计算方法

航空运价是指从机场到机场之间的航空运费，除非运价本有特别说明，否则公布的运价仅指基本运费，不包括声明价值附加费和其他附加费用。

声明价值附加费（Declared Value for Carriage），当货物的价值毛重每千克超过 20 美元（或等值其他货币）时，托运人可办理货物声明价值，并交纳声明价值附加费。一般按超过 20 美元部分的 0.5% 计收，即附加费 =（整批货物的声明价值 − 20 美元 × 货物毛重 × 汇率）× 0.5%。

货币单位一般以启运地当地货币单位为准，汇率以承运人或其授权代理人签发空运单时的汇率为准。

计费重量是指用以计算货物航空运费的重量。在航空运输中，通常按照货物的实际毛重与体积重量两者中较重者，作为计费重量。重货与轻泡货划分界限为 6 000 立方厘米/千克为基准。货物每千克体积小于 6 000 立方厘米时为重货；反之，货物每千克体积大于 6 000 立方厘米时为轻泡货。

空运计费重量以 0.5 千克为单位，尾数不足 0.5 千克者，按 0.5 千克计费。如果货物为 300.15 千克，则计费重量为 300.5 千克；尾数在 0.5 千克以上者，按 1 千克计费，如货物为 300.54 千克，则计费重量为 301.0 千克。

空运中的体积重量不是指货物的实际体积，而是指货物的实际体积除以 6 000 立方厘米的值。实际体积应按照货物的长、宽、高的最大值相乘求得。最低运费也叫起码运费，是指一票货物自始发地机场至目的地机场航空运费的最低限额，即航空公司办理一票货物所能接受的最低运费。最低运费不包括声明价值附加费。不同地区规定的最低运费不同，比如，从广州到香港，从福州、昆明、宁波、上海到香港的最低运费分别为 35 元和 65 元。

航空集装箱货物运费的常规运价计算法，指的是采用普通航空货物运费的计算方法，即先对两个机场城市间的航线制定出经营航班的运价，航空公司再根据货物的重量或体积计算出应收的运费。按照常规方法计算航空集装箱运费时，首先要确定三个因素：货物计费重量、运价种类和货物的声明价值。目前，常规的运价主要包括普通货物运价（General Cargo Rates，GCR）、指定商品运价（Specific Commodity Rates，SCR）和等级货物运价（Class Commodity Rates，CCR）。

此处以普通货物运价为例。普通货物运价是指为运输所使用的除等级运价或指定商品运价以外的运价，分为适用于普通货物 45 千克以下没有数量折扣的 N 运价（Normal Rate）及诸如 45 千克、100 千克、200 千克、300 千克、500 千克、1 000 千克、1 500 千克、2 000 千克等不同重量点的有数量折扣的 Q 运价（Quantity Rate）。

计算步骤如下：

①计算体积；

②计算体积重量；

③计算毛重；

④计算计费重量；

⑤计算适用运价；

⑥计算航空运费

2. 计算实例

[例10-5] 空运出口一票货物，具体商品信息如下，计算该票货物的航空运费。

路线：中国上海至法国巴黎

Routing：SHANGHAI，CHINA（SHA）to PARIS，FRANCE（PAR）

商品：玩具

Commodity：TOY

总重量：5.6 千克

Gross Weight：5.6kg

尺寸：82 厘米×48 厘米×32 厘米

Dimensions：82 cm×48 cm×32 cm

公布运价如下：

上海，人民币 SHANGHAIY. RENMINBI	中国 CN 人民币 CNY		北京千克 BJSKGS
巴黎，PARIS	燃油附加费 FR	最低运费 M N 45 千克内普通货物的基础运价45	230.00 37.51 28.13

[解] 计算结果如下：

①计算体积：82×48×32 = 125 952（立方厘米）

②计算体积重量：125 952÷6 000 = 20.99 = 21.0（千克）

③计算毛重：25.2 千克

④计费重量：25.5 千克

⑤适用运价：37.51 人民币/千克

⑥计算航空运费：25.5×37.51 = 956.51（元）

3. 指定商品运价

指定商品运价是指为某些从指定始发地至指定目的地的指定商品而公布的运价。指定商品运价是一种优惠性质的运价，一般比普通货物运价低。国际货运代理协会联合会（FIATA）根据货物的性质、特点、用途，按每1000 号为一组，分成10 大组，每一大组内又以 100 号为一小组，分成若干小组，以更详细地分列各种货物。在空运单中，指定商品通常用字母"C"与商品品名编号组成，如"C1201"表示"1201 号指定商品"。

指定商品运价的计算步骤如下。

①先查询运价表，如运输始发地至目的地之间有公布的指定商品运价，则考虑使用指定商品运价。

②查找《国际航空货运费率手册》（TACT RATES BOOKS）的品名录，找出与运输品

名相对应的指定商品编号，然后查看在公布的运价表上，该指定商品编号是否有指定商品运价。

③计算计费重量，此步骤与普通货物的计算步骤相同。

④找出适用运价，然后计算航空运费。

⑤比较第四步计算出的航空运费和最低运费 M，取高者。

随堂讨论

你认为国际多式联运的优势有哪些？难点有哪些？

同步测试

拓展资料

拓展任务

同步测试项目十任务二

多式联运的发展模式不断升级

江苏的 A 公司将要出口一批货物到位于美国西雅图的 B 公司，预计装运时间为 2024 年 10 月 25 日，最迟交货期为 2024 年 11 月 30 日，A 公司委托 C 货代办理运输相关事宜。假如你是 C 货代公司的业务员，请你为 A 公司设计出两条以上不同的路线，完成表 10 - 8。

表 10 - 8　国际多式联运路线设计

方案	具体路线	阐述理由
路线一		
路线二		
路线三		

任务三 异常情况处理

任务挑战

国际货运代理公司在经营过程中会面临各种风险，按发生风险的层次分类，可分为经营战略风险、管理运营风险、操作层面风险；按面临风险的职能部门分类，可分为营销风险、操作风险、财务风险、人力资源风险等；按发生风险的原因分类又可分为内部原因风险和外部原因风险。

公司经常遇到的多是操作层面的风险，这往往涉及各个职能部门，可能由内部或外部原因造成。企业内部原因风险有经营业务时身份不清晰的风险，超越代理权限或未尽代理职责的风险，随意出具保函的风险，垫付运费的财务风险、员工风险等；企业外部原因风险有委托人原因带来的风险，转包方带来的风险等。

这些风险可能直接导致货运事故或国际货运代理企业的利润损失、声誉损害。因此，国际货运代理企业在运营过程中从上至下都应该树立风险意识，严格管理、谨慎处理和积极防范风险事故。

以下列举了两个异常业务，请你分析其中主要有哪些风险，应该如何规避风险，并根据分析结果完成表 10 - 9。

表 10 - 9　规避风险举措

异常业务	原因分析	改进建议	总结
异常业务 1			
异常业务 2			

异常业务 1：北京某货主有一批冷冻食品要经由天津新港运往国外，委托某公司订舱并在货主仓库装箱。某公司操作部订舱后与集装箱车队联系安排了装箱计划，但此时正赶上运输旺季，船公司冷柜供不应求，提箱和装箱后没能赶在截港时间前集港，造成甩货，产生了重新订舱的费用和一周的堆场存放费用，货主拒绝承担。

异常业务 2：北京某进出口公司委托某公司代为托运订舱，该公司向名为"（香港）某某船务公司"订舱，货物在天津港出运后，（香港）某某船务公司向进出口公司签发了提单。过了一段时间，目的港收货人凭此提单提货时得知货物已被提走。收货人遂要求卖方返还货款，北京某进出口公司则向某公司提出索赔。

知识正文

国际货运代理中出现货运事故通常是由于一系列相互关联的因素。首先，操作失误是常见原因之一，包括装载不当、装卸过程中的损坏，或者运输途中的其他人为错误。其次，合同问题亦经常导致货运事故，比如条款不明确或双方责任义务不清。此外，不良货代行为，如未按约定提供服务，费用不透明，海关查验导致的扣留，以及货物在运输过程中的丢失或损坏都可能导致事故。司机跑路、订单取消、保险问题、通信不畅、不可抗力因素如自然灾害，甚至对海关规定不熟悉等都增加了货运事故的风险。

为预防这些事故，建议采取综合措施：确保合同条款明确，选择信誉良好的货代公司，提前进行充分沟通以确保流程和费用的透明，购买适当的货物运输保险，并熟悉相关法规和海关规定。通过这些方法，可以大大减少货运事故的发生，提高货物运输的效率和安全性。

一、事故起因分类

国际货运代理中货运事故的起因可以从多个维度进行更细致的分类，以便于深入理解、预防和应对这些事故。

按照运输方式对事故进行分类，具体如表 10 – 10 所示。

表 10 – 10　不同运输方式事故分类

事故	具体内容
国际海洋货运事故	（1）舱内积载不当，导致船舶失衡或货物受损； （2）货舱设备不符合货物特性要求，如温度、湿度控制失当； （3）管货不当，比如未按计划航线行驶，导致延误； （4）装卸作业中的失误，如吊具使用不当、集装箱破损等
国际公路运输事故	（1）交通事故，可能涉及第三方责任； （2）货物装载不稳固，途中发生移位或跌落； （3）车辆故障，如轮胎爆裂、刹车失灵等
国际铁路运输事故	（1）铁路车辆故障，比如车轴断裂、车厢脱轨等； （2）信号系统问题，导致列车相撞或追尾； （3）车站装卸作业中的事故，如吊装失误
国际航空运输事故	（1）飞机机械故障，如发动机问题、电子设备故障； （2）天气原因，比如遭遇雷暴、冰雹、乱流等； （3）机场装卸失误，或者货物在机舱内固定不当
国际多式联运事故	（1）不同运输方式间衔接不顺，如海运与陆运的时间配合问题； （2）转运过程中的物理损伤，如从船到车的转运失误； （3）单据流转不畅，导致货物错发或滞留

按照事故发生的原因进行分类具体如表 10 – 11 所示。

表 10 – 11　不同原因事故分类

原因	具体内容
主观因素	（1）管理不善，如没有遵循正确的操作流程； （2）员工缺乏必要的操作技能或安全意识； （3）违章作业，比如未经允许私自改变运输路线
客观因素	（1）恶劣天气，如飓风、暴雨、雾霾等影响运输安全； （2）地理环境，如山体滑坡、泥石流等自然灾害阻碍运输路径； （3）社会因素，如战争、恐怖袭击、罢工等社会事件干扰正常运输

按照事故性质进行分类，具体如表 10 – 12 所示。

表 10 - 12 不同性质事故分类

性质	具体内容
火灾	（1）易燃易爆货物未妥善隔离或处理，导致的燃烧或爆炸； （2）物流仓储环境的安全措施不足，如消防设施不齐全
盗窃	（1）货物在无人监管的环境中被盗，如停靠站点或转运途中； （2）内部人员监守自盗，利用职务之便实施盗窃
丢失	（1）货物在装卸或转运过程中由于疏忽造成遗漏； （2）记录错误，如货物标签、运单等信息录入不准确
损坏	（1）物理损伤，如撞击、挤压造成的变形或破裂； （2）环境损害，如温、湿度变化导致的货物品质下降
变质	（1）食品或药品等敏感物品由于温度控制不当而腐败； （2）化学品因反应条件变化引起质变
污染	（1）有害物质泄漏，污染其他货物或环境； （2）清洁不当，如油渍、灰尘积累导致货物污染
其他	（1）误送，货物送达错误的目的地； （2）误交付，将货物交给了无权接收的人； （3）记录错误，包括货物数量、种类等数据不匹配

通过以上的分类，可以更清楚地识别和理解货运事故的不同成因，从而采取针对性的预防和改进措施，减少事故发生的概率，提高货运效率和安全性。

二、常见货运事故

国际货运过程中存在多种常见的事故类型，它们通常发生在货物的运输、装卸和保管过程中。以下是一些具体的常见货运事故。

（1）货物丢失：在仓库或场地管理失误可能会导致货物丢失。

（2）货物水湿：由于包装不当或存储条件不佳，货物可能会受到水湿损害。

（3）货物破损：装卸箱或拆装箱过程中的不当操作可能造成货物损坏，这种情况被称为工残。

（4）集装箱灭失：集装箱跟踪管理失误可能导致集装箱丢失。

（5）验箱失误：如果检验集装箱的工作出现失误，可能会导致拖货车空返，增加运输成本。

（6）冷藏货损：冷藏箱温度设置错误或设备故障未被发现，可能会导致对温度敏感的货物损坏。

（7）运输工具事故：包括车辆、船舶、飞机等运输工具的损坏，以及船舶污染事故和机动车肇事事故等。

（8）海上货运事故：由于海上运输风险的不确定性，可能会导致货物在海上运输过程中发生事故。

（9）公路货运事故：公路货运的快速发展也伴随着安全事故的频繁发生。

（10）化学品事故：例如，运载易燃化学品的货车发生追尾碰撞，导致货物泄漏起火燃烧。

以上事故类型只是一部分，实际业务中的货运事故种类还有很多，每一种都有其特定的成因和后果。为了减少这些事故，需要采取一系列的预防措施，如提高包装质量、加强货物管理和监督、确保运输工具的安全性能、提升从业人员的安全意识和操作技能等。同时，对于已经发生的事故，应及时进行调查和处理，以减少损失并防止类似事件再次发生。

三、货损货差处理

货物运输过程中，可能由于各种原因导致货物受损或出现差异，这就需要及时处理，以保障相关利益方的权益。

（一）货损货差定义

货损是指货物在运输、装卸或储存过程中遭受的物理损害。货损通常分为两种类型：显损和隐损。显损是指货物在外部环境下容易被察觉的破损或毁坏，例如外包装破损、商品掉落等。隐损是指货物内部受损或有缺陷而不易察觉的状况。相比而言，隐损的处理方法相对复杂。

货差是指货物在运输过程中与原始数量或规格存在差异的情况。货差通常有两种类型：实差和账差。实差是指货物的实际数量或规格与原始数量或规格不一致。账差是指货物的实际数量与运输过程中书面记录的数量存在差异。

（二）货损货差处理方法

在货物运输过程中，对于货损，应立即通知运输公司并提出索赔，出现隐损时则需保留证据并进行检测和鉴定。在货物运输过程中，对于货差，需要进行准确的收货验收，并通知运输公司，根据实差或账差的情况展开核实，并协商解决。

1. 海运货损货差处理方法

货物到目的地港发现货损货差时，需要在收货港解决并索赔。当发现货物受损时，应第一时间与当地船公司或代理取得联系，通知其货损信息，并要求船公司对货损做出书面证实，以便日后向船公司索赔或向保险公司索赔。

发现货损后，被保险人需要马上通知保险公司，让其来检验货物受损情况，保险公司会根据货物受损情况填写"定损单"。对于受损明显的货物，要尽可能地保留现场，并取得承运人或港务理货部门的证明；受损不明显的货物，收货人应聘请公证机构进行检验并出具检验证明。同时还需要注意，应要求客人暂时不要提货，船公司会安排验箱、验货，不要未通知船公司与码头就将集装箱托运回工厂，并将集装箱返回堆场，以免增加不必要的费用。

在索赔时，需要的单据及相关要求如表 10－13 所示。

表 10－13　海运索赔单据与要求

单据	具体要求
提单正本	提单表明承运人所收货物的外表状况和数量，交付货物时不能按其提交这一事实本身就说明了货损或货差的存在
卸货港理货单或货物溢短单、残损单等卸货单证	如果卸货单证注明了货损或货差情况，并经船舶大副签认，而在收货单上又未做出同样的批注，则证明这些货损或货差发生在运输过程中

单据	具体要求
重理单	船方对所卸货物件数或数量有疑问时，一般要求复查或重新理货，并在证明货物溢短的单证上做出"复查"或"重理"的批注。这种情况下，索赔时必须同时提供复查结果的证明文件或理货人签发的重理单，并以此为依据证明货物有无短缺
货物残损检验报告	在货物受损的原因不明显或不易区别，或无法判定货物受损程度时，可以申请具有公证资格的检验人对货物进行检验。在这种情况下，索赔时必须提供检验人检验后出具的"货物残损检验证书"
修理单	表明修理被损坏的仪器设备、机械等货物所花费的费用
其他单据	商业发票，装箱单，能证明货运事故的原因、损失程度、索赔金额、责任所在等的其他单证都应提供；索赔单证必须齐全、准确，内容一致

2. 空运货损货差处理方法

航空公司是承运人，航空运单是交货凭证；作为航空运输代理，也有自己的运单（空运上又称航空分运单）。航空运单和航空分运单背面，均有责任划分和赔偿条款。

航空货物运输中，如果发生货损货差，首先追查责任方，是代理责任还是承运人责任，不论是哪方责任，均按《华沙公约》条款进行赔偿，也就是按航空运单、分运单背面条款进行赔偿，一般根据货物计费重量，最高赔偿额为每千克 20 美元。由于航空公司赔付金额有限，所以货主应主要向保险公司提赔（即货物要在处运前办理保险）。

进口货物卸机后，如有残损或短少，运输代理应第一时间通知收货人或者发货人，如果可以给予照片，应第一时间给予照片，便于客户及时索赔。

货主代理人应尽力维护货主利益，在与民航交接货物时，如发现货物外包装有破损或件数短少，应在接货同时取得航空公司出具的货物运输事故签证。在没有得到保险公司的同意时，货物应保存在第一现场，以免因挪走货物导致后期无法索赔。

收货人或者托运人发现货物出现丢失短缺以及变质污染等情况时，收货人应当向承运人提出，承运人应当按照规定填写运输事故记录并且由双方签字或者盖章。如有索赔要求，收货人或者托运人应当签发事故记录，按照法定的时限向保险公司提出索赔。

索赔所需单据一般有：出具货物运输事故签证，索赔人出具索赔申请书，航空提单，发票，箱单等。此外，若有能证明货运事故的原因、损失程度、索赔金额、责任所在等的其他单证，都应提供。

（三）货损货差索赔处理

1. 索赔概念

货物运输中发生了货损、货差后，受到损害的一方向责任方索赔和责任方处理受损方提出的索赔要求是货运事故处理的主要工作。货主对因货运事故造成的损失向承运人等责任人提出赔偿要求的行为称为索赔。索赔时，索赔方应坚持实事求是、有根有据、合情合理、注重实效的原则。索赔方应该明白货运事故的索赔要根据运输合同的规定，其索赔对象是运输合同中的承运人。各种运输方式进行索赔的程序基本是相同的，即由索赔方发出索赔通知、提交索赔函，进而解决争议。

2. 索赔程序

如果无法解决争议，则可以进入诉讼或仲裁程序。索赔的基本流程如图 10 - 2 所示。

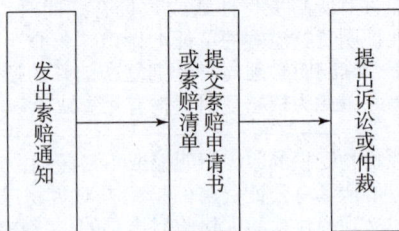

图 10 - 2　索赔基本流程

（1）发出索赔通知。

《中华人民共和国海商法》和有关的国际公约，以及相关的提单条款一般都规定，货损事故发生后，根据运输合同或提单，有权提货的人应在承运人或承运人的代理人、雇佣人交付货物当时或规定时间内，向承运人或其代理人提出书面通知，声明保留索赔的权利，否则承运人可免除责任。根据规则、法律、国际公约、提单以及航运习惯，一般都把交付货物当时是否提出货损书面通知视为按提单记载事项将货物交付给收货人的初步证据。另外，在某种条件下，索赔人在接受货物时可以不提出货损书面通知。这种情况是货物交付时，收货人已经会同承运人对货物进行了联合检查或检验，无须就所查的灭失或者损坏的情况提交书面通知。

（2）提交索赔申请书或索赔清单。

索赔申请书或索赔清单是索赔人向承运人正式要求赔偿的书面文件，其意味着正式提出索赔要求。因此，如果索赔方仅仅提出货损通知、而没有递交索赔申请书或索赔清单，或出具有关的货运单证，则可解释为没有提出正式索赔要求，承运人就不会受理货损、货差的索赔，即承运人不会进行理赔。

索赔申请或索赔清单没有统一的格式和内容要求，其主要内容应包括：文件名称及日期，索赔人的名称和地点，承运人的名称和地址，船名、抵达卸货港日期、装船港及接货地点名称，货物名称，提单、运单号等有关情况，短缺或残损情况、数量，索赔日期、索赔金额、索赔理由等。

正式索赔时应注意时效问题。如果提出索赔时超过了法律或合同规定的时效，就丧失了索赔的权利。确定时效时，应考虑检查提单背面的条款，确定适用的法律或公约；根据适用的法律，确定时效的期间；索赔接近时效届满时，是否要求事故责任人以书面形式延长时效；注意协商延长的时效，是否为适用法律所承认。

（3）提出诉讼或仲裁。

索赔可以通过双方当事人之间的协调、协商，或通过非法律机关的第三人的调停予以解决。但是，这种协商、调停工作并不能保证出现可预见的解决问题的结果。这时，双方最终可能只有通过法律手段解决，也就是进入司法程序，提出诉讼。双方也可以通过仲裁解决争议。

3. 索赔函实例

索赔函是指合同双方中的一方，根据法律法规和双方签订的合同，以对方违反合同约定，造成当事人经济损失或精神损失为理由，向另一方提出赔偿或维护其他权利的书面材料。

　　索赔函是公文里的一种文体，索赔函的结构一般由标题、编号、受书者、正文、附件、签署等六部分组成。正文写受理索赔者的全称。同时一般会写缘起，提出引起争议的合同及其争议的原因。索赔理由要具体指出合同项下的违约事实及根据。索赔要求和意见要根据合同及有关国家的商法、惯例，向违约方提出要求赔偿的意见或其他权利。附件为有关的说明材料、证明材料、来往的函电等。签署要写明索赔者所在地和全称及致函的日期。

　　此处给出一份有关质量不符的索赔函主体内容作为参考。

索 赔 函

某某有限公司：

　　第26号销售合约的40箱化妆品，已于7月5日抵运本公司，我方验货时发现，其中有10箱在运输的过程中破损，箱内损耗率超20%，超过合同规定的"损耗率低于1%"，我方估计共损失5箱化妆品。另外，我方发现有两箱化妆品的质量明显低于贵公司所提供的样品，其后请某某质量监督局人员进行检查，有关报告与我方质检员的结论一致。因此，特向贵方提出：

一、补偿已破损的化妆品5箱。

二、不符合质量标准的货物按降低原成交价30%的折扣价处理。

三、赔偿检查费200元人民币。

随函附质检报告一份，烦请早日解决赔偿事宜。

特此函达，盼复！

附：某某质量监督局质量检验报告一份

落款

时间

随堂讨论

　　假如我国一个公司要进口2万吨豆粕，CIF价格条款，出口商派船并对货物投保"一切险"，买卖合约规定质量以发货地商检报告为准。货装船后，船方签发清洁提单。货到卸港，经收货人申请检验，部分货物已发霉，由黄色变成黑色（经检验证明非因浸水原因），其余部分与装船前质量相符。在此情况下，你认为保险公司是否应该理赔？货主应如何向船方索赔？？

同步测试

拓展资料

同步测试项目十任务三

拓展任务

货运知识早储备，遇到异常有底气

　　请至少选择一家国际货运代理企业，调查其面临的操作风险及处理和防范手段，整理后填在表10-14中，形成调研结果。

表 10 – 14　国际货运代理企业风险操作调研内容

国际货运代理企业风险操作调研内容	
调研对象	
调研时间	
调研内容	一、该公司近一年发生的相关风险经典案例
	二、该公司发生相关风险案例后的处理流程
	三、该公司目前的风险防范手段
	四、总结

项目评价

项目十学习评价量表

评价项目	评价内容	评价标准					评价方式		
		优 (90~100)	良 (80~89)	中 (70~79)	及格 (60~69)	不及格 (0~59)	自评	互评	师评
学习态度	1. 学习目标明确，重视学习过程的反思，积极优化学习方法； 2. 具有反思所学、活学活用的意识； 3. 保质保量按时完成作业	积极、热情、主动	积极、热情、但欠主动	学习态度一般	学习态度较差	学习态度很差			
学习方式	1. 学生个体的自主学习能力强，会倾听、思考、表达和质疑； 2. 学生普遍有浓厚的学习兴趣，学习参与度高； 3. 学生之间能够合作学习，并在合作中分工明确地进行有序和有效的探究； 4. 学生在学习中能自主反思，发挥求异、求新的创新精神，积极地提出问题和讨论问题	自主学习能力强，会倾听、思考、表达和质疑	自主学习能力较强，会倾听、思考、表达	自主学习能力一般，会倾听	自主学习能力较差，不会思考	自主学习能力很差，不会思考			

评价项目	评价内容	评价标准					评价方式		
		优 (90~100)	良 (80~89)	中 (70~79)	及格 (60~69)	不及格 (0~59)	自评	互评	师评
参与程度	1. 认真参加课程的线上学习活动，积极思考，善于发现问题，勇于解决问题； 2. 积极参加头脑风暴、主题讨论、提问等活动； 3. 积极参加线下实践活动等	积极思考，善于发现问题，勇于解决问题，表达能力强	积极思考，善于发现问题，勇于解决问题	能发现问题，解决问题能力一般	参与意识较差，不够积极主动	缺乏参与意识，不积极主动			
合作意识	1. 积极参加合作学习，勇于接受任务、敢于承担责任； 2. 有小组合作意识，能够在合作中取长补短，共同提高； 3. 乐于助人，积极帮助学习有困难的同学	合作意识强，组织能力好，能与他人共同提高，有学习效果	能与他人合作，并积极帮助有困难的同学	有合作意识，但总结能力不强	不能很好地与他人合作学习	完全不能与他人合作学习			
知识和技能的应用	1. 掌握异常业务处理和货损货差处理的核心知识； 2. 熟练运用所学知识完成实训模拟任务； 3. 提高根据实际情况处理国际货运中可能出现的问题的综合能力	能很灵活地运用知识解决问题	能较灵活地运用知识解决问题	应用知识解决问题的能力一般	解决实际问题的能力较差	解决实际问题的能力很差			
其他	1. 情感、态度、价值观的转变； 2. 综合素养水平的发展	学习态度、综合素养水平有很大提高	学习态度、综合素养水平有较大提高	学习态度、综合素养水平有些提高	无明显发展	无任何发展			
合计									
平均分									
综合得分（自评10% + 互评30% + 师评60%）									

参 考 文 献

[1] 孙晓，金飒帅．货运代理［M］．上海：华东师范大学出版社，2023．

[2] 李丽，谢菲，周万洋．集装箱与国际多式联运［M］．济南：山东大学出版社，2021．

[3] 王美俄．新编国际货运代理基础与实务［M］．上海：复旦大学出版社，2011．

[4] 顾永才，王斌义．国际货运代理实务［M］．5 版．北京：首都经济贸易大学出版社，2021．

[5] 张清，皇甫艳东．国际物流与货运代理［M］．2 版．大连：东北财经大学．2018．

[6] 孙明贺．国际货运代理实务［M］．2 版．北京：科学出版社，2018．

[7] 许丽洁．国际物流与货运代理［M］．北京：人民邮电出版社，2022．

[8] 赵阔．国际货运代理实务［M］．北京：中国财富出版社，2018．

[9] 平淑盈，朱琳．国际物流与货运代理［M］．北京：北京交通大学出版社，2017．

[10] 彭娟，郑美琴．国际货运代理实务［M］．西安：西北工业大学出版社，2015．

[11] 龙桂先．国际物流与货运代理实务［M］．3 版．北京：机械工业出版社，2016．

[12] 马洁．国际货运代理实务［M］．北京：中国物资出版社，2010．

[13] 代湘荣，戴正翔．国际物流［M］．北京：中国人民大学出版社，2016．

[14] 方照琪，胡建森，陈晨，等．集装箱运输管理与国际多式联运［M］．2 版．北京：电子工业出版社，2021．

[15] 胡成琳．《国际货运代理》实训教程［M］．北京：中国人民大学出版社，2018．

[16] 杨茅甄．集装运输实务［M］．3 版．北京：高等教育出版社，2015．

[17] 钟聪儿．国际物流与货运代理［M］．厦门：厦门大学出版社，2021．

[18] 胡成琳．国际货运代理［M］．北京：中国人民大学出版社，2018．

[19] 陈言国．国际货运代理实务［M］．北京：电子工业出版社，2014．

[20] 郑克俊．国际货运代理业务处理［M］．2 版．北京：清华大学出版社，2021．

[21] 白世贞，吴绒，陈化飞．国际货运与通关［M］．北京：中国财富出版社，2018．

[22] 王海灵，仝博．中俄贸易西通道经济走廊［M］．北京：中国财政经济出版社，2023．

[23] 李贺．国际货物运输与保险［M］．4 版．上海：上海财经大学出版社，2021．

[24] 杨占林．国际货运代理实务精讲［M］．2 版．北京：中国海关出版社，2016．

[25] 崔艳萍，武靖宇，车探来．亚欧国际铁路联运［M］．北京：中国铁道出版社，2017．

[26] 孙家庆，孙倩雯．国际货运代理实务［M］．3 版．北京：中国人民大学出版社，2022．

[27] 陈言国．国际货运代理实务［M］．3 版．北京：电子工业出版社，2021．

[28] 王五剑，苏兆河．国际货代实务［M］．北京：北京理工大学出版社，2021．

[29] GB_T 1413－2023 系列 1 集装箱　分类、尺寸和额定质量．

[30] GB_T 1836－2017 集装箱　代码、识别和标记．